教育部高等学校机械类专业教学指导委员会规划教材

智能网联汽车技术

皮大伟 王洪亮 主编

清华大学出版社
北京

内 容 简 介

本书对智能网联汽车技术进行了详细介绍，内容涵盖智能网联汽车所涉及的先进传感器技术、高精度定位与导航技术、智能网联汽车环境感知与路径规划技术、关键驾驶技术、智能网联汽车操作系统与控制平台以及硬件在环仿真测试技术等。全书还选配了适量的思考题，有利于读者巩固所学习的有关理论和方法，为进一步的专题学习和研究打下一定基础。

本书内容深入浅出，结合实际，便于读者学习，可供高等院校车辆工程等专业师生和科研单位、企业等有关工程技术人员参考使用。

版权所有，侵权必究。举报：010-62782989，beiqinquan@tup.tsinghua.edu.cn。

图书在版编目(CIP)数据

智能网联汽车技术/皮大伟，王洪亮主编．—北京：清华大学出版社，2023.12
教育部高等学校机械类专业教学指导委员会规划教材
ISBN 978-7-302-65088-1

Ⅰ.①智… Ⅱ.①皮… ②王… Ⅲ.①汽车－智能通信网－高等学校－教材 Ⅳ.①U463.67

中国国家版本馆 CIP 数据核字(2024)第 000832 号

责任编辑：许　龙
封面设计：常雪影
责任校对：赵丽敏
责任印制：杨　艳

出版发行：清华大学出版社
网　　址：https://www.tup.com.cn，https://www.wqxuetang.com
地　　址：北京清华大学学研大厦 A 座　　邮　编：100084
社 总 机：010-83470000　　邮　购：010-62786544
投稿与读者服务：010-62776969，c-service@tup.tsinghua.edu.cn
质量反馈：010-62772015，zhiliang@tup.tsinghua.edu.cn

印 装 者：大厂回族自治县彩虹印刷有限公司
经　　销：全国新华书店
开　　本：185mm×260mm　　印　张：17.75　　字　数：429 千字
版　　次：2023 年 12 月第 1 版　　印　次：2023 年 12 月第 1 次印刷
定　　价：58.00 元

产品编号：091001-01

前 言
FOREWORD

本书是为智能网联汽车及相关专业方向的高等院校在校学生和行业从业人员编写的。

近年来，众多制造和信息通信企业都在加大智能网联汽车技术研发投入，各国政府加快不同等级自动驾驶车辆示范推广与商业应用进程，技术快速迭代，新技术、新应用层出不穷。智能网联汽车技术备受关注，快速发展，将是未来智能交通、智慧城市的重要组成部分。本书编写的目的是使高等院校相关专业在校学生和相关行业从业人员了解智能网联汽车关键技术的基本原理，帮助读者掌握和运用智能网联汽车相关技术。

本书详细介绍了先进传感器技术、高精度定位与导航技术、智能网联汽车环境感知与路径规划技术、关键驾驶技术、智能网联汽车操作系统与控制平台以及硬件在环仿真测试技术等。

本书共8章。第1章主要介绍智能网联汽车技术在国内外的发展现状、趋势、概念、架构及实例。第2章主要介绍智能网联汽车先进传感器技术的基本原理、基本组成及应用。第3章主要介绍智能网联汽车网络通信技术的总体架构和相关通信技术的分类、特点及应用。第4章主要介绍GNSS、惯性导航、高精度地图、SLAM和多传感器融合定位系统的原理、方法、应用及误差分析。第5章主要介绍智能网联汽车环境感知和路径规划技术，主要包括了各类车载传感器在典型场景下的识别过程以及在智能驾驶领域和辅助驾驶领域的应用，以及路径规划概念及相关算法。第6章主要介绍辅助驾驶及智能驾驶相关的关键技术及应用。第7章主要介绍智能网联汽车操作系统与控制平台。第8章主要介绍智能网联汽车硬件在环仿真测试技术。

本书编写特点如下：紧密结合工程应用的基本要求，内容完整、系统，重点突出，所用资料力求更新、更准确地解读问题点；注重智能网联汽车技术知识的同时，强调知识的应用性，具有较强的针对性。

笔者近年来一直从事智能网联汽车实用技术研究，本书系统分析并论述了智能网联汽车相关技术，希望本书可以为推动我国汽车工程行业的技术进步贡献一份力量，并对广大读者有所帮助。

本书在编写过程中，得到了编者团队师生们的倾力帮助，参与编写和校核工作的师生姓名不一一列表，在此对各位老师和同学们的辛勤付出表示由衷的感谢。本书参考了行业专家的各类教材、论文、著作等文献资料，在此一并表示深深的谢意。

作　者

2023 年 1 月

目 录
CONTENTS

第1章 智能网联汽车技术总述 ················· 1
- 1.1 智能网联汽车的发展现状及趋势 ················· 1
  - 1.1.1 国外智能网联汽车的发展现状 ················· 1
  - 1.1.2 国内智能网联汽车的发展现状 ················· 6
  - 1.1.3 智能网联汽车的发展趋势 ················· 8
- 1.2 智能网联汽车的概念与技术分级 ················· 10
  - 1.2.1 智能网联汽车的概念 ················· 10
  - 1.2.2 智能网联汽车技术分级 ················· 11
- 1.3 智能网联汽车技术架构及关键技术 ················· 13
  - 1.3.1 智能网联汽车技术体系架构 ················· 13
  - 1.3.2 智能网联汽车关键技术 ················· 14
- 1.4 智能网联技术应用于无人驾驶汽车实例 ················· 16
  - 1.4.1 Boss 无人驾驶汽车体系结构实例 ················· 16
  - 1.4.2 BIT 号无人驾驶汽车体系结构 ················· 17
- 本章小结 ················· 19
- 思考题 ················· 19
- 参考文献 ················· 19

第2章 智能网联汽车先进传感器技术 ················· 20
- 2.1 视觉传感器的原理及应用 ················· 21
  - 2.1.1 视觉传感器的基本原理 ················· 21
  - 2.1.2 视觉传感器的组成 ················· 23
  - 2.1.3 视觉传感器的应用 ················· 24
- 2.2 超声波雷达的原理及应用 ················· 25
  - 2.2.1 超声波雷达的基本原理 ················· 25
  - 2.2.2 超声波雷达的组成 ················· 26
  - 2.2.3 超声波雷达的应用 ················· 27
- 2.3 激光雷达的原理及应用 ················· 28
  - 2.3.1 激光雷达的基本原理 ················· 28
  - 2.3.2 激光雷达的组成 ················· 29

2.3.3 激光雷达的应用 ···················· 30
2.4 毫米波雷达的原理及应用 ···················· 31
  2.4.1 毫米波雷达的基本原理 ···················· 31
  2.4.2 毫米波雷达的组成 ···················· 33
  2.4.3 毫米波雷达的应用 ···················· 33
2.5 车载传感器的原理及应用 ···················· 34
  2.5.1 加速度传感器 ···················· 34
  2.5.2 横摆角速度传感器 ···················· 35
  2.5.3 轮速传感器 ···················· 37
  2.5.4 转向盘转角传感器 ···················· 38
本章小结 ···················· 39
思考题 ···················· 39
参考文献 ···················· 40

第3章 智能网联汽车网络通信技术 ···················· 41

3.1 智能网联汽车网络总体架构 ···················· 41
  3.1.1 传统汽车网络架构类型 ···················· 41
  3.1.2 智能网联汽车网络架构 ···················· 42
3.2 汽车总线及车载网络技术 ···················· 46
  3.2.1 汽车总线技术的产生与分类 ···················· 46
  3.2.2 车载以太网 ···················· 61
3.3 无线通信及车载自组织网络技术 ···················· 67
  3.3.1 无线通信技术 ···················· 67
  3.3.2 车载自组织网络技术 ···················· 77
3.4 车载移动互联网技术 ···················· 81
  3.4.1 移动互联网的定义 ···················· 81
  3.4.2 移动互联网的接入方式 ···················· 81
  3.4.3 车载移动互联网 ···················· 82
本章小结 ···················· 83
思考题 ···················· 83
参考文献 ···················· 83

第4章 智能网联汽车高精度定位与导航技术 ···················· 84

4.1 卫星定位系统 ···················· 85
  4.1.1 全球卫星定位系统简介 ···················· 85
  4.1.2 GNSS 定位原理 ···················· 90
  4.1.3 GNSS 数据误差 ···················· 91
  4.1.4 差分 GNSS 定位技术 ···················· 93
4.2 惯性导航系统 ···················· 98

4.2.1　惯性导航系统简介 ………………………………………………………… 98
　　　4.2.2　惯性导航系统工作原理 …………………………………………………… 99
　　　4.2.3　惯性导航系统的误差分析 ………………………………………………… 102
　　　4.2.4　惯性导航微分方程 ………………………………………………………… 103
　4.3　高精度地图技术 ……………………………………………………………………… 105
　　　4.3.1　高精度地图简介 …………………………………………………………… 105
　　　4.3.2　高精度地图关键技术 ……………………………………………………… 108
　　　4.3.3　SLAM 技术 ………………………………………………………………… 112
　4.4　多传感器融合导航系统 ……………………………………………………………… 117
　　　4.4.1　多传感器融合系统分层 …………………………………………………… 117
　　　4.4.2　多传感器融合定位系统原理 ……………………………………………… 118
　　　4.4.3　多传感器融合算法 ………………………………………………………… 121
　　　4.4.4　GNSS/INS 融合 …………………………………………………………… 124
本章小结 ……………………………………………………………………………………… 127
思考题 ………………………………………………………………………………………… 127
参考文献 ……………………………………………………………………………………… 128

第5章　智能网联汽车环境感知与路径规划技术 …………………………………… 129

　5.1　智能网联汽车环境感知 ……………………………………………………………… 129
　　　5.1.1　智能网联汽车环境感知的定义 …………………………………………… 129
　　　5.1.2　智能网联汽车环境感知系统基本框架 …………………………………… 129
　　　5.1.3　多传感器融合 ……………………………………………………………… 132
　　　5.1.4　智能网联汽车环境感知在无人驾驶中的应用 …………………………… 134
　　　5.1.5　智能网联汽车环境感知在先进驾驶辅助系统中的应用 ………………… 136
　5.2　智能网联汽车典型场景环境识别技术 ……………………………………………… 138
　　　5.2.1　道路识别 …………………………………………………………………… 138
　　　5.2.2　车辆识别 …………………………………………………………………… 138
　　　5.2.3　行人识别 …………………………………………………………………… 141
　　　5.2.4　交通标志识别 ……………………………………………………………… 145
　　　5.2.5　交通信号灯识别 …………………………………………………………… 148
　5.3　智能网联汽车路径规划及典型算法 ………………………………………………… 150
　　　5.3.1　全局路径规划算法 ………………………………………………………… 151
　　　5.3.2　局部路径规划算法 ………………………………………………………… 153
本章小结 ……………………………………………………………………………………… 162
思考题 ………………………………………………………………………………………… 162
参考文献 ……………………………………………………………………………………… 162

第6章　智能网联汽车关键驾驶技术及其应用 ……………………………………… 163

　6.1　自主预警类驾驶辅助系统及其原理 ………………………………………………… 165
　　　6.1.1　前方碰撞预警系统 ………………………………………………………… 165

  6.1.2 车道偏离预警系统 ·· 173
  6.1.3 盲区监测系统 ·· 176
  6.1.4 驾驶员疲劳预警系统 ······································ 179
 6.2 自主控制类驾驶辅助系统及其原理 ···································· 180
  6.2.1 车道保持辅助系统 ·· 180
  6.2.2 自动制动系统 ·· 186
  6.2.3 自适应巡航控制系统 ······································ 190
  6.2.4 自动泊车辅助系统 ·· 208
 6.3 视野改善类驾驶辅助系统及其原理 ···································· 209
  6.3.1 自适应前照明系统 ·· 209
  6.3.2 夜视辅助系统 ·· 213
  6.3.3 汽车平视显示系统 ·· 217
  6.3.4 全景泊车系统 ·· 220
 6.4 自主变道技术与交叉口通行协同控制技术 ······························ 224
  6.4.1 自主变道技术 ·· 224
  6.4.2 交叉口通行协同控制技术 ·································· 230
 本章小结 ··· 240
 思考题 ··· 240
 参考文献 ··· 240

第 7 章　智能网联汽车操作系统与控制平台 ·································· 241

 7.1 智能网联汽车典型操作系统 ·· 241
  7.1.1 车载实时操作系统 ·· 242
  7.1.2 车载准实时操作系统 ······································ 244
 7.2 智能网联汽车典型控制平台 ·· 247
  7.2.1 域控制器 ·· 247
  7.2.2 域控制器技术架构 ·· 248
  7.2.3 典型的域控制器 ·· 254
  7.2.4 基于 NVIDIA Xavier 的域控制器设计 ························ 256
 本章小结 ··· 258
 思考题 ··· 258
 参考文献 ··· 258

第 8 章　智能网联汽车硬件在环仿真测试技术 ································ 259

 8.1 硬件在环测试 ··· 259
 8.2 ADAS 测试 ··· 267
 8.3 V2X 车联网系统测试 ··· 271
 本章小结 ··· 273
 思考题 ··· 273
 参考文献 ··· 274

第 1 章

智能网联汽车技术总述

【本章教学要点】

知识要点	掌握程度	相关知识
智能网联汽车的发展现状及趋势	了解智能网联汽车的发展和趋势	智能网联汽车在国内外的发展历史和研究现状
智能网联汽车的概念与技术分级	了解智能网联汽车的概念和技术分级	智能网联汽车相关介绍和智能驾驶技术分级
智能网联汽车系统架构及关键技术	了解智能网联汽车的组成和技术	智能网联汽车技术架构、车辆信息交互技术及基础支撑技术
智能网联汽车技术在无人驾驶领域的应用	了解智能网联汽车的应用以及智能网联汽车技术与无人驾驶技术的差异	Boss 及 BIT 无人驾驶汽车的构成与原理

随着电动化的发展以及特斯拉的明星示范效应,当前智能网联已经成为重塑汽车行业的关键因素之一。这意味着软件定义汽车时代的到来,汽车已经从广义上的"硬"汽车转变为"软"汽车,其所承载的含义已经有了新的解释,即在原先满足消费者驾乘体验功能的基础上,赋予了新的人机交互、解放双手的功能。

智能网联汽车发展即为智能化和网联化协同发展,目前来看网联化发展得较早、较快,车辆本身、车-云之间已经有广泛的商用化案例;而作为网联关键的车-车之间,也只是局限于主机厂内部同软件平台之间的简单模式。而智能化的发展则是要在网联化基础上,将智能车辆和智能交通融合在一起最终形成完全自动化的驾驶阶段,即智能网联汽车。

1.1 智能网联汽车的发展现状及趋势

1.1.1 国外智能网联汽车的发展现状

从全球范围来看,汽车产业分布三大格局(欧美、日韩、中印)已基本确立。从市场产销表现看,2016 年,全球轻型车销量突破 9000 万辆大关,已连续多年实现持续增长,中国作为主战场贡献巨大,坐稳全球产销第一的宝座。

作为制造业的支柱和标杆产业,汽车工业即将面临重大变革,自动驾驶(Autonomous Driving)、电动化(Electrification)和共享出行(Sharing)三大趋势将彻底颠覆原有的汽车工业格局,同时也将深刻影响人们的出行方式。

为早日实现自动驾驶商业化应用,近年来世界各主要汽车产业国纷纷加快了智能网联汽车的产业化进程。2014年,美国发布的《美国智能交通系统战略规划》将实现车联网、推进车辆自动化定为两大战略重点;2011年,欧盟出台的《欧盟一体化交通白皮书》指出要把车辆智能安全、信息化及交通安全管理作为发展重点,并将信息安全与可靠性和大规模示范应用验证作为技术研究重点;2014年,欧盟推出的"地平线2020"计划正式启动实施,计划明确了将从标准体系、基础设施、网络安全等各方面加速推进智能网联汽车的研发;2013年,日本发布《创建最尖端IT国家宣言》,其中包括了一些关于智能网联汽车的元素和目标。日本政府为在2020年东京奥运会上向全世界展现日本的科技发达,鼓励汽车公司积极研发无人车,目前已有多家汽车巨头实现高度自动驾驶汽车量产。

总体来看,美国、日本和欧洲的智能网联汽车发展由政府主导,起步较早,其发展尤其是网联化技术的研发依托于ITS(智能交通系统)的整体发展。美国主要由联邦运输部(DOT)负责,成立了ITS联合项目办公室(ITS-JPO),负责美国联邦公路管理局(FHWA)、美国联邦汽车运输安全管理局(FMCSA)、联邦运输管理局(FTA)、联邦铁路管理局(FRA)、美国国家公路交通安全管理局(NHTSA)和海事管理局(MARAD)的协同。1994年,日本政府成立了由建设省、运输省、警察厅、通产省、邮政省五省厅组成的联席会议,共同推进ITS的研发与应用。日本政府机构改革以后,目前由警察厅、总务省、经济产业省、国土交通省负责推进ITS工作。欧洲的ITS研究开发也是由官方(主要是欧盟)主导,同时,由于欧洲的大部分国家国土面积比较小,因此,ITS的开发及应用与欧盟的交通运输一体化建设进程联系密切。

进入21世纪,随着无线通信技术、信息技术、汽车电子技术的快速进步,智能网联汽车作为未来智能交通系统的核心环节,受到美国、日本和欧洲各国政府的高度重视,各国相继出台了以车辆智能化、网联化为核心的发展战略。

2010年,美国交通运输部提出《ITS战略计划2010—2014》,这是美国第一次从国家战略层面提出大力发展网联技术及汽车应用,也是无线通信技术、信息技术快速进步的产物,美国ITS正式进入新的阶段。2014年,美国交通运输部与ITS联合项目办公室共同提出《ITS战略计划2015—2019》,提出了美国ITS未来5年的发展目标和方向,这是《ITS战略计划2010—2014》的升级版,美国ITS战略从单纯的汽车网联化,升级为汽车网联化与智能化(自动化)的双重发展战略。

为了克服欧洲道路交通部署ITS行动迟缓和碎片化的问题,2010年,欧盟委员会制订了《ITS发展行动计划》,以实现ITS部署的整体化与通用化,使无缝交通服务成为欧洲道路交通系统的新常态,这是第一个在欧盟范围内协调部署ITS的法律基础。2011年,欧盟委员会发布白皮书《一体化欧盟交通发展路线——竞争能力强、资源高效的交通系统》,提出:

(1) 2050年相比1990年,将减少温室气体排放60%;

(2) 2020年交通事故数量减少一半,2050年实现"零死亡",并从建设高效与集成化交通系统、推动未来交通技术创新、推动新型智能化交通设施建设三方面推进具体的工作。

2013年,根据日本内阁《创造最尖端IT国家宣言》,日本道路交通委员会、日本信息通信战略委员会共同提出了日本自动驾驶汽车商用化时间表,以及ITS 2014—2030技术发展路线图,计划在2020年建成世界最安全的道路,在2030年建成世界最安全及最畅通的道路。日本正式进入汽车网联化、智能化的发展阶段。该战略时间维度分短期、中期、长期三个阶段,技术维度是从驾驶安全支持系统,自动驾驶系统以及交通数据应用三方面快速推进。根据上述时间表,在日本经济产业省主导下于2016年完成开发车-车/车-路通信技术演示系统,实现基于车用无线通信技术的车辆智能驾驶功能。2018年实现自动紧急刹车(AEB)的大规模市场化,并完成行人信息应用测试,2020年,通过各机构联合,完善评估交通死亡率的方法并建立交通事故共享数据;2025—2030年,实现完全自动驾驶汽车商业化。自动驾驶汽车商用化时间如表1-1所示。

表1-1 自动驾驶汽车商用化时间表

智能化等级	商用化技术	日本时间	欧洲时间
Level 2(L2)	自动纵向跟随系统	2015—2016	2013—2015
Level 3(L3)	转向避撞系统	2017	2017—2018
	多车道自动驾驶系统		2016
	自动合流系统	2020—2025	2020
Level 4(L4)	全自动驾驶	2025—2030	2025—2028(高速) 2027—2030(城市)

1. 美国智能网联汽车研究现状

2011年,美国交通运输部开始主持研究、测试"网联汽车技术"。2012年,美国交通运输部最新研究肯定其具有安全性的潜力优势,由此,美国正式拉开了规模进行网联汽车研究与应用部署的序幕。基于车-车、车-路通信的网联汽车已成为美国解决交通系统安全性、移动性、环境友好性的核心技术手段。美国ITS联合项目办公室目前正在推进的项目中,绝大部分都与网联化技术相关,涉及网联汽车的安全性应用研究、移动性应用研究、政策研究、网联汽车技术研究、网联汽车示范应用工程等多个维度。

2013年,为推动自动驾驶车辆的应用和研究,NHTSA发布了第一个关于自动驾驶汽车的政策"*Preliminary Statement of Policy Concerning Automated Vehicles*"。该政策制定了NHTSA在自动驾驶领域支持的研究方向,主要包含以下三方面:

(1) 人为因素的研究;
(2) 电控系统安全性;
(3) 系统性能需求开发。

各个研究领域的分类与研究内容如表1-2所示。

表1-2 NHTSA各个领域的分类与研究内容

研究领域	分类	研究内容
人为因素	人车交互	人车交互研究,保证车辆安全驾驶
	合理的车辆控制功能分配	1. 人车控制优先级划分与设计; 2. 人车控制切换方法研究; 3. 人车接管车辆控制方法研究
	驾驶员接受度	影响驾驶员接受度的因素研究(报警频率,报警声音,自动驾驶系统可靠性、有效性等)
	驾驶员培训	评价Level2、Level3自动化等级车辆对于驾驶员培训方面的需求
	人因分析工具	开发人机因素、系统性能测试与评价的工具(仿真、测试车辆等)

续表

研究领域	分类	研究内容
电控系统安全性	系统安全及可靠性	1. 自动驾驶汽车电控系统功能安全设计； 2. 冗余研究，研究高安全性自动驾驶系统所需冗余的硬件、软件、数据交互、基础设施等需求； 3. 自动驾驶汽车认证需求以及流程研究
	网络信息安全	1. 抗黑客攻击的能力研究； 2. 网络系统潜在风险研究； 3. 网络安全对系统性能的影响研究； 4. 网络信息安全系统的认证方法研究
系统性能需求	功能需求	1. Level 2、Level3 等级系统概念与功能要求； 2. 驾驶员行为数据、交通事故数据分析与典型场景提取
	自动驾驶系统约束与边界	1. 不同自动驾驶系统约束研究； 2. 自动驾驶系统性能指标研究
	测试评价方法及标准	1. 开发 Level 2、Level3 类系统道路测试/仿真测试方法； 2. 开发自动驾驶系统客观性能测试方法及评价指标

目前，美国企业在智能网联汽车领域取得诸多成果并占据全球领先地位。整车制造和零部件企业积极推进自动驾驶技术研发，相继推出相关产品，技术逐步成熟。包括通用汽车、福特等在内的整车制造商主要采用从低等级至高等级自动驾驶技术迭代的方式进行产品研发，目前已推出众多具备部分自动驾驶功能的量产车型。2020 年通用汽车宣布正在开发新一代自动驾驶系统，具备高速公路变道、进出匝道及城市工况下相应自动驾驶功能。特斯拉于 2019 年发布 3.0 版自动驾驶计算平台，搭载了自主研发的"全自动驾驶"（FSD）芯片，并通过"影子模式"搜集数据，依托百万辆在实际道路上行驶的自动驾驶汽车，不断迭代自动驾驶功能。Cruise、Waymo 致力于开发高级别自动驾驶技术，重点开展自动驾驶出租车业务，在凤凰城等地正在探索商业化运营许可。2020 年美国高速公路安全管理局公布 Nuro 公司开发的无人驾驶配送车辆取得豁免资格，意味着车辆可以在公共道路上合法地提供无人货物配送服务，这是美国豁免的第一个自动驾驶商业应用案例。英伟达、英特尔、威尔登在自动驾驶汽车计算芯片、激光雷达技术方面均保持全球领先地位。

2. 欧洲智能网联汽车研究现状

为了促进欧洲智能网联汽车的研究和开发，欧盟委员会于 1984 年开始实施研发框架计划（Framework Program，FP）。1984—2020 年间八个欧洲框架计划都将智能网联汽车产业相关领域的发展纳入其规划内且大力支持其相关技术的研究，并取得了极高的成就。历届 FP 中，欧洲偏重于欧洲一体化、网络互联互通、辅助驾驶系统、无人驾驶四方面。

2014 年启动的欧盟第八框架计划 Horizon 2020 也在进行中。Horizon 2020 项目在交通领域重点支持九个方向，其中道路、物流、智能交通系统都涉及智能网联汽车产业的相关领域，如表 1-3 所示。

表 1-3　Horizon 2020 中智能网联汽车相关研究方向

方向	分支方向	研究内容
公路	合作式 ITS	1. 提供无缝连接、兼容性和安全性的开放车载平台架构； 2. 高精度定位及高精度动态地图； 3. 多模式交通服务、安全应用程序和危险警告等创新解决方案； 4. 重型车辆应用，集成计速、安全、远程监控以及动态导航等功能； 5. 欧洲大众服务平台（EWSP）
	公路交通安全性、网联化	1. 驾驶辅助、自动驾驶系统及人机交互（HMI）； 2. 云计算、数据管理和数据融合技术； 3. 自动驾驶商业模式及应用； 4. 制定责任及标准化的政策和监管框架； 5. 隐私、道德和性别问题研究
物流	供应链协同	产品从运输、物流管理到终端用户一体化智能交通系统技术
智能交通系统	互联性、数据共享	1. 传输数据的安全性、完整性、兼容性、可移植性、开放性； 2. 通信网络架构和实时信息交换解决方案
	ITS 广泛性和兼容性	1. ITS 结构和合作机制，统一的合作平台； 2. ITS 部署整个欧盟时，如何克服知识的碎片

目前欧洲拥有完备的整车及零部件产业基础，已制定清晰的智能网联汽车发展目标。奥迪早在 2017 年已经发布具备有条件自动驾驶功能的高端车型奥迪 A8。戴姆勒-奔驰已具备有条件自动驾驶技术储备，2020 年在奔驰 S 级轿车上搭载有条件自动驾驶系统。2020 年 1 月，戴姆勒-奔驰发布 MB 操作系统，目标是在 2024 年前覆盖奔驰所有新车型。宝马全新 3 系、7 系、X5 等新车型均已实现部分自动驾驶，同时计划 2022 年推出有条件自动驾驶量产车型宝马 NEXT。大众加速数字化转型，开发 E3 电子电气架构与 vw.OS 操作系统。博世在自动驾驶感知、规划、决策和控制四大技术板块提高核心研发与产业化能力，2020 年 7 月，博世宣布将软件与电子专业技术进行统筹，建立智能驾驶与控制事业部，进一步加强车辆软件化发展。

3. 日本智能网联汽车研究现状

在车辆智能化研究领域，日本从 1991 年开始支持先进安全汽车（ASV）项目，五年为一期，至今已经开展到七期，运输省担任秘书处，相关的政府部门警察厅、通产省、各大主流整车企业、高校及研究机构、保险协会、用户协会等均参与其中。2021 年至 2025 年为 ASV 项目的第七期，L3 级自动驾驶是以遵守限速为基本要求的，根据日本自动驾驶技术的发展现状（开始 L3 级的实用化）及车载导航普及率，预计日本有可能在 2025—2030 年期间推出并实施 ISA 强制法规。ISA 的限制速度信息获取功能包括通过车载前置摄像机直接进行道路标识（限制速度）、从汽车导航系统的地图数据库中识别并获取限制速度、通过广域或点通信获得当前道路和今后预计要行驶的道路的限制速度（例如道路环境或气象信息），可单独或复数使用。

在车辆网联化研究领域，日本于 2005 年启动了"协同式车辆-道路系统"（Cooperative

Vehicle-Highway Systems,CVHS)的车载信息系统和路侧系统的集成开发和试验,称为"智能道路计划"(Smart Way),成立了政府和企业共计 223 家公司和机构共同参加的开发联盟,将建立智能道路计划作为一项国家政策予以实施。智能道路计划的核心是通过先进的通信系统将道路和车辆连接为一个整体,车辆既是信息的应用者又是信息的提供者,道路拥堵信息和安全信息服务以及收费服务都通过集成化的车载终端完成。

2014 年,为推进《创造世界最尖端 IT 国家宣言》中提出的"车辆自主式系统与车车、车路信息交互系统的组合以及在 2020 年开始自动驾驶的试用"的目标,日本制订了《SIP(战略性创新创造项目)自动驾驶系统研究开发计划》,计划制订了四个方向共计 32 个研究课题,旨在推进政府和民间协作所必要的基础技术以及协同式系统相关领域的开发与实用化。

当前日本汽车及相关企业积极推进智能网联汽车技术产业化。丰田早在 2015 年就成立了自动驾驶研究中心,预计 2024 年左右顺应"电动化、网联化、智能化和共享化"的"新四化"发展趋势,深入推进电动化、科技化战略,通过加速智能生态布局,开拓新的价值链服务模式,助力智慧交通产业驶入发展"高速路"。丰田汽车开发的 e-Palette 移动平台并取消驾驶人座位,以期适用于通勤、物流以及用餐、办公等各类场景。日产 ProPilot 自动驾驶技术已搭载在聆风和奇骏车型,可实现部分自动驾驶,计划于 2025 年推出高度自动驾驶汽车。在零部件方面,日本拥有超过 20 家全球汽车零部件百强企业,雄厚的产业基础为自动驾驶技术发展提供重要支撑。为加速高精度地图发展,日本政府联合整车厂、地图供应商等成立高精度地图平台(Dynamic Map Platform,DMP)公司,构建"产业—学术—政府"协同新模式。

1.1.2　国内智能网联汽车的发展现状

中国智能道路交通战略和相关基础技术的研究起步于 20 世纪 90 年代中期,比美国、日本和欧洲约晚 30 年。2000 年成立全国 ITS 协调指导小组及办公室,并在国家科技部"十五"科技重大专项(863)中设立"智能交通系统关键技术开发和示范工程"项目,该 ITS 的体系框架包括八大发展领域:交通管理与规划、电子收费、出行者信息、车辆安全和驾驶辅助、紧急事件和安全、运营管理、综合运输、自动公路,并以中心城市和高速公路应用项目为核心开展科技攻关和应用示范。

近年来,工业和信息化部、科学技术部、交通运输部、国家自然科学基金委员会以及各地方政府等都以不同的方式支持智能汽车的发展。从 2011 年开始,工信部连续多年发布物联网专项,智能网联汽车是其支持的重点领域之一;科技部在车路协同、车联网等方面已经进行了多个"863 计划"的国家立项和政策支持。交通部要求"两客一危"车辆和货运车辆必须安装符合规定的车联网终端并上报数据,已形成了全国联网的大型交通管理平台。从 2009 年开始,国家自然科学基金委员会定期举办"智能车未来挑战赛",推动我国无人驾驶技术的进步。

通过"863 计划"实施和国家自然科学基金委员会项目支持,清华大学、国防科技大学、北京理工大学等部分高校、院士团队、汽车企业在环境感知、人的行为认知及决策、基于车载和基于车路通信的驾驶辅助系统的研究开发取得了积极进展,并开发出无人驾驶汽车演示样车。清华大学等高校联合企业开发的自适应巡航控制系统、行驶车道偏离预警系统、行驶前向预警系统等具有先进驾驶辅助系统(ADAS)功能样机,正在逐步进入产业化阶段。

目前,国内一汽、长安、广汽、吉利等汽车品牌虽已开始装备 ADAS 产品,但核心技术均来自国外的零部件供应商,如博世、德尔福、大陆等。近两年,我国许多互联网企业也纷纷进军汽车行业,但更多的是涉足智能汽车的舒适和服务领域。百度和腾讯均推出了车机互联产品,此外,博泰、乐视等企业均推出了互联网概念汽车。国内整车企业智能网联汽车研发进展与计划如表 1-4 所示。

表 1-4 国内整车企业智能网联汽车研发进展与计划

车企	研发进展	2018 年	2020 年	2025 年
一汽	"挚途"展示手机叫车、自主泊车、拥堵跟车、自主驾驶四项功能	发布互联智能乘/商用车,具备单任务短时智能托管。D-Partner 2.0 的车辆智能服务功能,完成智能互联生态圈布局	发布高速公路代驾产品及深度感知和城市智能技术,具备多任务长时间托管和智慧城市解决方案提供功能	实现智能商业服务平台运营,高度自动驾驶技术整车产品渗透率达 50% 以上
上汽	初步实现 120km/h 下的自动巡航、自动跟车、车道保持、换道行驶、自主超车以及远程遥控泊车等功能	—	实现高速路上的自动驾驶	实现全环境下的自动驾驶
长安	与清华大学合作推出 CS35 自动驾驶样车;与美国智能汽车联盟(MTC)合作,进行车车通信试验	2018 年完成第二阶段半自动驾驶技术开发及产业化;2017 年量产全自动泊车;结构化道路全自动驾驶	2020 年实现第三阶段高度自动驾驶技术的应用,完成样车测试工作和示范运行	2025 年力争突破第四阶段无人驾驶关键技术,实现产业化应用
吉利	实现 AEB、ACC 等基本驾驶辅助技术的量产开发,与信息产业及研究院所合作开发车载通信技术及智能驾驶技术	实现多传感器数据融合技术,完成部分自动驾驶技术的开发及产业化;量产全自动泊车、集成式巡航、拥堵跟车等功能	实现局域协同控制技术的开发,完成有条件自动驾驶技术的开发及产业化;量产高速导引功能,实现高速公路上的自主变道及自主超车功能	实现网联信息与自车智能协同控制技术的开发,实现高度自动驾驶技术的开发
广汽	与中国科学院合作,完成自动驾驶汽车开发;初步实现城市环境下全开放路段的无人驾驶	2018 年实现自主泊车、AEB、LKA/LCA 等系统量产	2020 年基本实现高速路上的自动驾驶	2025 年计划实现综合环境下全自动驾驶,实现产业化应用

我国发挥市场与体制优势,实践智能化与网联化融合路径。国内主要整车制造厂已经开始在量产车型上装配驾驶辅助、部分自动驾驶系统产品,具备部分自动驾驶功能的新车销量占全国乘用车总销量的比例稳定在 10% 以上。同时,主机厂纷纷发布具备有条件自动驾

驶、高度自动驾驶功能及CV2X功能汽车的量产计划。2020年,长安汽车发布具备有条件自动驾驶功能全新车型UIN-T;广汽新能源宣布Aion LX车型通过搭载高精度地图可实现高速公路场景下的有条件自动驾驶功能。2020年6月,东风汽车发布5G高度自动驾驶汽车Sharing-VAN。计算平台、激光雷达、毫米波雷达等核心零部件纷纷取得国产化突破,但在核心传感器芯片、计算芯片方面仍与国外顶尖企业具有一定差距。在网联化方面,CV2X产业生态体系基本形成,产业化速度加快。基础设施建设、高精度地图和高精度定位等也取得阶段性进展,提升支持高等级智能网联汽车规模应用的能力。

1.1.3 智能网联汽车的发展趋势

智能网联汽车产业备受关注,发展快速,将是未来智能交通、智慧城市的重要组成部分。

(1) 从战略规划来看,各个国家或地区都将智能网联汽车放到核心战略发展地位,制定或修订一系列战略规划、产业政策和法律法规,以支持产业稳步有序发展;

(2) 从市场端来看,以车辆安全为核心目标的智能网联汽车技术必将受到越来越高的重视,到2025年,我国部分自动驾驶、有条件自动驾驶智能网联汽车将有望占当年汽车市场销量的50%,高度自动驾驶智能网联汽车开始进入市场,市场前景广阔;

(3) 从技术产品端来看,智能网联汽车成为众多重点领域协同创新的焦点和构建新型交通运输体系的重要载体,是人工智能技术最好的产业先行区和试验田。

1. 国内外智能网联汽车发展对比

纵观国外智能汽车发展的历程和现状,都是以提高出行安全和行车效率为主要目的,以传感技术、信息处理、通信技术、智能控制为核心,车-路、车-车协同系统与高度自动驾驶已经成为现阶段各国发展的重点,也已成为市场竞争制胜的关键因素。

从发展模式来看,美国、日本和欧洲智能网联汽车技术的发展主要由政府推动,出台国家战略规划,明确目标、时间表、技术路线,并形成一定共识。尤其是与交通环境、网联化相关的领域,政府从更大交通环境构建的角度,为智能网联汽车的发展和快速应用建立了良好的环境。如今,随着网联化、智能化更多地与车辆技术融合,真正形成了政府主导,汽车、通信、电子等多领域企业、高校、研究机构深度协作的局面。

从推进组织机构来看,美国、日本和欧洲均建立了各部门深入协同的组织推进体系。美国政府管理机构主要为联邦运输部,并成立了ITS联合项目办公室,组织并协同美国联邦公路管理局、美国联邦汽车运输安全管理局、美国国家公路交通安全管理局等六家单位共同推进;日本则由内阁负责,建立推进委员会,协同警察厅、总务省、经济产业省、国土交通省共同推进;欧洲由欧盟委员会协同欧洲各国一体化发展。

从技术演变来看,美国、日本和欧洲自20世纪60年代开始,立足于智能交通大领域,分别从交通信息化、车辆智能化的角度进行了大量的研究,并已形成大量产业化成果。进入21世纪,尤其是2010年以后,随着通信技术、电子控制技术、人工智能技术的快速发展,车辆网联化、智能化从20世纪的独立研究,逐渐走向融合型研究与应用。从美国、日本和欧洲各国制定的战略情况来看,这将是未来20年交通领域最重要的技术变革。

从市场形势来看,目前智能网联汽车只形成了初级的网联化和智能化,网联化主要体现在基本的信息服务(Telematics)领域,智能化主要体现在目前大量产业应用的 ADAS 领域,真正的深度网联化、智能化还处于酝酿阶段,预计 2025 年实现高级自动驾驶汽车的应用。

从行业技术水平来看,目前美国、日本和欧洲在智能网联汽车技术领域形成了三足鼎立的局面。美国的重点在于网联化,其通过政府强大的研发体系,已快速形成了基于 V2X 的汽车产业化能力;日本的交通设施基础较完善,自动驾驶方面技术水平也在稳步推进;欧洲具有世界领先的汽车电子零部件供应商和整车企业,其自主式自动驾驶技术相对领先。

从产业链竞争力来看,美国目前在智能网联汽车产业上、中、下游实力均衡,世界领先;日本依托几大整车厂占据一定优势;德国在上、中游有较强的竞争力。

由于缺乏智能网联汽车与道路交通智能化发展的系统性、协同性,缺乏研发和产业化布局的导向性和足够的投入,中国智能汽车领域的基础技术、研发水平、相关产业链基础还十分薄弱,产品和产业化发展相比发达国家总体上滞后 8~10 年。

2. 我国发展智能网联汽车的优势

智能网联技术是汽车产业向智能化转型的重要途径,也是做强中国品牌汽车、建设汽车强国的重大机遇。我国加快发展智能汽车正当其时,具有以下突出优势:

(1) 科技变革的外部契机与汽车产业转型升级的内部动力兼备。新一轮科技变革期与中国汽车产业转型升级期相互交汇,使智能汽车发展兼备外部契机和内部动力。在"中国制造 2025"和"互联网+"战略的指引下,智能汽车发展将会迎来前所未有的历史机遇。

(2) 我国拥有规模超大、全球第一的汽车市场,将会发挥重要的引领作用。中国汽车市场目前已达 2350 万辆规模,远超美国巅峰时期的 1700 万辆。中国可以充分利用自身市场的引领作用,按照自己的需求制定具有中国特色的智能网联汽车标准体系,赢得未来较量的宝贵话语权。

(3) 中国拥有较为强大的信息产业。全球顶级的互联网公司均分布在美国和中国,如百度、腾讯等,这一优势连日本、德国也不具备。中国在通信等行业也拥有一批具有世界影响力的企业,如华为、大唐等,掌握了国际先进技术以及标准的话语权。此外,我国独立于 GPS 之外的北斗卫星定位系统,也在国家战略层面上确保了智能网联汽车不会受制于人。

(4) 智能网联汽车国际发展仍处于初级阶段。国际上看,目前关于智能网联汽车的相关法律法规、环境建设也处于刚刚起步的状态,技术协议定义与应用管理规则处于开发讨论状态,从这个角度上讲,中国完全有机会根据我国的具体使用环境和国情制定自己的智能网联汽车使用规则,并在此框架之下进行新一轮的汽车产业布局。

3. 我国发展智能网联汽车存在的问题

由于缺乏智能网联汽车与道路交通智能化发展的系统性、协同性,缺乏研发和产业化布局的导向性和足够的投入,我国智能汽车领域的基础技术、研发水平、智能感知系统产业链基础还十分薄弱,产品和产业化发展相比发达国家总体上仍十分滞后。我国在发展智能汽车方面也面临着严峻挑战,存在着明显短板。

(1) 尚未形成国家层面的智能网联汽车发展战略,缺乏大型国家项目支撑。汽车智能化、网联化已经成为美国、日本和欧洲各国的国家发展战略。经过近10年的国家项目积累，以智能化、网联化汽车发展带动传统汽车产业、信息通信产业、电子产业的格局已初步形成。

（2）我国智能汽车领域的基础技术还十分薄弱。在车载视觉、激光雷达、毫米波雷达等高性能传感器、汽车电子、电控系统、专用芯片等关键基础零部件领域，核心技术与产品主要被国外企业掌握，我国核心技术远落后于世界先进水平。

（3）自主零部件企业非常弱小，行业缺乏有效协同研发机制。企业缺乏可持续的自主研发体系，行业无法形成合力，国家尚未形成自上而下的智能网联汽车政产学研体系，无法共同攻坚克难。

（4）信息产业与汽车融合层次较浅。我国虽有强大的互联网产业基础，但过分偏重销售和服务端，与汽车产业的结合尚停留在信息服务、后市场等领域，未能深入汽车智能化控制的层次。

（5）智能网联汽车标准法规及测试能力建设落后较多。美国、日本和欧洲等发达国家已建立形成了较完善的 ADAS、V2X 测试评价标准法规及相应的测试评价能力和设施，并从国家层面提出了 ADAS 强制装配时间表。我国在智能网联汽车相关的测试标准、方法、设施严重不足，缺乏系统性和完整性。

1.2　智能网联汽车的概念与技术分级

1.2.1　智能网联汽车的概念

智能网联汽车是指搭载先进的车载传感器、控制器、执行器等装置，并融合现代通信与网络技术，实现车与X(人、车、路、云等)智能信息交换、共享，具备复杂环境感知、智能决策、协同控制等功能，可实现"安全、高效、舒适、节能"行驶，并最终可实现替代人来操作的新一代汽车。

与智能网联汽车相关的概念有智能汽车、无人驾驶汽车、车联网和智能交通系统等。

1. 智能汽车

智能汽车在普通车辆的基础上增加雷达、摄像头等先进传感器、控制器、执行器等装置，通过车载传感系统和信息终端实现与人、车、路等智能信息交换，使车辆具备智能的环境感知能力，能够自动分析车辆行驶的安全及危险状态，并使车辆按照人的意愿到达目的地，最终实现替代人来操作的目的。它集中运用了计算机、现代传感、信息融合、通信、人工智能及自动控制等技术，是典型的高新技术综合体。

2. 无人驾驶汽车

无人驾驶汽车是通过车载传感系统感知道路环境，自动规划行车路线并控制车辆到达预定目标的智能汽车。它是利用车载传感器来感知车辆周围环境，并根据感知所获得的道路、车辆位置和障碍物信息，控制车辆的转向和速度，从而使车辆能够安全、可靠地在道路上行驶。无人驾驶汽车集自动控制、体系结构、人工智能、视觉计算等众多技术于一体,是计算机科学、模式识别和智能控制技术高度发展的产物。

3. 车联网

车联网是由车辆位置、速度和路线等信息构成的巨大交互网络。以车内网、车际网和车载移动互联网为基础,按照约定的体系机构及通信协议和数据交互标准,实现 V2X(V——汽车,X——车、路、行人及应用平台等)无线通信和信息交互,以实现智能化交通管理、智能动态信息服务和车辆智能化控制的一体化网络,是物联网技术在智能交通领域的延伸。

4. 智能交通系统

智能交通系统是将先进的信息技术、计算机技术、数据通信技术、传感器技术、电子控制技术、自动控制理论、运筹学、人工智能等有效地综合运用于交通运输、服务控制和车辆制造,加强车辆、道路、使用者三者之间的联系,从而建立的一种在大范围内、全方位发挥作用的,实时、准确、高效的综合运输和管理系统。智能网联汽车、智能汽车、无人驾驶汽车、车联网、智能交通系统之间密切相关,其关系可用图 1-1 表示。

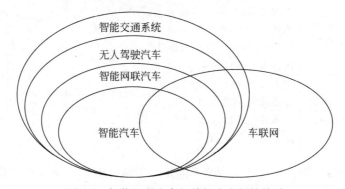

图 1-1 智能网联汽车相关概念之间的关系

1.2.2 智能网联汽车技术分级

智能网联汽车包括智能化与网联化两个技术层面,其分级也可对应地按照智能化与网联化两个层面区分。在智能化方面,美国 SAE、NHTSA 和德国 VDA 等组织已经给出了各自的分级方案,这里以较权威的美国 SAE 分级定义为基础,并考虑我国道路交通情况的复杂性,加入了对应级别下智能系统能够适应的典型工况特征。各级定义如表 1-5 所示。

【小提示】

"智能网联"并不是指某一种技术或者概念,而是由智能化与网联化共同组成的,是两种概念的结合。

汽车的智能化是让汽车能够更加了解人,如自动驾驶和手势识别;网联化是让车能形成一个系统,达到车与人、车与车、车与基础设施的互联。

表 1-5 智能化等级

智能化等级	等级名称	等级定义	控制	监视	失效应对	典型工况
人监控驾驶环境						
1	驾驶辅助(DA)	通过环境信息对方向和加减速中的一项操作提供支援,其他驾驶操作都由人操作	人与系统	人	人	自适应巡航、车道保持等
2	部分自动驾驶(PA)	通过环境信息对方向和加减速中的多项操作提供支援,其他驾驶操作都由人操作	人与系统	人	人	交通拥堵辅助、协同式自适应巡航、自动泊车等
自动驾驶系统("系统")监控驾驶环境						
3	有条件自动驾驶(CA)	由无人驾驶系统完成所有驾驶操作,根据系统请求,驾驶员需要提供适当的干预	系统	系统	人	高速公路正常行驶工况,市区无车道干涉路段
4	高度自动驾驶(HA)	由无人驾驶系统完成所有驾驶操作,特定环境下系统会向驾驶员提出响应请求,驾驶员可以对系统请求不进行响应	系统	系统	系统	高速公路全部工况及市区有车道干涉路段
5	完全自动驾驶(FA)	无人驾驶系统可以完成驾驶员能够完成的所有道路环境下的操作,不需要驾驶员介入	系统	系统	系统	所有行驶工况

在网联化层面,按照网联通信内容的不同及对车辆驾驶自动化功能支持的区别程度将其划分为网联辅助信息交互、网联协同感知、网联协同决策与控制三个等级,如表1-6所示。

表 1-6 网联化等级

网联化等级	等级名称	等级定义	控制	传输需求	典型场景	典型信息
1	网联辅助信息交互	基于车-路、车-后台通信,实现导航等辅助信息的获取以及车辆行驶数据与驾驶员操作等数据的上传	人	传输实时性、可靠性要求低	交通信息提醒、车载信息服务、天气信息提醒等	地图、交通流量、交通标志、油耗、里程等信息,传输实时性、可靠性要求较低
2	网联协同感知	基于车-车、车-路、车-人、车-后台通信,实时获取车辆周边交通环境信息,与车载传感器的感知信息融合,作为自车决策与控制系统的输入	人或系统	传输实时性、可靠性要求较高	道路湿滑预警、交通事故预警、紧急制动预警等	周边车辆/行人/非机动车位置、信号灯相位、道路预警等信息,传输实时性、可靠性要求较高

续表

网联化等级	等级名称	等级定义	控制	传输需求	典型场景	典型信息
3	网联协同决策与控制	基于车-车、车-路、车-人、车-后台通信,实时并可靠获取车辆周边交通环境信息及车辆决策信息,车-车、车-路等各交通参与者之间信息进行交互融合,形成车-车、车-路等各交通参与者之间的协同决策与控制	人或系统	传输实时性、可靠性要求最高	引导行驶速度、车辆间距、车道选择、协作式编队等	车-车、车-路间的协同控制信息,传输实时性、稳定性要求最高

1.3 智能网联汽车技术架构及关键技术

1.3.1 智能网联汽车技术体系架构

智能网联汽车涉及汽车、信息通信、交通等多领域技术,其技术架构较为复杂,可划分为"三横两纵"式技术架构。"三横"是指智能网联汽车主要涉及的车辆、信息交互与基础支撑三大领域技术,"两纵"是指支撑智能网联汽车发展的车载平台以及基础设施条件,如图1-2所示。

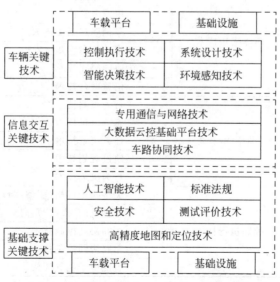

图 1-2 智能网联汽车"三横两纵"技术架构

1.3.2 智能网联汽车关键技术

近年来,众多整车制造、信息通信企业都在加大智能网联汽车技术研发投入,各国政府加快不同自动驾驶等级车辆示范推广与商业应用进程,技术快速迭代,新技术、新应用层出不穷。一方面,围绕单车智能,多种高精度、新型传感器取得突破,复杂环境感知精度提高,适用范围拓展,性价比提升;同时,横纵向控制执行技术同步发展。另一方面,围绕车路协同应用的CV2X技术、云控交互技术以及路侧端关键技术的商业化加快,网联化和智能化融合式发展路径得到国内外产业界的广泛认同。此外,整车制造商开始在新一代人工智能技术、高精度地图与全工况定位技术、信息安全、预期功能安全等领域不断加大集成应用力度。因此,伴随上述诸多关键核心技术和基础共性技术的发展,对以车辆为载体的电子电气架构、计算平台、智能终端等提出更高的要求。为此,智能网联汽车路线图在进一步研判技术演进路径和商业应用时间的同时,将技术体系架构在车辆关键技术、信息交互关键技术、基础支撑技术基础上,进行了第二层级与第三层级子领域技术分解研究。

1. 车辆关键技术

车辆关键技术主要是指围绕汽车本身的智能化技术,主要以实现高级辅助驾驶乃至自动驾驶、更加自然的人机交互方式及更加丰富的信息娱乐功能为目的。其技术体系可分为环境感知、智能决策以及控制执行三方面(见表1-7)。

表1-7 车辆关键技术

第一层	第二层	第三层
车辆关键技术	环境感知技术	雷达探测技术
		机器视觉技术
		车辆姿态感知技术
		乘员状态感知技术
		协同感知技术
		信息融合技术
	智能决策技术	行为预测技术
		态势分析技术
		任务决策技术
		轨迹规划技术
		行为决策技术
	控制执行技术	关键执行机构(驱动/制动/转向/悬架)
		车辆纵向/横向/垂向运动控制技术
		车间协同控制技术
		车路协同控制技术
		智能电子电气架构

2. 信息交互关键技术

信息交互关键技术主要是指围绕信息通信的汽车内部以及与其他车辆、道路、行人、平台之间的网联化技术,通过安全地进行数据通信,从而实现信息获取、远程控制、数据分析以及信息服务等功能。其技术体系主要可分为专用通信与网络、大数据、平台以及信息安全四方面(见表1-8)。

表1-8 信息交互关键技术

第 一 层	第 二 层	第 三 层
信息交互关键技术	专用通信与网络技术	DSRC技术
		RFID技术
		LTE-V技术
		移动自组织网络技术
		4G/5G车联网技术
	大数据技术	非关系数据库技术
		数据高效存储和检索技术
		数据关联分析与挖掘技术
		驾驶员行为数据分析与UBI技术
	平台技术	信息服务平台
		安全决策平台
	信息安全技术	车载终端信息安全技术
		手持终端信息安全技术
		路侧终端信息安全技术
		网络信息安全技术
		数据平台信息安全技术

3. 基础支撑关键技术

基础支撑关键技术主要是指支撑智能网联汽车的共性基础性技术(见表1-9),主要包括高精度地图、高精度定位、基础设施、车载硬件平台、车载软件平台、人因工程及整车安全架构等。

表1-9 基础支撑关键技术

第 一 层	第 二 层	第 三 层
基础支撑关键技术	高精度地图	三维动态高精度地图
	高精度定位	卫星定位技术
		惯导定位技术
		通信基站定位技术
		协作定位技术
	基础设施	路侧设施与交通信息网络建设
	车载硬件平台	通用处理平台/专用处理芯片
	车载软件平台	交互终端操作系统
		车辆控制器操作系统/共用软件基础平台
	人因工程	人机交互技术
		人机共驾技术

续表

第 一 层	第 二 层	第 三 层
基础支撑关键技术	整车安全架构	整车网络安全架构
		整车功能安全架构
	标准法规	标准体系与关键标准
	测试评价	测试场地规划与建设
		测试评价方法
	示范应用	示范应用与推广

1.4 智能网联技术应用于无人驾驶汽车实例

1.4.1 Boss无人驾驶汽车体系结构实例

2007年，美国DARPA城市挑战赛冠军——卡内基·梅隆大学研制的Boss无人驾驶汽车（见图1-3）在原车基础上整合现成的商业线控技术，实现加速、制动、转向、变换挡位等自动操作。

图1-3 Boss无人驾驶汽车

Boss无人驾驶汽车的软件结构可以分为感知层、任务规划层、行为执行层和运动规划层等部分，如图1-4所示。

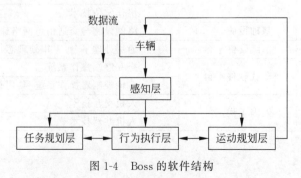

图1-4 Boss的软件结构

其中，感知层融合处理来自 Boss 车载传感器的数据，为整个系统的其他部分提供周围环境的关键信息，主要包括以下五方面：①车辆状态信息，位姿和速度；②道路信息，现实环境中的道路形状、停车区域及交叉路口；③动态障碍物，车辆周边其他车辆信息估计；④静态障碍物地图，二维栅格图展示现实环境中的无障碍区域、危险区域及不可通行区域；⑤堵塞道路，对明确的不能通过区域的估计。

任务规划层根据已有的路网信息计算所有到达下一任务检测点的可行路径，再根据道路的堵塞情况、最大限速等信息比较生成的可行路径，得到到达下一检测点的最优路径。

行为执行层将任务规划层提供的决策信息和感知层提供的当地交通与障碍信息结合起来，为运动规划层产生一系列局部任务。行为执行层可以大体分为三部分：道路行驶、路口方案和目标选择。前两部分的作用不言自明。目标选择部分负责分配前两部分或运动层要执行的任务，选择方法，以实现错误纠正和系统恢复。行为执行层实现系统对于不同规则道路的适用性，并对各种不规则情况进行侦察和矫正。这些局部任务采用离散运动目标形式，如沿着某条特定路线行驶等。沿着一条道路行驶情况下的期望路线和速度要求被发送给运动规划层，以完成相应的行为规划，如车距保持、超车等。

运动规划层根据来自行为执行层的运动目标生成相应运动轨迹并执行，从而使 Boss 到达该运动目标。它包含两个规划器，且每个都能在到达预期目的地的过程中规避静态和动态障碍物。其中考虑了两种常用方案：结构化道路跟随驾驶和非结构化道路驾驶。对于结构化道路跟随驾驶，规划器生成的路径是在规定道路上规避障碍物；对于非结构化道路驾驶，如驶入停车场，需要用到具有四维搜索空间（位置、方位和行驶方向）的规划器。

1.4.2 BIT 号无人驾驶汽车体系结构

北京理工大学 BIT 号无人驾驶汽车 2009 年参加首届"中国智能车未来挑战赛"，获得第二名和最佳环境感知奖。BIT 号无人驾驶汽车实验平台及传感器布置如图 1-5 所示，在硬件设备上采用了多种传感器进行环境感知。GPS 为车辆提供位置信息，惯性导航系统提供车体姿态信息，两者又组成组合导航定位模块；激光雷达检测车辆周围的障碍物信息，摄像机提取车辆周围的图像进行车道线、停车线和交通标志等的识别，前轮偏角传感器反馈当前车辆的前轮偏角，而里程计测量车辆的速度及行程。

图 1-5 BIT 号无人驾驶汽车

按照功能可以将 BIT 号无人驾驶汽车系统结构分为环境感知系统、规划决策系统、底层控制系统、车辆数据采集系统、危险应急停车系统、数据通信系统和预留功能系统，如

图1-6所示。其中,环境感知系统主要包括环境感知传感器和信息处理系统,规划决策系统包括路径规划、路径跟踪和数据决策及融合,底层控制系统包括纵向控制系统、横向控制系统和换挡控制系统,车辆数据采集系统包含前轮偏角、车速和换挡位置采集,而危险应急系统有手动紧急停车和无线紧急停车两种方式。

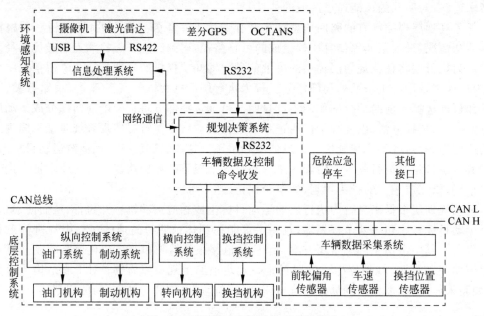

图1-6 BIT号无人驾驶汽车系统总成

BIT号无人驾驶汽车根据传感器的信息融合模块提供的信息,当判断到周围环境无障碍物信息时,根据定位模块提供的当前位置和方向角,由全局路径规划模块控制无人驾驶汽车的行驶路径。若判断前方有障碍物,则由传感器信息融合模块进行决策融合,提供控制信号,对路径进行修正,达到避障的效果。避开障碍物后再根据定位模块提供的当前车辆位置及方向角数据,继续跟踪全局参考路径。BIT号无人驾驶汽车的软件系统数据流如图1-7所示。

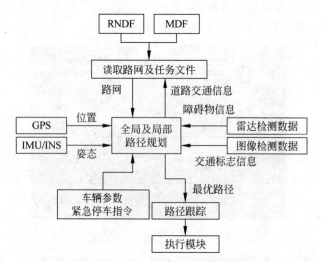

图1-7 BIT号无人驾驶汽车的软件系统数据流

本 章 小 结

本章简要地介绍了智能网联汽车技术在国内外的发展历程、发展现状及发展趋势,了解了智能网联的概念以及智能网联汽车的技术分级。在掌握了智能网联汽车的组成架构及关键技术之后,借助 Boss 及 BIT 号无人驾驶汽车的搭建平台和原理对智能网联与无人驾驶有了进一步的认知。

思 考 题

1. 什么是汽车智能网联?
2. 简述智能化分级中"部分自动驾驶"与"有条件自动驾驶"的差别。
3. 有人说智能网联汽车技术就是无人驾驶技术,查阅课外资料后请阐述你的观点。

参 考 文 献

[1] 《中国公路学报》编辑部.中国汽车工程学术研究综述·2017[J].中国公路学报,2017,30(6):1-197.
[2] 马建勇,刘宏骏.浅谈我国智能网联汽车发展环境[J].科技与创新,2017(2):1-2.
[3] 李克强,戴一凡,李升波,等.智能网联汽车(ICV)技术的发展现状及趋势[J].汽车安全与节能学报,2017,8(1):1-14.
[4] 孟震.浅谈智能网联汽车通信系统[J].中国公共安全,2016(6):102-104.
[5] 范梦阳.智能网联汽车(ICV)技术的发展现状及趋势[J].内燃机与配件,2021(9):180-181.
[6] 张翔,李智.智能网联汽车技术的发展现状及趋势[J].汽车与配件,2018(8):58-59.

第 2 章

智能网联汽车先进传感器技术

【本章教学要点】

知识要点	掌握程度	相关知识
视觉传感器的基本原理、组成及应用	理解视觉传感器的基本原理和组成，了解视觉传感器的应用	成像原理、色彩空间、CCD、CMOS、检测识别
超声波雷达的基本原理、组成及应用	理解超声波雷达的基本原理和组成，了解超声波雷达的应用	飞行时间 TOF 法、超声波雷达的评价指标
激光雷达的基本原理、组成及应用	理解激光雷达的基本原理和组成，了解激光雷达的应用	Flash 激光雷达、OPA 激光雷达、MEMS 激光雷达
毫米波雷达的基本原理、组成及应用	理解毫米波雷达的基本原理和组成，了解毫米波雷达的应用	毫米波雷达的衰减、脉冲体制雷达、连续波体制雷达、调频连续波、单片微波集成电路
几种车载传感器的原理及应用	理解几种车载传感器的原理，了解它们的应用	传感器的激励来源、转化形式、信号输出

　　智能网联汽车区别于传统车辆的一大特点就是其上有大量先进的传感器的应用，这些传感器让车辆长上了"火眼金睛"，大大提高了车辆行驶的安全性以及泊车等驾驶辅助的便利性。更重要的是，作为必不可缺的重要一环，它们的发展让无人驾驶逐渐成为现实。

　　用于驾驶辅助的传感器主要分为两大类：视觉传感器和雷达类传感器。其他的还有用于获取车辆行驶过程中信息的车载传感器。

　　(1) 视觉传感器。

　　视觉传感器主要利用摄像头的成像原理，得到图像后再根据特征对图像进行识别与检测。

　　(2) 雷达类传感器。

　　雷达类传感器主要利用雷达向目标发射电磁波，并根据收到的回波，以获得目标与雷达之间的距离、目标的高度、方位等信息，来对路面的物体进行识别和检测。根据载波的不同分为超声波雷达、激光雷达和毫米波雷达。

　　(3) 车载传感器。

　　其他的用于传递行驶过程中信息的车载传感器，有加速度传感器、横摆角速度传感器、轮速传感器、转向传感器等。它们的存在，可以时刻监控汽车行驶过程中的状况，大大提高了汽车行驶时的安全性。

2.1 视觉传感器的原理及应用

2.1.1 视觉传感器的基本原理

摄像头(Camera)是一种视频输入设备,主要分为数字摄像头和模拟摄像头两种。模拟摄像头是可以直接通过视频接口(通常为S端子或AV端子)连接显示设备完成摄像功能的摄像头,其特点是模拟影像清晰而连贯,不受分辨率影响,模拟摄像头以中低价位黑白摄像头为主。数字摄像头可以直接捕捉影像并转换为数字信号存储在计算机中,其信号传输接口由早期的串口、并口发展到如今的USB和IEEE 1394火线接口,在这里涉及的摄像头主要为数字摄像头。

摄像头的基本工作原理:被摄物体所反射的光线通过镜头,将生成的光学图像投射到传感器上,传感器将光学图像转换为电信号,电信号再经过模/数转换变为数字信号,数字信号经过DSP(数字信号处理)芯片加工处理后还原为色彩空间信息,最后被输出到相应的显示或存储设备形成我们看到的图像。

1. 图像传感器

图像传感器是最为关键、最为核心的部件,它是一种半导体芯片,其表面包含有几十万到几百万的光电二极管,光电二极管受到光照射时会产生电荷。摄像头根据图像传感器可以分为电荷耦合器件(Charge-Couple Device,CCD)和互补金属氧化物半导体(Complementary Metal-Oxide-Semiconductor,CMOS)两种,如图2-1和图2-2所示。两者原理相同,都是将外来光线转换为电信号的媒介;二者的比较见表2-1。

图2-1　CCD传感器　　　　　　　图2-2　CMOS传感器

表2-1　二者的比较

类别	CCD	CMOS	类别	CCD	CMOS
灵敏度	高	低	成本	高	低
解析度	高	低	复杂程度	高	低
功耗	高	低	集成度	低	高
图像噪声	小	大			

市面上有很多种摄像机,成像效果却各有不同,从图像传感器的角度来看,这些差异取决于哪些因素呢?决定图像传感器成像效果的因素主要有像素、靶面尺寸、感光度、电子快门、帧率、信噪比这六种。

像素:外来光线通过传感器中的感光单元转换为电荷,最终形成电信号,因此,感光单元的多少体现了传感器捕捉物体细节的能力,像素参数就对应着感光单元,感光单元越多,像素越高,成像效果也越清晰。

靶面尺寸:通常这个数据指的是这个图像传感器的对角线长度,它表征了传感器感光部分的大小,一般用英寸(1in=0.0254m)来表示。靶面越大,意味着通光量越好,而靶面小则比较容易获得更大的景深。比如1/2in可以有比较大的通光量,而1/4in比较容易获得较大的景深。

感光度:通过CCD或CMOS以及相关的电子线路感应入射光线的强弱。感光度越高,感光面对光的敏感度就越强,快门速度就越高。对于高速物体的捕捉以及光线较弱的场景,感光度微小的差异往往带来最终成像上较大的差异,例如在拍摄运动车辆、夜间监控时,感光度就显得尤其重要,不同的摄像机夜视效果会有很大差别,往往是感光度的差异造成的。感光度的单位是 V/lux-sec,V(伏)就是通常说的电压的单位;lux-sec是光强弱的单位,这个比值越大,夜视效果越好。

电子快门:快门是照相机用来控制感光片有效曝光时间的机构,分为机械快门和电子快门两种。机械快门就是利用传统的"门",它的开关决定了光线的进入与否;电子快门实际上没有"门",图像传感器感光系统不通电不工作,电子快门的开启可以使其通电工作一段指定时间,从而捕捉光线成像。

也就是说,电子快门控制了图像传感器的感光时间。由于图像传感器的感光值就是信号电荷的积累,因此感光越长,信号电荷积累时间也越长,输出信号电流的幅值也越大。电子快门越快,感光度越低,适合在强光下拍摄。

帧率:指单位时间所记录或者播放的图片的数量。连续播放一系列图片就会产生动画效果,根据人类的视觉系统,当图片的播放速度大于每秒15幅(即15帧)时,人眼就基本看不出来图片的跳跃;在达到每秒24~30幅(即24~30帧)时就已经基本觉察不到闪烁现象了。每秒的帧数(fps)或者说帧率表示图形传感器在处理场景时每秒能够更新的次数。帧率越高,视觉体验越流畅逼真。

信噪比:信号电压对于噪声电压的比值。信噪比的单位用dB来表示。一般摄像机给出的信噪比值均是AGC(自动增益控制)关闭时的值,因为当AGC接通时,会对小信号进行提升,使得噪声电平也相应提高。信噪比的典型值为45~55dB,若为50dB,则图像有少量噪声,但图像质量良好;若为60dB,则图像质量优良,不出现噪声。信噪比越大说明对噪声的控制越好。这个参数关系着图像中噪点的数量,信噪比越高,给人感觉画面越干净。

2. 色彩空间

"色彩空间"一词源于西方的Color Space,又称作"色域"。色彩学中,人们建立了多种色彩模型,以一维、二维、三维甚至四维空间坐标来表示某一色彩,这种坐标系统所能定义的色彩范围即色彩空间。我们经常用到的色彩空间主要有RGB、CMYK、Lab等。

RGB(红、绿、蓝)是依据人眼识别的颜色定义出的空间,可表示大部分颜色。但科学研究一般不采用RGB颜色空间,因为它的细节难以进行数字化的调整。它将色调、亮度、饱和度三个量放在一起表示,很难分开。它是最通用的面向硬件的彩色模型,该模型用于彩色监视器和一大类彩色视频摄像。

CMYK是工业印刷采用的颜色空间,它与RGB对应。简单的类比RGB来源于物体发光,而CMYK是依据反射光得到的。具体应用如打印机:一般采用四色墨盒,即CMYK加黑色墨盒。

Lab颜色空间用于计算机色调调整和彩色校正。它独立于设备的彩色模型实现。这一方法用来把设备映射到模型及模型本身的彩色分布质量变化。

按摄像头模组的不同,可以分为单目摄像头和双目摄像头。

单目摄像头的摄像头获得图像后,将图像与数据库中的物体标志性轮廓进行匹配,如果匹配成功,再利用算法计算物体与车辆的距离及接近速率,当然如果匹配失败,则无法进行后续操作,因此单目摄像头需要强大的样本数据库,也受限于此。

双目摄像头由于两个摄像头的存在,可以利用两个摄像头的视差,直接测量物体与车的距离,然后再进行识别,跟单目摄像头类似,根据与库中数据匹配的结果进行识别。

2.1.2 视觉传感器的组成

视觉传感器主要由镜头、红外滤光片、图像传感器、模/数转换器、图像处理器和图像存储器组成。其组成及图像产生过程如图2-3所示。

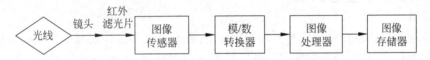

图2-3 视觉传感器的组成及图像产生过程

视觉传感器中的镜头一般由几片透镜组成透镜结构。透镜按材质可分为塑胶透镜(Plastic)或玻璃透镜(Glass)。塑胶透镜主要是树脂镜片,树脂镜片韧性好,不易碎,密度小,成本低,硬度低,折射率差(导致同度数厚度更厚);玻璃镜片韧性差,易碎,密度大,成本低,硬度高,折射率好。镀膜可以提高树脂镜片的透光率和感光性等光学指标。通常摄像头采用的镜头结构有1P、2P、1G1P、1G2P、2G2P、2G3P、4G、5G等。透镜越多,成本越高,但相对成像效果会更出色,成像更均匀细致,畸变更小。

光线穿过镜头后,由于图像传感器能够感受到红外光,但现实生活中我们的人眼却是无法看到的,因此需加上一道过滤片过滤掉红外光,也就是图2-3中的红外滤光片。

图像传感器起摄像头的"眼睛"的作用,如2.1.1节所述,图像传感器中的每个像素点感知光信号,并转换为电信号。每个像素点只能感受红色(R)、绿色(G)、蓝色(B)中的一种,因此每个像素点中存放的数据是单色光,通常所说的30万像素或者130万像素表示的就是有30万或130万个感光点,每个感光点只能感应一种光,这些最原始的感光数据被称为Raw Data。

模/数转换器将所得的模拟电信号转换为数字信号,以便进行后续的信号处理。

已知Raw Data数据中R、G、B某一个值(如R值),ISP(Image Sensor Processor,图像传感器处理器)模块可以将根据该感光点周围的其他值(如G、B值),通过插值和算法处理等,计算出该点的其他值(如G、B值)。当然ISP模块不仅可以还原像素点的色彩空间,在还原的同时,还负责对数据进行算法优化处理,包括 AE(自动曝光)、AF(自动对焦)、AWB(自动白平衡)、去除图像噪声、LSC(镜头校正)、BPC(坏点校正)等。经过处理后把 Raw Data 保存起来,传给视频编解码器(Video Codec)等。

数字信号处理芯片 DSP(Digital Signal Processor)是 ISP(图像传感器处理器)模块的重要组成部分,它的作用是将感光芯片获得的数据及时、快速地传递到基带中并刷新感光芯片,因此 DSP 芯片的性能直接影响画面品质,如色彩饱和度、清晰度、流畅度等。如果传感器没有集成 DSP,也可以通过 DVP(数字视频处理器)的方式传输到基带芯片中(可以认为是外挂 DSP)。DSP 通常由图像信号处理器 ISP(Image Signal Processor)和 JPEG 图像编码器(JPEG Encoder)组成。在一些图像处理应用比较复杂的设备中,DSP 也会设计为执行图像处理应用中计算的专业图形处理器芯片。

最终所得数据通过 FIFO(First In First Out)存储器这种先进先出的数据缓存器,再通过接口传输后存储在存储介质中。

【小提示】

图像传感器处理器 ISP 是指图像在经过图像传感器之后进行处理的模块,DSP 是其中的一个组件,而图像信号处理器 ISP 是 DSP 的一个组件。虽然缩写相同,且作用上有相似之处,但实际意义和作用并不相同,请同学们查阅相关资料时注意区分。

2.1.3 视觉传感器的应用

目前,视觉传感器在家用汽车上的应用相对简单,其主要工作仅仅是采集影像提供给驾驶员,如倒车影像,将车辆后部情况通过影像传递给驾驶员,大大减轻了驾驶员倒车的麻烦程度,同时也提高了倒车的安全性。

视觉传感器在采集影像的基础上,增加了信息分析的能力,可以从影像中获得距离等参数,并进行分析,然后结合当前驾驶状况对驾驶员进行预警,可以应用于多种高级驾驶员辅助系统(Advanced Driver Assistance Systems,ADAS),具体如表 2-2 所示。

表 2-2 视觉传感器的应用

类别	预警	控制
横向	车道偏离预警系统	车道保持辅助
纵向	前车碰撞预警	紧急制动刹车
	行人碰撞预警	自适应巡航控制

【小提示】

常见 ADAS 名称与缩写对应关系:车道偏离预警系统(Lane Departure Warning System,LDWS)、车道保持辅助(Lane Keeping Assist,LKA)、前车碰撞预警(Forward Collision Warning,FCW)、后车碰撞预警(Rear Collision Warning,RCW)、行人碰撞预警(Pedestrian Collision Warning,PCW)、紧急制动刹车(Autonomous Emergency Braking,AEB)、自适应巡航控制(Adaptive Cruise Control,ACC)、行人检测系统(Pedestrian Detection System,PDS)、泊车辅助系统(Parking Assist System,PAS)。

LKA可大致分为车道偏离保持(LK)和车道中心保持(LC)两类,区别在于控制系统控制目标和控制系统干预程度。车道偏离保持系统控制目标为以较少的干预将车辆保持在车道内;车道中心保持策略的控制目标为车道中心线附近,相较于车道保持系统干预较多。摄像头采集图像信息并将车辆相对车道线信息发送给LKA控制器,LKA控制器结合驾驶员设置计算目标控制量,通过电子助力转向系统实现被控车辆转向修正,进而实现偏离修正和中心线保持。

摄像头通过成像原理和对应的标定操作可以获得检测到的车道线和自身车辆间的距离,也能获得车道线与车辆行驶方向的夹角,从而估算出预计偏离车道的时间,按照控制策略的不同,距离或预计时间是LKA控制系统决策的依据。准确地检测车道线和距离或预计时间的计算是LKA技术的前提和难点,由于车道线的特殊性,通常由摄像头进行检测,因此基于摄像头的车道线检测是LKA技术的主流方案。

与LKA相似的LDW也主要采用基于摄像头的车道线检测技术,与LKA主动干预车辆控制不同,LDW主要进行车道偏离的报警。

视觉感知的另一个应用是FCW,在FCW系统中,摄像头负责对前向障碍物进行检测识别,并依照摄像头成像原理对障碍物与自身车辆间的距离进行判断,由距离和自身车辆行驶速度计算得预计碰撞时间,由预计碰撞时间作为是否发出预警的判断依据。在LDW系统中,毫米波雷达也是常用的传感器,由于毫米波雷达能更准确地获得目标速度信息,而摄像头能够判断目标类别,因此毫米波雷达和摄像头的信息融合是目前LDW系统的主流解决方案。

与LDW系统类似,AEB系统也需要对前向障碍物进行检测。AEB系统通过摄像头或雷达检测和识别前方车辆,在有碰撞可能的情况下先用声音和警示灯提醒驾驶者进行制动操作回避碰撞。若驾驶者仍无制动操作,系统判断已无法避免追尾碰撞,就会采取自动制动措施来减轻或避免碰撞。同时,AEB系统还包括动态制动支持,当驾驶者踩下制动踏板的力量不足以避免即将到来的碰撞时,就会为其补充制动力。

2.2 超声波雷达的原理及应用

2.2.1 超声波雷达的基本原理

超声波是一种频率高于20 000 Hz的声波,它具有指向性强,能量消耗缓慢,对色彩、光照度不敏感,对外界光线和电磁场不敏感等特点,可适用于识别透明、半透明及漫反射差的物体,可用于黑暗、有灰尘或烟雾、电磁干扰强、有毒等恶劣环境中。以超声波作为检测手段,必须产生超声波和接收超声波,完成这种功能的装置就是超声波雷达,习惯上称为超声换能器或者超声探头。超声波雷达包括发送雷达和接收雷达,通常发送雷达工作于输出最大的串联谐振频率,而接收雷达工作于接收灵敏度最高的并联谐振频率;通过实验发现,发送雷达的串联谐振频率与接收雷达的并联谐振频率几乎一致。因此,超声波雷达在实际应用时,都是在谐振频率附近使用。超声波接收头必须采用与发射头对应的型号,关键是谐振频率要一致,否则将因无法产生共振而影响接收效果,甚至无法接收。

超声波雷达的原理与雷达的原理相同,即发送头发送出超声波,经介质传到被测物体,

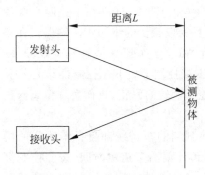

碰到被测物体后立刻反射,再经介质传递回接收头,根据声音在介质中传递的速度 v 和发射到接收之间的时间间隔 t,可计算出两者之间的距离 $L=vt/2$。这种方法称为飞行时间法(Time of Flight,TOF),也可以称为回波探测法,如图 2-4 所示。

超声波雷达的主要性能指标包括:

(1) 测量范围。

超声波传感器测量范围取决于其使用的波长和频率。波长越长,频率越小,检测距离越大,如具有毫米级波长的紧凑型传感器的测量范围为 300~500mm,波长

图 2-4 超声波雷达测距原理

大于 5mm 的传感器测量范围可达 10m。

(2) 测量精度。

测量精度是指传感器测量值与真实值的偏差。超声波传感器测量精度主要受被测物体体积、表面形状、表面材料等影响。被测物体体积过小、表面形状凹凸不平、物体材料吸收声波等情况都会降低超声传感器测量精度。测量精度越高,感知信息越可靠。

(3) 波束角。

传感器产生的声波以一定角度向外发出,声波沿传感器中轴线方向上的超声射线能量最大,能量向其他方向逐渐减弱。以传感器中轴线的延长线为轴线,到一侧能量强度减小一半处的角度称为波束角。波束角越小,指向性越好。一些传感器具有较窄的 6°波束角,更适合精确测量相对较小的物体。一些波束角为 12°~15°的传感器能够检测具有较大倾角的物体。

(4) 工作频率。

工作频率直接影响超声波的扩散和吸收损失、障碍物反射损失、背景噪声,并直接决定传感器的尺寸。一般选择在 40kHz 左右,这样传感器方向性尖锐,且避开了噪声,提高了信噪比;虽然传播损失相对低频有所增加,但不会给发射和接收带来困难。

(5) 抗干扰性能。

超声波为机械波,使用环境中的噪声会干扰超声波传感器接收物体反射回来的超声波,因此要求超声波传感器具有一定的抗干扰能力。

2.2.2　超声波雷达的组成

超声波雷达由发射头、接收头、拨码开关、模拟接口、I²C 接口等组成,如图 2-5 所示。

超声波传感器利用压电效应的原理。压电效应有逆压电效应和正压电效应,超声波发送器利用逆压电效应的原理,超声波接收器利用正压电效应的原理。探头处采用双晶振子,即把双压电陶瓷片以相反极化方向粘在一起,在双晶振子的两面涂敷薄膜电极,其上面接到一个电极端,下面接到另一个电极端。双晶振子为正方形,正方形的左右两边由圆弧形凸起部分支撑,这两处的支

图 2-5 超声波雷达

点就成为振子振动的节点。金属板的中心有圆锥形振子,发送超声波时,圆锥形振子有较强的方向性,高效率地发送超声波;接收超声波时,超声波的振动集中于振子的中心,高效率地产生高频电压。

通过相应的电路完成超声波的发射和接收后,芯片记录声波的往返时间,并计算出距离值,再通过模拟接口和 I^2C 接口两种方式将数据传输给控制单元。

2.2.3 超声波雷达的应用

车载的超声波雷达一般安装在汽车的前后保险杠上方,隐藏在保险杠的某个位置。

图 2-6 中,超声波雷达就安装在该车后保险杠上。超声波雷达应用最广泛的场景就是泊车场景。由于超声波散射角大,方向性较差,在空气中传播损耗也大,在测量较远距离的目标时,其回波信号会比较弱,影响测量精度;同时,由于声音传播速度相对较慢,超声波探测高速移动的物体时延迟较大,误差严重,因此不适合高速移动的物体测距。但低速短距离测量时优势就很明显,所以适合作为泊车雷达使用。

图 2-6 超声波雷达位置

(1) 倒车雷达。

挂上倒挡后,倒车雷达自动启动,倒车雷达探头向后发射 40kHz 的超声波信号。经障碍物反射,由倒车雷达探头收集,进行放大和比较,单片机将此信号送入显示模块,同时触发语音电路,发出同步语音提示,倒车时当汽车与障碍物的距离小于所设定的安全距离时,便通过语音集成电路发出不同的报警声,提醒驾驶员减速或停车,防止汽车的碰撞或擦伤,具有很强的实用性。图 2-7 就是超声波雷达作为倒车雷达的应用。

(2) 泊车辅助系统。

目前,泊车辅助系统常用的车载测距方法主要包括红外测距、激光测距、毫米波测距、机器视觉测距、超声波测距等。相比于其他方法,超声波具有穿透力强、衰减小、反射能力强,对光照、色彩、电磁场不敏感,不易受恶劣天气影响等特点,而且超声波测距原理简单、成本低。一般的泊车辅助系统通常使用 6~12 个超声波雷达,车后部的 4 个短距超声波雷达负责探测倒车时与障碍物之间的距离,两侧的长距超声波雷达负责探测停车位空间。

自动泊车系统可以使汽车自动地以正确的停靠位泊车,该系统包括环境数据采集系统、中央处理器和车辆策略控制系统。环境数据采集系统包括图像采集系统和车载超声波距离探测系统,可采集图像数据及周围物体距车身的距离数据,并通过数据线传输给中央处理

图 2-7 超声波雷达作为倒车雷达的应用

器;再将采集到的数据分析处理后,得出汽车的当前位置、目标位置以及周围的环境参数,依据上述参数做出自动泊车策略,并将其转换为电信号;车辆策略控制系统接收电信号后,依据指令做出汽车自动行驶角度、方向等方面的操控,使车辆安全平稳的自动泊车入位。

2.3 激光雷达的原理及应用

2.3.1 激光雷达的基本原理

激光雷基于光速测距原理,是一种利用激光探测外部空间的技术,具有分辨率高、抗干扰能力强、获取信息丰富、可全天时工作等特点。

测距的方法有脉冲测距法、相位测距法等。

脉冲测距法即发射光脉冲时开始计时,光脉冲碰到被探测物体后返回,接收系统接收到反射回的光脉冲时停止计时。设光在空气中传播的速度为 c,根据飞行时间法,利用公式 $L=ct/2$ 即可得到探测距离 L。

相位测距法的原理是利用发射波和返回波之间所形成的相位差来测量距离的。首先,经过调制的频率通过发射系统发出一个正弦波的光束,然后,通过相位测距法即利用发射波和返回波之间所形成的相位差来测量距离。

激光从发射到接收的时间为

$$t = \frac{\Delta \varphi}{\omega} = \frac{\Delta \varphi}{2\pi f} \tag{2-1}$$

式中,t 为激光从发射到接收的时间;$\Delta \varphi$ 为发射波和返回波之间的相位差;ω 为正弦波角频率;f 为正弦波频率。

待测距离为

$$L = \frac{1}{2}ct = \frac{c\Delta \varphi}{4\pi f} \tag{2-2}$$

相位测距法由于其精度高、体积小、结构简单、昼夜可用的优点,被公认为是最有发展潜力的距离测量技术。相比于其他类型的测距方法,相位测距法朝着小型化、高稳定性、方便与其他仪器集成的方向发展。

激光雷达按维度分为二维激光雷达和三维激光雷达。二维雷达在平面内扫描,只能测量距离;三维雷达不仅可以测量距离,还能成像,但价格相对二维要昂贵些。一般智能网联汽车中用的都是三维激光雷达。

按激光发射方式分为机械激光雷达、固态激光雷达和混合固态激光雷达。

机械激光雷达具有机械旋转部件,利用外部旋转部件实现激光扫描由线成面,达到三维扫描的目的。

固态激光雷达不存在机械旋转部件,直接利用光学性质实现三维成像。固态激光雷达主要有两类:Flash、光学相控阵(Optical Phased Array,OPA)。Flash 激光雷达只要有光源,就能用脉冲一次覆盖整个视场,随后再用飞行时间方法接收相关数据并绘制出激光雷达周围的目标。光学相控阵激光雷达利用独立天线同步形成的微阵列,相控阵可以向任何方向发送无线电波,完全省略了"旋转"这一步骤,只需控制每个天线发送信号间的时机或阵列,就能控制信号射向特定位置。

混合固态激光雷达主要指微机电系统(Micro-Electro-Mechanical System,MEMS)激光雷达,该激光雷达通过 MEMS 把机械结构集成到体积较小的硅基芯片上,激光射向 MEMS 微振镜,MEMS 微振镜反射光线,通过 MEMS 微振镜的转动改变光线角度从而达到扫描的效果。

激光雷达的主要性能参数有激光探测距离、视场角、测量精度、角分辨率等。

(1) 激光探测距离。

激光的探测距离即激光探测的最远和最近的距离。激光雷达的测距与目标的反射率相关。目标的反射率越高则测量的距离越远,目标的反射率越低则测量的距离越近。因此,在查看激光雷达的探测距离时要知道该测量距离是目标反射率为多少时的探测距离。

(2) 视场角。

视场角(Field of View)即激光雷达所能达到的最大角度范围。激光雷达的视场角有水平视场角和垂直视场角。如果是机械旋转激光雷达,则其水平视场角为 360°。

(3) 测量精度。

测量精度即测量所得数值与真实值的误差。

(4) 角分辨率。

角分辨率即两个相邻测距点的角度步进,一般分为垂直分辨率和水平分辨率。水平角分辨率是指水平方向上两条扫描线间的最小间隔度数。垂直角分辨率是指垂直方向上两条扫描线间的最小间隔度数。

2.3.2 激光雷达的组成

激光雷达由发射系统、接收系统、信息处理系统和扫描系统等组成,如图 2-8 所示。

(1) 发射系统。

激励源周期性地驱动激光器,发射激光脉冲。激光调制器通过光束控制器控制发射激光的方向和线数,最后通过发射光学系统,将激光发射至目标物体。

(2)接收系统。

经接收光学系统,光电探测器接受目标物体反射回来的激光,产生接收信号。

(3)信息处理系统。

接收信号经过放大处理和数/模转换,经由信息处理模块计算,获取目标表面形态、物理属性等特性,最终建立物体模型。

(4)扫描系统。

以稳定的转速旋转,实现对所在平面的扫描,并产生实时的平面图信息。

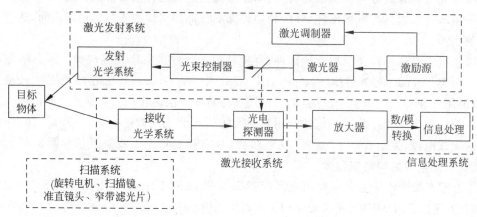

图 2-8　激光雷达组成示意图

2.3.3　激光雷达的应用

由于激光雷达不仅可以测距,还可以采集反射点坐标生成三维点云成像,因此激光雷达不仅可以运用于高级驾驶员辅助系统,也可以运用于无人驾驶。

1. 高级驾驶员辅助系统

由于激光雷达分辨率高、抗干扰能力强、不受光线影响等特点,因此激光雷达常应用于以下系统:自适应巡航控制系统、自动紧急制动、行人检测系统。

2. 无人驾驶技术

由于激光雷达可以三维成像,因此无人驾驶技术中常通过它来识别道路、其他车辆、行人、障碍物及交通基础设施。激光雷达常用在 Level 3 级别以上或者用于研究 Level 4 级别自动驾驶的车辆。

激光雷达在无人驾驶技术中的两个核心作用:

(1) 3D 建模进行环境感知。

通过激光扫描可以得到汽车周围环境的 3D 模型,运用相关算法比对上一帧和下一帧环境的变化可以较为容易地探测出周围的车辆和行人,如图 2-9 所示。

(2) 即时定位与地图构建(Simultaneous Localization and Mapping,SLAM)

激光雷达在无人驾驶中的另一大用途是 SLAM,得到实时的全局地图,通过与高精度地图中特征物的比对,不仅能实现导航功能,还能提高车辆的定位精度,如图 2-10 所示。

图 2-9 激光雷达 3D 建模

图 2-10 基于激光雷达的 SLAM

2.4 毫米波雷达的原理及应用

2.4.1 毫米波雷达的基本原理

毫米波是指 30~300GHz 频域(波长为 1~10mm)的电磁波,波长介于厘米波和光波之间。毫米波位于微波与远红外波相交叠的波长范围,所以毫米波兼有这两种波谱的优点。毫米波雷达具有探测性能好、响应速度快、穿透能力强、抗干扰能力强等优点,但是空气中的氧分子和水蒸气的谐振会对毫米波频率产生选择性吸收和散射,从而导致毫米波传播的衰减,因此实际应用中,需要找到毫米波在大气中传播时由气体分子谐振吸收所致衰减为极小值的频率。

根据雷达工作体制的不同,可以分为脉冲体制雷达和连续波体制雷达。脉冲体制雷达间断地发射电磁波,雷达利用发射波形的间歇期接收目标回波;而连续波体制雷达则持续不断地发射电磁波,在电磁波发射的同时雷达接收目标的回波。

脉冲体制雷达利用发送并接收信号脉冲进行测距和测速。利用雷达的原理,根据接收

与发送的时间差 t 和飞行时间法,计算被测物体与雷达之间的距离 $L=ct/2$。脉冲雷达在发射波形的时间段内不接收回波,因此被探测物体需与雷达之间有一段距离,否则无法探测。进行测速时,需要周期性地发射多个脉冲,且需要各个脉冲重复周期之间的发射脉冲相位保持相参性。但是脉冲方式由于需要在短时内发射大功率的脉冲,因此存在结构复杂、成本高的缺点。此外,回波的信号衰减也不可避免。因此,脉冲测量方式在车辆方面应用比较少。脉冲体制雷达原理如图 2-11 所示。

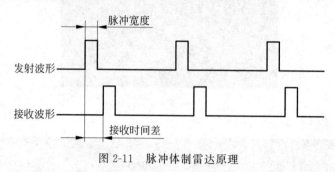

图 2-11 脉冲体制雷达原理

【小提示】

> 电磁波在空间是向各个方向传播的,所有这些电磁波仅在波长或频率上有差异,本质上完全相同,且波长不同的电磁波在真空中的传播速度都是电磁波的传播速度,即等于光速,为 3×10^8 m/s。

常见的连续波体制雷达包括恒频率连续波(Continuous Wave,CW)、调频连续波(Frequency Modulated Continuous Wave,FMCW)、频移键控(Frequency Shift Keying,FSK)以及相移键控(Phase Shift Keying,PSK)等。

CW 体制只能利用目标回波的多普勒频移进行速度测量,而无法实现测距。FSK 体制可以利用同时接收到的两个回波的相位差进行距离测量,同时也可以利用多普勒频移进行速度测量,但其缺点是难以测量多个目标且存在严重的距离模糊。PSK 体制一般利用伪随机二相位码或者四相位码调制载波,测量距离和速度;其信号的模糊函数呈图钉形,具有良好的目标鉴别能力,可以同时探测多个目标。FMCW 体制具备测距和测速能力,通过发射特定的波形可以实现多目标测量,信号处理复杂度低、成本低廉、技术成熟。但是,具有高准确度的 FMCW 雷达波形的线性调频不易获得,极易影响距离分辨率。

由于上述优点,目前车载毫米波雷达中,FMCW 体制应用最广。采用 FMCW 体制的毫米波雷达结构简单,体积小,可以同时得到目标的相对距离和相对速度。它的基本原理是当发射的连续调频信号遇到前方目标时,会产生与发射信号有一定延时的回波,再通过雷达的混频器进行混频处理,而混频后的结果与目标的相对距离和相对速度有关(图 2-12)。毫米波雷达测距和测速的计算公式为

$$s=\frac{c\Delta t}{2}=\frac{cTf'}{4\Delta f} \tag{2-3}$$

$$u=\frac{cf_d}{2f_0} \tag{2-4}$$

式中,s 为相对距离;c 为光速;T 为信号发射周期;f' 为发射信号与反射信号的频率差;

Δf 为调频带宽;f_d 为多普勒频率;f_0 为发射信号的中心频率;u 为相对速度。

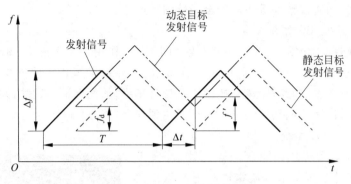

图 2-12　FMCW 雷达测量原理

毫米波雷达的主要性能参数与激光雷达相似,有探测距离、视场角、测量精度、角分辨率等,此处不再赘述。

2.4.2　毫米波雷达的组成

目前,车载毫米雷达系统的波形调制方式主要为 FMCW 体制。该雷达系统主要包含以下四个部分:收发天线、射频前端、调制信号以及信号处理模块等。通过发射信号和接收信号的相关处理实现对目标的距离探测、定位和测距。

收发天线主要用于发射和接收毫米波,由于毫米波波长只有几毫米,而天线长度为波长的 1/4 时,天线的发射和接收转换效率最高,因此天线尺寸可以做得很小,同时还可以使用多根天线来构成阵列。

射频前端通过发射和接收毫米波得到中频信号,从中提取距离、速度等信息。因此,射频前端直接决定了雷达系统的性能。当前毫米波雷达射频前端主要为平面集成电路,有混合微波集成电路(Hybrid Microwave Integrated Circuit,HMIC)和单片微波集成电路(Monolithic Microwave Integrated Circuit,MMIC)两种形式。其中,MMIC 形式的射频前端成本低,成品率高,适合于大规模生产,应用最广泛。

信号处理模块通过嵌入不同的信号处理算法,提取从射频前端采集得到的中频信号,获得特定类型的目标信息。信号处理系统一般以 DSP 为核心,实现复杂的数字信号处理算法,满足雷达的实时性需求。

2.4.3　毫米波雷达的应用

汽车毫米波雷达传感器主要应用在 ADAS 上可以遍布车身四周,如车辆正前后方、车辆两侧以及车身四角等。不同的安装部位的毫米波雷达具有不能的功能,主要分为三大类:自适应巡航控制、前后向防碰撞系统及盲点探测系统与并道辅助系统。

同样,不同位置的毫米波雷达探测长度不同,根据探测长度主要分短程雷达(Short Range Radar,SRR)、中程雷达(Middle Range Radar,MRR)和长程雷达(Long Range Radar,LRR)这三种类型。其中,24GHz 雷达主要实现短程和中程探测,可用于汽车盲点监测、车道偏离预警、泊车辅助等功能。而77GHz雷达主要实现远程探测,可用于自动紧急制动、自适应巡航控制、前向碰撞预警等主动安全领域的功能。

(1) 自适应巡航控制系统。

自适应巡航控制系统一般是安装在车辆的正前方,作用距离比较长,属于长距离毫米波雷达,探测距离达300m,甚至更远,但雷达视域窄,主要根据车辆正前方物体(一般为本车道前方车辆)与汽车本身相对距离与速度调整自身车身,从而保证车辆的行驶安全性。必要时,该系统可以做出紧急制动,防止碰撞,从而达到安全自动巡航。

(2) 自动紧急制动系统。

自动紧急制动系统作用距离同样比较长,属于长距离毫米波雷达。车载毫米波雷达利用电磁波发射后遇到障碍物反射的回波对其不断检测,计算出与前方或后方障碍物的相对速度和距离。当车辆行进中时,发射机产生的雷达窄波束向前发射调频连续波信号,当发射信号遇到目标时被反射回来,并为同一天线接收,经混频放大处理后,可用其差频信号时间差来表示雷达与目标的距离,再根据差频信号相位差与相对速度关系,计算出目标对雷达的相对速度及危险时间,从而通过防撞系统对车辆做出预判警告。

(3) 盲点探测系统与并道辅助系统。

盲点探测系统(见图2-13)与并道辅助系统一般安装于车身四角盲点区域,属于短距离毫米波汽车雷达。并道辅助系统的作用距离一般在30m左右,而盲点探测系统的作用距离更近,一般在10m以内。除了作用距离有所不同外,这两个系统的安装位置

图2-13 盲点探测系统

以及功能基本一致,都是为了给驾驶员提供盲区内的信息,帮助驾驶员安全驾车。

2.5 车载传感器的原理及应用

2.5.1 加速度传感器

加速度传感器在车辆上的应用主要有以下几点:点燃式发动机的爆燃控制、触发乘员保护系统(安全气囊与安全拉紧器)、为ABS或ESP等系统检测汽车加速度、为汽车底盘闭环控制系统测定汽车车身的加速度。

加速度传感器是通过测量施加在惯性质量m上的力F,从而确定加速度a。

$$a = \frac{F}{m} \tag{2-5}$$

加速度传感器有多种分类方式。例如按检测方式可以分为电容式加速度传感器、压阻式加速度传感器和压电式加速度传感器;按敏感轴数量可以分为单轴加速度传感器、双轴加速

度传感器和三轴加速度传感器；按输出信号可以分为模拟式加速度传感器和数字式加速度传感器；按力的测量方式可以分为位移测量式加速度传感器和机械应力式加速度传感器两种。

下面以按力的测量方式分类的不同进行介绍。

1. 位移测量式加速度传感器

在偏转式测量系统（见图2-14）中，惯性质量 m 与支撑体弹性连接，在传感器进行加减速运动时，加速力与系统的弹簧恢复力相平衡。

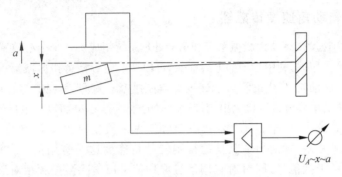

图2-14 偏转式测量系统

以 x 表示系统偏转量，c 表示弹性系数，则

$$F = ma = cx \tag{2-6}$$

通过测量与偏转量 x 相关联的电量 U_A，计算出施加在惯性质量 m 上的力 F，便可确定加速度信息。

2. 机械应力式加速度传感器

机械应力式加速度传感器利用的是压电效应原理，在力的作用下，在装有电极的压电材料表面产生电荷，电荷大小与作用力产生的机械应力成正比。横向和切向压电效应是伴随着纵向压电效应出现的。

作用在压电材料上的机械应力和产生的电荷间的相互关系可以用张量方程式表示。

2.5.2 横摆角速度传感器

横摆角速度传感器在车辆上的应用范围主要有以下三点：①用于测量装备有电子稳定性系统（EPS）的汽车在弯道行驶时或是加速时绕其垂直轴的转动，以对其行驶动态进行调节；②用于车辆导航部件中，检测弯道行驶时汽车绕垂直轴的转动，并确定行驶方向，用于推算出车辆当前的位置；③用于安全气囊电控单元中的汽车翻滚识别。

横摆角速度传感器一般选用振动式陀螺测速仪，这种陀螺仪是利用弹性振动来达到测量目的：利用物体在旋转运动和振动运动时出现的科氏加速度来测量其转动角速度。科氏加速度示意如图2-15所示。

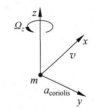

图2-15 科氏加速度示意

在图 2-15 所示的绕固定轴旋转的非惯性系中,运动的物体存在科氏加速度。参考系相对于惯性系的旋转速度为 Ω_z,物体在这个旋转参考系中的速度为 v,科氏加速度为 a_{coriolis}。

$$a_{\text{coriolis}} = 2\Omega_z \times v \tag{2-7}$$

振动式陀螺仪通过激振可以周期性地改变振动质量块的振动速度 v,并使其按照正弦变化。

$$v = \hat{v}\sin\omega t \tag{2-8}$$

当转动率 Ω_z 不变时,可以得到相同频率的科氏加速度。

根据具体结构主要分为微机械转动角速度传感器和压电式音叉转动角速度传感器两种。

1. 微机械转动角速度传感器

微机械转动角速度传感器由激振系统和信号处理系统组成。一个中心放置的扭振器被梳状结构静电驱动而产生扭振,利用均匀的电容插头,可以调节电容使得扭振振幅不变。当传感器芯片绕着汽车垂直轴转动时,产生的科氏加速度会迫使扭振器俯仰,其幅值与转动角速度成正比,放置在扭振器下方的电极就可以检测出俯仰运动时的电容变化,并将其以电信号的形式输出。

在信号处理系统中,由于科氏加速度具有和激振函数相同的频率,因此可以将激振信号与科氏加速度信号相乘,随后再取其均值得到转动角速度这一有用信号。根据锁定放大原理滤除其他频率的干扰信号,同时对有用信号取均值可以消除激振频率对该信号的影响,最终可以得到一个与转动角速度成正比的输出电压。

$$U = \text{const}\,\hat{a}_{\text{coriolis}} = \text{const}\,\Omega_z \tag{2-9}$$

2. 压电式音叉转动角速度传感器

如图 2-16 所示,压电式音叉转动角速度传感器由带 4 个压电元件(上下各两个)的音叉状刚体和传感器电路组成。音叉长约 15mm。在接通电路时,音叉的下部 2 个压电元件开始振动,并激励音叉上部范围,包括上部的 2 个压电元件反向振动。振动频率约为 2kHz。

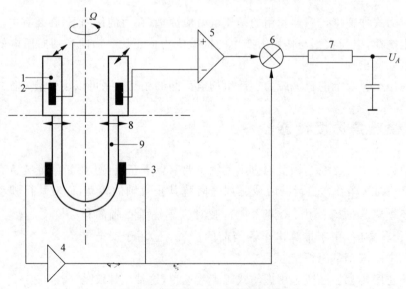

图 2-16 压电式音叉转动角速度传感器

1—振动体;2—加速度传感器;3—执行器(激振用的压电元件);4—等振幅激振控制器;
5—电荷放大器;6—倍频器(解调);7—低频滤波器;8—激振;9—音叉;
U_A—输出电压,与转动速率成正比;Ω—转动角速度。

汽车直线行驶时,在音叉上没有科氏加速度,因为音叉上的压电元件是反相振动的,且只与振动方向垂直,因而上部压电元件不产生电压。

弯道行驶时,汽车绕垂直轴的转动引起音叉上部范围偏离振动平面,由此在音叉上部的压电元件产生一个交变电压,并通过传感器外体中的电路到达导航计算机。交变电压幅值与车辆转动速度和音叉振动速度有关。交变电压的符号与弯道方向有关。

2.5.3 轮速传感器

车轮转速传感器用于测定汽车车轮转速,并将转速信号传输至控制器和驾驶辅助系统,进行相应的后续控制。ABS、ASR、ESP等控制器根据得到的轮速信息,调节每个车轮的制动力,保证汽车行驶的稳定性和操纵性。将采集到的车轮转速信号根据预设的车速计算公式换算成车速信号发送到CAN总线,驾驶辅助系统如车道偏离报警系统、车道保持辅助系统、自适应巡航控制系统等,通过CAN总线获取车速信号,根据得到的车速信号,进行系统的调整,确保行驶的稳定性和安全性。

轮速传感器按功能原理分为无源式和有源式两种,此处的有源和无源指的是有无电源。无源式轮速传感器应用最广泛的是电磁感应式轮速传感器;有源式轮速传感器则有霍尔式和磁阻式、巨磁阻式等。

1. 电磁式轮速传感器

电磁式轮速传感器的结构如图2-17所示,主要结构是齿圈和由永磁体、感应线圈、极轴组成的传感头,其中极轴头部结构有凿式和柱式两种。极柱直接位于固定在轮毂上的脉冲轮对面。当脉冲轮(即车轮)转动时,传感器周围的均匀磁场不断受到脉冲轮的齿和齿隙交替更迭的"干扰",改变了通过极轴的磁通密度,从而也改变了感应线圈的磁通密度。磁通密度的变化在感应线圈中感应出一个交变电压。无论是交变电压的频率,还是交变电压的幅值,都与车轮转速成正比。车轮在静止状态时感应电压为零。

电磁感应式传感器的主要优点是结构简单,成本低;缺点是响应不高,不适应快速动态测量,传感器的输出电压信号的幅值随车速大小而变化,且抗电磁干扰性差。

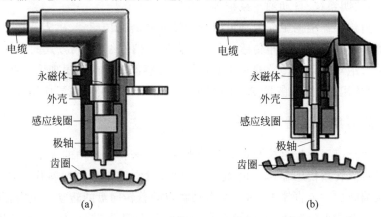

图 2-17 电磁式轮速传感器的结构
(a) 凿式极轴;(b) 柱式极轴

2. 霍尔式轮速传感器

霍尔式轮速传感器也由传感头和齿圈组成。传感头由永磁体、霍尔元件和电子电路等组成,永磁体的磁力线穿过霍尔元件通向齿圈,如图 2-18 所示。

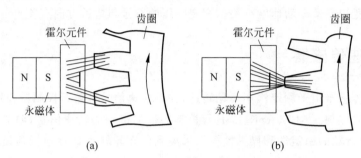

图 2-18 霍尔式轮速传感器的磁路
(a) 弱磁场;(b) 强磁场

当齿圈位于弱磁场时,穿过霍尔元件的磁力线分散,磁场相对较弱;而当齿圈位于强磁场时,穿过霍尔元件的磁力线集中,磁场相对较强。齿圈转动时,传感头在齿圈齿顶和齿隙之间交替变化,使得穿过霍尔元件的磁力线密度发生变化,从而引起霍尔电压的变化,霍尔元件将输出一个毫伏级的准正弦波电压,此信号还需由电子电路转换为控制单元要求的信号输入使用。

有源轮速传感器结构上体积小、质量轻、安装方便,且抗干扰能力强;制造成本上,高于电磁式轮速传感器。

2.5.4 转向盘转角传感器

转向盘转角传感器位于转向盘下面,主要用来检测转向盘的中间位置、转动方向、转动角度和转动速度等,并把信号输送给悬架 ECU,ECU 根据该信号和车速信号判断汽车转向时侧向力的大小和方向,从而控制车身的侧倾。转向盘转角传感器可以用于车道保持辅助系统、自适应前照明系统、自动泊车系统等。

转向盘转角传感器根据工作原理可以分为霍尔式转角传感器、磁阻式转角传感器、光电式转角传感器和电阻分压式转角传感器等;根据原始信号编/解码方式的不同,转向盘转角传感器可以分为绝对值转角传感器和相对值转角传感器。目前又出现了一些新型转角传感器,如 GMR(巨磁阻)转角传感器、AMR(各向异性磁阻)转角传感器,应用较为广泛。

1. 绝对值转角传感器

绝对值转角传感器通过直接测量转角带来的变化来得到转角的大小。

传统的绝对值转角传感器基于电阻分压原理,通常使用导电塑料作为电阻器来分压。在电阻器的两端施加一个直流电压,一个滑动触点随着转向盘的转动在电阻器两端内运动,转向盘转动到 2 个端点位置时,滑动触点刚好运动到电阻器两端。测量触点和电阻器一端的电压即可求得转向盘的绝对转角位置。

由于电阻分压式绝对值转角传感器是接触式传感器,在滑动触点和电阻器的相互运动过程中,两者会产生磨损,从而影响了传感器的使用寿命。因此,材料的合理选择、润滑的合理使用都是这种传感器设计过程中必须认真考虑的问题。

2. 相对值转角传感器

相对值转角传感器通过测量其他物体的变化间接得到绝对转角的大小。当然,被测量物体的变化是由于方向盘转角的变化导致的。

(1) 光电感应式。

转角传感器光电感应式转角传感器包括至少两个光敏元件、一个透光胶片以及对应的信号处理电路。透光胶片指的是在不透光的基片(通常做成圆环形)上均匀分布的一些透光矩形孔的胶片。透光胶片一般固定在转向管柱上,可以随着转向盘的转动而转动。在透光胶片的转动过程中,光线通过矩形孔入射在透光胶片后面固定的光敏元件表面。光敏元件表面的光强可以通过转换电路转换为不同幅值的输出电压。由于矩形孔均匀分布,因此,输出的电压呈现方波形状。通过合理的设计,让两个光敏元件输出的两路电压存在一定相位差(通常为90°),通过比较两路信号的相位关系就可以判断转向盘的转动方向。

转向盘转动一周,输出的方波信号数就是矩形孔的个数,因此,每个方波周期对应的转向盘转角可以求出。在两个时刻之间,知道了转向盘的转动方向以及方波的个数,就可以知道两个时刻之间转向盘转动的相对角度。通过一定的算法判断出转向盘的中间位置,再由相对值转角传感器求出相对于中间位置转动的角度,就可以求出转向盘的绝对转动角度。

(2) 电磁感应式。

电磁感应式转角传感器利用永磁体和电子线路来产生方波信号,使用的原理包括霍尔效应、磁阻效应以及可变磁阻效应。这种传感器需要各种电子线路将传感器原始信号转换为适合应用的信号形式。由于这种传感器内部有比较多的电子部件,因此,它们对于温度比较敏感,最高工作温度一般不超过125℃,同时,由于永磁体的存在,外部磁场可能对这种传感器造成影响。

本 章 小 结

本章主要介绍了智能网联汽车视觉传感器、超声波雷达、激光雷达、毫米波雷达的基本原理、组成及应用,并简介了其他几种车载传感器的原理和分类。

思 考 题

1. 简述视觉传感器的原理及组成。
2. 简述超声波雷达的原理及组成。
3. 简述激光雷达的原理及组成。
4. 简述毫米波雷达的原理及组成。

5. 分析视觉传感器与雷达类传感器的相似之处和不同之处,各自相对其他传感器的优缺点。

6. 分析超声波雷达、激光雷达、毫米波雷达的相似之处和不同之处,各自相对其他传感器的优缺点。

7. 简述加速度、横摆角速度、轮速、转向盘转角传感器的原理及应用。

参 考 文 献

[1] 李克强. 电动汽车工程手册第六卷:智能网联[M]. 北京:机械工业出版社,2018.
[2] 崔胜民. 智能网联汽车新技术[M]. 北京:化学工业出版社,2016.
[3] REIF K. BOSCH 汽车电气与电子[M]. 2版. 孙泽昌,等译. 北京:北京理工大学出版社,2014.

第 3 章

智能网联汽车网络通信技术

【本章教学要点】

知识要点	掌握程度	相关知识
传统汽车网络架构及其类型以及智能网联汽车网络架构	了解智能网联汽车网络架构	对比传统汽车网络架构类型,掌握基于以太网的智能网联汽车网络架构及其面临的挑战
智能网联汽车总线的组成、特点以及车载网络技术分类	掌握智能网联汽车中的总线;掌握车载以太网	CAN总线的总体构成、通信原理等;LIN总线的结构、数据通信;MOST总线网络拓扑结构、数据类型;FlexRay总线;车载以太网的物理层技术、链路层协议及车载以太网技术应用
智能网联汽车无线通信及车载自组织网络技术	掌握无线通信的组成及类型、应用;了解车载自组织网络技术	V2X通信、蓝牙技术、DSRC、LTE-V技术的特点及其在汽车上的应用;车载自组织网络的V2I、V2V、V2P三种组成及车载自组织网络的路由协议
智能网联汽车车载移动互联网技术	了解移动互联网以及车载移动互联网	移动互联网的定义及其接入方式、汽车车载移动互联网

智能网联汽车的通信包括车载网络及通信与车际网络及通信,车内需要具备一定的网络,同时还需要汽车与外部的联网。随着汽车内电控系统的增多,各电控系统之间需要进行信息的传递,传统的"点对点"通信方式会带来布线复杂、占用空间大、成本较高、可靠性和维修性降低等诸多问题,而汽车网络技术可使这些问题得到很好的解决。

3.1 智能网联汽车网络总体架构

3.1.1 传统汽车网络架构类型

传统汽车网络架构以CAN总线为主,LIN总线为辅。如图3-1所示,典型双CAN网段汽车网络架构分为车身CAN(B-CAN)和动力底盘CAN(P-CAN),B-CAN和P-CAN通过网关进行数据交互,B-CAN选用LIN网络作为辅助网络。

部分汽车动力底盘系统网络选用FlexRay总线,娱乐系统网络选用MOST总线。如

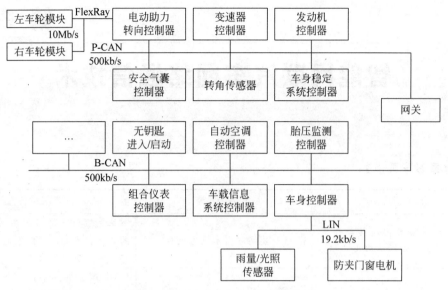

图 3-1 以 CAN 为主的汽车网络架构

图 3-2 所示,车辆主网络架构分为车身 CAN(B-CAN)、动力底盘 CAN(P-CAN)和一路 MOST 总线,P-CAN、B-CAN 和 MOST 网段通过网关进行数据交互。MOST 总线实现娱乐系统数据传输;FlexRay 总线作为动力底盘 CAN 的补充,实现线控转向控制功能。

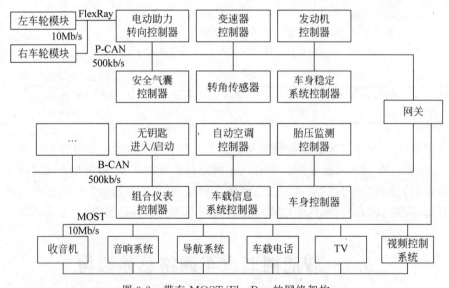

图 3-2 带有 MOST/FlexRay 的网络架构

3.1.2 智能网联汽车网络架构

1. 智能网联汽车的特点

智能网联汽车的特点是智能化和网联化。智能网联汽车的目的是增强乘员的舒适性、优化乘员的安全性、提供最现代的信息娱乐服务及更便利的汽车服务。

智能化是指对外界环境感知的智能化(含行人监测、路标监测、前方车辆碰撞预警等)、对驾驶员状态感知的智能化(驾驶疲劳监测等)、车辆控制的智能化(自适应巡航、自动泊车)、娱乐信息系统的智能化和汽车软件升级智能化等。感知智能化意味着车辆上配备更多智能化的探测设备,如高清摄像头、毫米波雷达、激光雷达。车辆控制智能化意味着车辆有大量的控制相关的精准数据需要交互。娱乐信息系统智能化意味着车辆上有更多高清音视频数据。

网联化即车联网,可通过网联化实现智能交通、大数据、云等。网联化意味着将汽车众多的车辆行驶状态数据、车辆故障数据、车辆采集的外界环境感知数据通过无线网络传输给外界媒体或云端。在工业和信息化部《关于同意车载信息服务产业应用联盟开展智能交通无线电技术频率研究批复》(工信部无函〔2016〕450号)文件中,我国将5905~5925MHz作为LTE-V2X的研究实验工作频段,意味着汽车的网联之路是必然趋势。

2. 智能网联汽车对传统汽车网络架构的挑战

汽车的智能网联化意味着车辆上有高于传统汽车百倍、千倍、万倍的数据需要传输,需要更高带宽的车载网络来适应大数据传输。传统的CAN总线常用传输速率仅500kb/s,无法满足智能网联汽车对快速传输大数据的需求;MOST总线采用价格昂贵的光纤,仅宝马等少数车厂应用。所以,急需一种廉价、可靠、高带宽的车载网络,解决大数据传输问题。

3. 应用于智能网联汽车的新型总线以太网

引进并改进成熟民用以太网(Ethernet),承担汽车大数据传输,成为必然趋势。图3-3所示的未来智能网联汽车的网络架构将以以太网作为主网络,娱乐系统和辅助驾驶系统选用以太网充当子网络,兼容传统动力底盘系统CAN(P-CAN)及车身舒适系统CAN(B-CAN)子网络。辅助驾驶系统选用以太网传输高清摄像头、高精度雷达的大数据,娱乐系统选用以太网传输音视频影音数据。车辆的相关数据(车辆状态数据、道路环境高清视频数据、雷达数据)可通过Telematics模块或V2X(Vehicle to Everything)方式等传输到外界云端、基站、数据控制中心等。车辆的娱乐系统控制器可通过WiFi、蓝牙等方式下载音视频,使乘客在汽车上就可以享受家庭影院的效果。

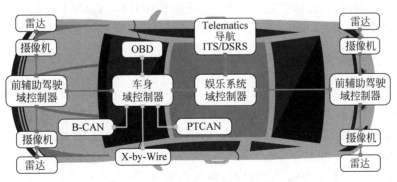

图3-3 智能网联汽车网联架构

4. 基于以太网的汽车网络架构应用发展过程

以太网在汽车网络架构上的引进是一个由点到面发展的过程,可分两代进行发展。

第一代智能网联汽车网络架构如图 3-4 所示,在辅助驾驶系统和娱乐系统中引进汽车以太网,应用以太网传输高清摄像头、雷达、音视频数据,动力底盘系统和车身系统使用传统 CAN、CAN-FD 进行数据交互。使用中央网关进行辅助驾驶、娱乐系统、动力底盘系统、车身系统间数据交互,中央网关兼有 CAN、CAN-FD、Ethernet 数据转换功能。Telematics 模块布置在娱乐系统域,具有 4G、5G 网络收发功能,可通过 Telematics 模块下载或上传车载数据。用于实现智能交通功能的 V2X 模块布置在 P-CAN 中,V2X 可通过 LTE-V2X 网络接收基站或其他车辆发生的 DSRC 或 ITS 数据。

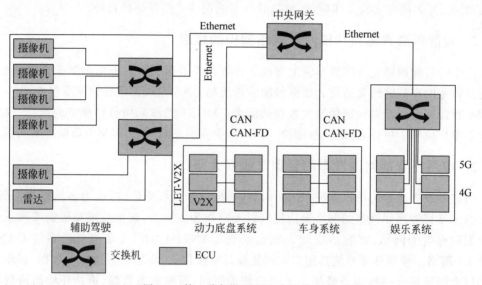

图 3-4 第一代智能网联汽车网络架构

第二代智能网联汽车网络架构如图 3-5 所示,在第一代智能网联汽车网络架构基础上引入动力底盘域网关、车身域网关。动力底盘系统和车身系统通过动力底盘域网关、车身域网关实现和其他网段、域之间的数据交互,域网关兼有 CAN、CAN-FD、Ethernet 数据转换功能。中央网关仅需支持 Ethernet 数据交互功能即可。

5. 汽车以太网传输协议

智能网联汽车网络架构对以太网的应用主要在三方面:主网络、辅助驾驶、娱乐系统。其中,主网络主要传输各域、各网段间交互的汽车数据;辅助驾驶和娱乐系统主要传输 AV 数据(Audio Video 数据)。按照 OSI 参考模型,结合汽车应用特性,智能网联汽车以太网应用到的协议标准如图 3-6 所示。

辅助驾驶、娱乐系统传输 AV 数据,数据间需要同步,选用汽车 AVB(Audio Video Broadcasting)协议模型、两层以太网协议模型(主要包括 Layer1、Layer2)。其中,Layer1(物理层)选用百兆快速以太网,应用 BroadR-Reach 技术采用一对 5 类非屏蔽双绞线。Layer2(数据链路层)选用 AVB 特有的 IEEE 1722、IEEE 802.1Qav、IEEE 802.1Qat、IEEE 802.1AS

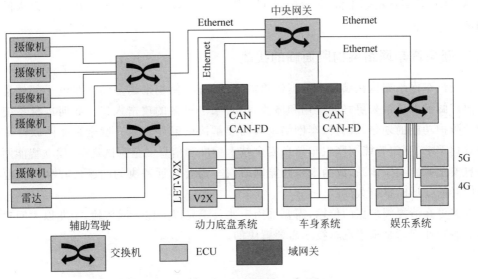

图 3-5 第二代智能网联汽车网络架构

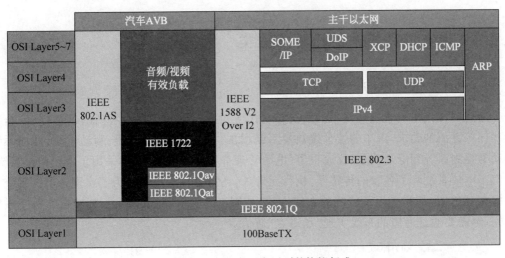

图 3-6 汽车以太网应用到的协议标准

协议。IEEE 1722(音视频传输协议)定义了局域网内提供实时音视频流服务所需的二层包格式,A/V 流的建立、控制及关闭协议等。对应于 OSI 参考模型的 Layer3～7 用于放置 A/V 音视频流数据,即 IEEE 1722 数据流中的数据内容。IEEE 802.1Qav(队列及转发协议)确保传统的异步以太网数据流量不会干扰到实时音视频流。IEEE 802.1Qat(流预留协议)解决网络中 A/V 实时流量与普通异步流 TCP 流量之间的竞争问题。IEEE 802.1AS(高精度的时钟同步协议)实现 A/V 音视频流间的时钟同步。

主网络传输各域、各网段间交互的车辆状态数据。选用七层以太网模型,其中 Layer1(物理层)选用百兆快速以太网,应用 BroadR-Reach 技术采用一对非屏蔽双绞线。Layer2(数据链路层)应用通用 IEEE 802.3 协议。Layer3～7 不仅应用 TCP/IP 协议簇中的 IPv4、UDP、TCP、ARP、ICPM,还增加了汽车特有的 DoIP、SOME/IP、DHCP、UDS、XCP 协议。其中,DoIP 实现以太网协议的诊断通信,SOME/IP 实现基于以太网协议的动态处理及软件架构,DHCP 实现动态主机 IP 分配,UDS 实现汽车诊断功能,XCP 完成基于以太网的标定功能。

6. 新型汽车网络架构所面临的挑战

新型汽车网络架构在满足大数据传输需要的同时,使越来越多的汽车电子部件暴露在外。更广阔的外延带来更好的应用和体验,也带来了更多的攻击入口。如何进行系统综合防护及防护功能的划分,成为汽车网络未来需要解决的问题。建立健全智能网联汽车信息安全管理需求、制定智能网联汽车信息安全技术标准和信息安全测试规范、建立智能网联汽车信息安全应急响应体系,成为未来智能网络汽车需要长远解决的问题,是政府、企业都要积极应对的一场旷日持久战。

未来更高清视频数据的传输,需要采用千兆及千兆以上以太网传输,千兆以太网对汽车电磁的兼容性问题是未来汽车技术需要解决的。

3.2 汽车总线及车载网络技术

3.2.1 汽车总线技术的产生与分类

1. 汽车总线技术的产生

随着现代汽车电子控制技术的发展与现代人对汽车的动力性、经济性、舒适性、安全性和环保等方面的要求,汽车电控系统数量不断增加,从发动机、变速器、制动系统、转向系统等动力控制系统到舒适安全、仪表报警、电源管理等车身控制系统,均采用了电子控制系统。各汽车电控系统除了各自的传感器、执行元件外,还需要相互通信。为了实现各电控系统之间的相互通信,最初采用了传统的布线方式,如图 3-7 所示,即需要相互打交道的两个系统之间,都需要通过专属的布线实现"点对点"通信。

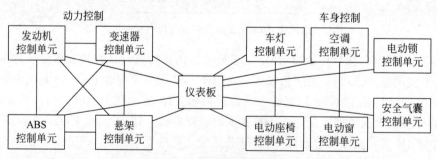

图 3-7 汽车电控系统的传统布线方式

不难看出,随着电控系统的增多,传统的布线方式会带来布线复杂、占用空间、成本提高、可靠性和可维修性降低等诸多问题。为此,汽车总线技术应运而生。汽车电控系统的总线连接方式如图 3-8 所示,类似于将若干电控系统加入 QQ 群,而各个电控系统分别作为 QQ 群的一个成员。很明显,采用汽车总线技术之后,汽车电控系统之间的通信线束大大减少,从而节省了空间,降低了成本,实现了资源共享,提高了系统工作的可靠性和可维修性。

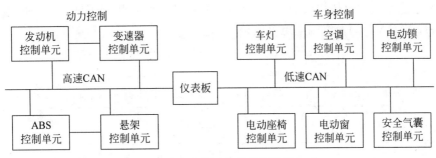

图3-8 汽车电控系统的总线连接方式

2. 汽车总线的分类

为方便研究和设计应用,美国汽车工程师学会(SAE)的汽车网络委员会按照系统的复杂程度、传输流量、传输速度、传输可靠性、动作响应时间等参量,将汽车数据传输网络划分为A、B、C、D、E五类。

A类网络是面向传感器/执行器控制的低速网络,数据传输位速率通常小于10kb/s,是应用在控制模块与智能传感器或智能执行器之间的通信网络(子总线),主要用于车外后视镜调整、电动车窗、灯光照明、智能刮水器等控制,其特点是传输速率低、成本低。目前主要应用的A类网络有LIN、TTP/A及丰田专用的车身电子局域网络(Body Electronic Area Network,BEAN)。

B类网络是面向独立模块间数据共享的中速网络,位速率为10～125kb/s,主要应用于车身电子舒适性模块、仪表显示等系统。目前主要应用的B类总线有低速控制器局域网(Controller Area Network,CAN)、车辆局域网(Vehicle Area Network,VAN)和J1850,其中低速CAN总线已成为B类网络的主流总线。

C类网络是面向高速、实时闭环控制的多路传输网络,位速率为125kb/s～1Mb/s,主要应用于牵引力控制、发动机控制、ABS、ESP等系统。目前主要应用的C类总线有高速CAN、TTP/C及FlexRay,其中高速CAN总线已成为目前C类网络的主流总线。

D类网络是面向多媒体信息的高速传输网络,称为智能数据总线(Intelligent Data BUS,IDB),主要应用于车载视频、车载音响、车载电话、导航等影音信息娱乐系统,其位速率为250kb/s～100Mb/s。按照SAE的分类,IDB-C为低速网络,IDB-M为高速网络,IDB-Wireless为无线通信网络。IDB-C主要有CAN总线,IDB-M主要有MOST、DDB等总线,IDB-Wireless主要采用蓝牙技术。

E类网络(安全总线)是面向汽车被动安全系统的高速、实时网络,用于车辆被动性安全领域,其位速率在10Mb/s以上,主要用于安全气囊系统。典型的安全总线有宝马公司的Byelight。

1) CAN总线

控制器局域网(Controller Area Network,CAN)总线是由德国博世公司开发的具有国际标准的现场总线,也是汽车上应用最多、最为普遍的一种总线技术,是汽车B类和C类网络的主流总线。

(1) CAN 总线系统的总体构成。

CAN 总线系统的总体构成如图 3-9 所示,主要由若干节点(电控单元)、两条数据传输线(CAN-H 和 CAN-L)及终端电阻组成。

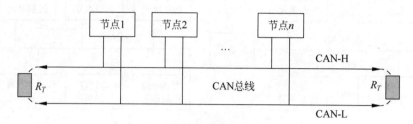

图 3-9 CAN 总线系统的总体构成

CAN 总线上的每个节点独立完成网络数据交换和测控任务,理论上,CAN 总线可以连接无数个节点,但实际上受总线驱动能力的限制,目前每个 CAN 总线系统中最多可以连接 110 多个节点。

CAN 数据传输线是双向串行总线,大都采用具有较强抗干扰能力的双绞线,分为 CAN-H 线和 CAN-L 线,两线缠绕绞合在一起,其绞距为 20mm,横截面积为 $0.35mm^2$ 或 $0.55mm^2$,如图 3-10 所示。终端电阻的作用是防止信号在传输线终端产生反射波,而使正常传输的数据受到干扰。

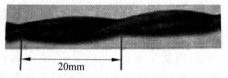

图 3-10 CAN 总线线束

(2) CAN 总线的硬件结构和网络通信原理。

图 3-11 给出了 CAN 节点的硬件结构,CAN 节点主要由微控制器、CAN 控制器和 CAN 收发器组成,目前汽车上多采用内部集成 CAN 控制器的微控制器。节点 1 向节点 n 传输数据的流程如下:

节点 1 的微控制器 1 对传感器 1 进行数据采集,然后将传感器 1 对应的数字信号附加一个数据标识(ID)号发送给 CAN 控制器 1,CAN 控制器 1 对数据进行打包,然后将数据包发送给 CAN 收发器 1,CAN 收发器 1 再将其数字信号转换为对应的 CAN 总线电压信号,从而完成数据发送过程。当节点 n 从 CAN 总线上接收到电压信号后,首先由 CAN 收发器 n 将总线电压信号转换为对应的数字信号,然后将其数字信号发送给 CAN 控制器 n。CAN 控制器 n 首先对其收到的数据进行"验收滤波",判断收到的信号是否是自身节点需要的数据,若是,则接收此数据并对其进行解包,为节点 n 的微控制器 n 提供有效数据(节点 1 的传感器信号),微控制器 n 可根据节点 1 的传感器信号控制执行器 n 的动作;否则,节点 n 放弃此次收到的 CAN 数据。

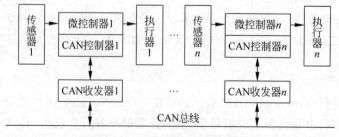

图 3-11 CAN 节点的硬件结构

CAN 节点中的 CAN 控制器具有"数据打包/解包"和"验收滤波"的作用,而 CAN 收发器具有"边说边听(同时发送和接收)"和"信号转换(数字信号与总线电压信号的转换)"的作用。图 3-12 给出了 CAN 收发器实现信号转换的过程,CAN 收发器对 CAN-H 和 CAN-L 两根导线的电压进行差分运算后,生成差分电压信号,然后采用"负逻辑"将差分电压信号转换为数字信号。

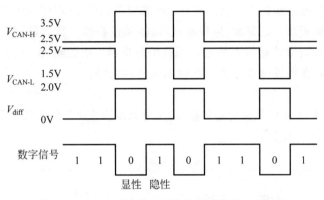

图 3-12　CAN 总线从电压信号到逻辑信号的转换

为了提高网络通信的可靠性和实时性,CAN 总线只有物理层、数据链路层和应用层。如图 3-13 所示,其中数据链路层和物理层的协议分别由 CAN 控制器和 CAN 收发器硬件自动完成。因此,在 CAN 总线应用系统设计时,主要任务是对其应用层程序进行设计。

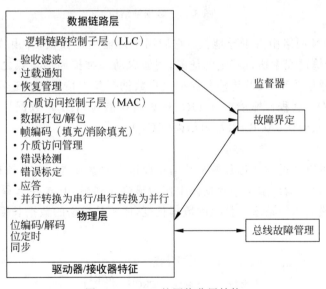

图 3-13　CAN 的网络分层结构

(3) CAN 协议中的帧。

① 帧类型。

在 CAN 网络中所传输的消息是以"帧"(Frame)作为基本单位来进行的。实际应用时可以有两种不同的"帧"格式。

- 标准或基本帧格式(在 CAN 2.0 A 和 CAN 2.0 B 中有描述),所支持的标识符长度为 11 位。

• 扩展帧格式(仅由 CAN 2.0 B 描述),所支持的标识符长度为 29 位,由 11 位标识符("基本标识符")和一个 18 位扩展("标识符扩展")组成。

CAN 基本帧格式和 CAN 扩展帧格式之间是通过使用 IDE 位进行区分的,该位在传输显性时为 11 位帧,而在传输隐性时使用 29 位帧。支持扩展帧格式消息的 CAN 控制器也能够发送和接收 CAN 基本帧格式信息。所有的帧都以开始位(SOF)作为信息传输的起始。

CAN 有 4 种帧类型:数据帧、远程帧、错误帧和过载帧。数据帧,包含用于传输的节点数据的帧;远程帧,请求传输具有特定标识符的数据帧;错误帧,由任何检测到错误的节点发送的帧;过载帧,在数据帧或远程帧之间插入延迟的帧。

a. 数据帧。

数据帧是唯一用于实际数据传输的帧,最多可以传输 8 字节的有效载荷,其结构如图 3-14 所示。

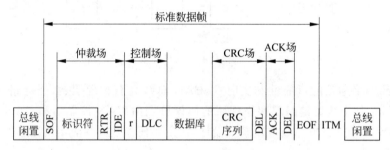

图 3-14 数据帧结构

数据帧在 CAN 网络中占主导地位:它们用于传输用户数据,并由许多不同的位场组成,每个位场在传输过程中执行特定的任务,例如启动和维护通信节点之间的同步、建立通信矩阵中定义的通信关系,以及传输和保护用户数据。其中位场按传送顺序分别为帧起始(SOF)、标识符(ID)、远程传输请求(RTR)、标识符扩展位(IDE)、数据长度代码(DLC)、循环冗余校验(CRC)、确认(ACK)以及帧结束(EOF)。

b. 远程帧。

目标节点也可以通过发送远程帧来从信息源请求数据发送。数据帧和远程帧之间有两个区别。首先,远程传输请求位在数据帧中作为显性位传输,其次在远程帧中没有数据段。数据长度代码字段表示所请求的消息的数据长度,而不是发送的数据长度。图 3-15 显示了远程帧的结构。

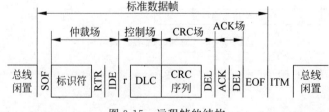

图 3-15 远程帧的结构

c. 错误帧。

错误帧可用于指示通信期间检测到的错误,终止正在进行的错误数据传输并发出错误帧。错误帧只包含如图 3-16 所示的两部分:错误标志和错误定界符。

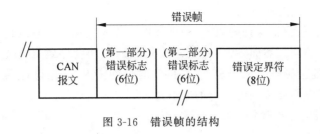

图 3-16　错误帧的结构

d. 过载帧。

过载帧包含两个位字段：过载标志（Overload Flag）和过载定界符（Overload Delimiter）。过载标志由六个显性位组成，过载定界符由八个隐性位组成。

② 消息寻址。

CAN 网络中的通信基于与内容相关的寻址，CAN 节点本身不具有标识符，标识符（ID）是包含在数据和远程帧中。因此，每个 CAN 节点都可以接收所有 CAN 消息，接收器独立负责选择 CAN 消息。这种接收器选择性寻址的方法非常灵活，但它要求每个接收器能具有过滤接收 CAN 消息的能力。

用户可以选择两种消息格式：标准格式和扩展格式。这两种格式的标识符长度不同。在标准格式中，ID 具有 11 位。在扩展格式中，ID 具有 29 位。

③ 位填充。

正确数据传输的基本先决条件是通信伙伴间的同步。起始位的显性到隐性信号变化的边沿用于产生 CAN 消息的同步，然后，使用再同步机制来保持同步直到消息传输结束。再同步机制是基于对隐性到显性信号变化边沿的情况，并通过所谓的位填充机制来确保接收、发送端的时序同步。ISO 11898-1 规定发送方在发送五个相同位信号之后，必须发送一个互补位信号，即使五个相同位信号后跟着的是它们的互补位信号，也必须添加一个填充位。

(4) CAN 总线的访问。

① 总线访问原理。

ISO 11898-1CAN 标准定义了一种多主机的架构，以确保高可用性和事件驱动的数据传输。CAN 网络中的每个节点都有权在不需要许可的情况下访问 CAN 总线，也无须事先与其他 CAN 节点协调。尽管基于事件驱动方法的总线访问能够快速响应事件，但是存在多个 CAN 节点同时访问 CAN 总线的风险，这将导致 CAN 总线上数据出现不希望的重叠。

为了保持通信系统的实时能力，ISO 11898-1 提供了一种保证非破坏性数据传输的总线访问，即使用所谓的 CSMA/CA（具有冲突避免的载波侦听多路访问）方法。CSMA/CA 方法可以确保希望发送数据的 CAN 节点在总线可用之前不访问 CAN 总线。

在总线同时访问的情况下，基于按位总线仲裁的 CSMA/CA 方法确保 CAN 节点中的最高优先级 CAN 报文可以先被发送，在系统设计不佳的情况下，低优先级 CAN 消息甚至存在永不能被发送的风险。

② 优先级和标识符。

CAN 报文的优先级对于获得 CAN 网络中的总线访问具有决定性作用。它们通过标识符进行编码，该标识符从最高有效位按位传输到最低有效位。

线与总线逻辑和仲裁逻辑确保 CAN 消息的优先级随着标识符值的减小而增加：标识

符越小，CAN 消息的优先级越高。

如果总线负载不太高，这种随机的、非破坏性和优先级控制的总线访问可以提供公平的和非常快速的总线访问。然而，必须考虑总线负载的增加会导致低优先级 CAN 报文传输延迟的增加，这可能会影响 CAN 通信系统的实时性能。因此，在设计系统时，CAN 报文的优先级应该取决于它们要传输的信号的紧迫性。

(5) CAN 总线的数据保护。

① 数据保护原则。

可靠的数据传输是汽车电子系统的安全性和可靠性的先决条件。因此，CAN 不仅要满足严格的实时要求，而且必须始终提供可靠并且完整的数据传输。

环境是评估数据完整性最重要的对象之一，环境对数据传输和串行总线系统防御干扰的能力都会产生干扰影响。因此，可靠数据传输的保证已经从物理系统布局开始，其中电磁兼容性(EMC)传统上起着重要作用。

尽管在设计中考虑了电磁兼容方面的因素和物理数据保护，但电传导、电感和电容耦合仍可能使信号衰减和失真。另外，各种采样时间点、切换阈值的差异和通信伙伴之间的频率偏差也可能使数据传输出现错误。

总的来说，CAN 数据传输的可靠性和完整性依赖两个方面的措施：一是在网络的布置方法上充分考虑电磁兼容因素；二是通过 CAN 总线自带的有效的逻辑错误检测和逻辑错误处理能力来检测并纠正错误的数据。

② NRZ 位编码。

在 CAN 通信中采取了非归零(Non Return to Zero，NRZ)的位编码方式，这意味着要传输的二进制信号中的逻辑"1"直接由高电平代表，逻辑"0"由低电平代表，相同极性的连续位之间没有电平的变化，这样做的好处是系统对噪声辐射的抗干扰能力比较强，同时也能具有很高的传输速率。

然而，NRZ 编码不是自动计时的，它没有任何同步属性。如果在较长的时间段内没有电平变化，则接收器会失去同步，这就是为什么使用 NRZ 编码需要引入一个位填充同步的机制，也就是在发出五个相同的位之后，在数据位流中会插入一个互补位，当然，这样做的后果是会降低一些传输效率。

③ 双绞线。

CAN 网络中基本使用双绞线作为物理介质进行通信，其中一条线中传输的为 CAN-H 信号，另一条线中传输的为 CAN-L 信号。这种对称信号的传输方式，使得外部噪声和磁场作用在两条线上均等地起作用，这样形成的差分信号可以在传输有效信号的同时降低噪声干扰。另外，双绞线可以使得磁场将在它的每个子段呈现相反的方向，导致任何感应电压或电感效应能相互抵消。

④ 总线的终端。

随着数据速率的增加，由于有限的信号传播，在 CAN 总线上会以反射形式产生瞬态现象，这就是为什么高速 CAN 网络中的总线末端必须加上阻抗一般为 120Ω 的电阻。在有些系统中也会采用分离总线终端来终止 CAN 总线，它由两个相同的 60Ω 的电阻和一个通常为 $4.7nF$ 的电容组成，就像一个低通滤波器，高频信号被分流到地而不影响直流电压，从而使整个系统的抗噪能力得以提高。

⑤ 逻辑检测错误。

为了检测错误的信号，CAN 协议定义了五种机制：位监视（Bit Monitoring）、报文的格式监视（Form Check）、填充位监视（Stuff Check）、应答校验（ACK Check）和循环冗余检查，即校验和验证（CRC），其中位监控和应答校验的错误检测机制由发送方执行，而接收方执行报文的格式监视、填充位监视和循环冗余检查。

⑥ 逻辑错误处理。

由于整个网络范围的数据是一致的，CAN 协议规定，如果一个 CAN 节点检测到由于局部原因产生的错误信息，它必须通知连接到该 CAN 网络的所有节点。为了实现该目的，它必须发送错误信号和标志，该错误信号由六个显性位组成，这样做会故意违反位填充规则，并产生一个位填充错误。

错误标志的传输确保所有其他 CAN 节点也将发送错误标志（次级错误标志），从而也像主错误标志的发送者一样终止常规数据传输。根据情况，主错误标记和次要错误标记可能重叠。

错误标志的传输总是由八个隐性位组成的错误定界符（Error Delimiter）终止，错误定界符替换了常规消息传输的 ACK 定界符和 EOF，从而与 CAN 总线上的强制传输暂停（Intermission ITM）一起产生 11 个隐性位（总线空闲标识符）。

错误处理由被中断的 CAN 报文的发送方来完成。在 ITM 位之后，它会尝试再次发送中断的 CAN 报文。

⑦ 错误跟踪。

CAN 网络中的每个节点都可以终止任何被解释为错误 CAN 报文的传输，其中也包含那些误将正确的 CAN 报文解释成错误的 CAN 节点。为了防止对传输介质的干扰，CAN 协议中指定了错误跟踪功能，允许 CAN 节点区分偶尔发生的错误和持久的错误。每个 CAN 节点的控制器都有两个错误计数器：TEC（发送错误计数器）和 REC（接收错误计数器）。在成功传输数据或远程帧的情况下，相关的错误计数器递减，即 TEC＝TEC－1；REC＝REC－1。检测到并随后发送错误标志则使相关的错误计数器根据以下的规则而递增：对于发送节点，TEC＝TEC＋8；检测到错误的接收节点最初将 REC 加 1，即 REC＝REC＋1；对于导致错误的接收节点则将 REC 加 8，即 REC＝REC＋8。

错误标志也有两种：主动错误（Error Active）标志，六个显性位，由网络上错误状态为"主动错误"的出错的 CAN 节点控制器传送；被动错误（Error Passive）标志，六个隐性位，由网络上错误状态为"被动错误"的出错的 CAN 节点控制器传送。

当发送错误计数器 TEC 或接收错误计数器 REC 大于 127 或 TEC 小于 127 时，节点将在总线上发送被动错误帧。

当发送错误计数器 TEC 或接收错误计数器 REC 小于 128 时，节点将在总线上发送主动错误帧。

当发送错误计数器 TEC 或接收错误计数器 REC 大于 255 时，节点进入"脱离总线"（Bus Off）状态，不会发送任何帧。CAN 节点各错误状态的转换关系如图 3-17 所示。

（6）CAN 总线的优点和特点。

① CAN 总线具有高可靠性、安全性和实时性。

CAN 总线采用双绞线和差分电压方式，使其"既能防人，也不害人"，即 CAN 总线对外抗干扰，同时又不对外产生干扰。

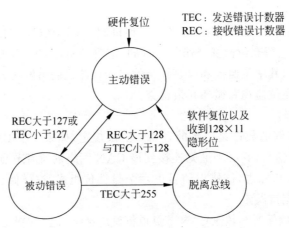

图 3-17 CAN 节点各错误状态的转换图

汽车中的干扰源主要是产生电火花或运行中电路开闭的部件,其他干扰源还包括汽车电磁波发射站,即任何发出电磁波的物体。电磁波能影响或者破坏数据传输,为了防止数据传输中的电磁波干扰,CAN 网络的两条数据线缠绕在一起。

当总线受到干扰时,由于 CAN-H 线与 CAN-L 线双线缠绕,因此干扰脉冲信号对 CAN-H 线和 CAN-L 线的作用是等幅值、等相位、同频率的。例如,在某段时间内,CAN-H 线和 CAN-L 线的正常电压分别为 3.5V 和 1.5V,则差分电压 V_{au} = 3.5V − 1.5V = 2V。假如,某个时刻外界对总线产生干扰脉冲信号 X 后,CAN-H 线和 CAN-L 线的电压分别变为 3.5V − X 和 1.5V − X,但其差分电压 V_{au} = (3.5V − X) − (1.5V − X) = 2V,并无发生变化,如图 3-18 所示。显然,外界在总线上产生了干扰,但总线的差分电压值不变,外界干扰不会影响 CAN 总线的数据传输。

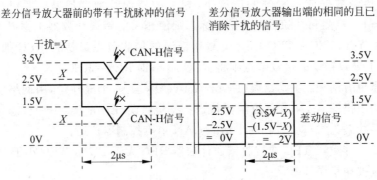

图 3-18 消除外界干扰

当 CAN 总线对外辐射电磁波时,双线缠绕使 CAN-H 线与 CAN-L 线对外界的干扰幅值相同、频率相同,但相位相反,因此相互抵消,如图 3-19 所示。

CAN 总线采用"边说边听"方式的无破坏性仲裁。CAN 节点只要检测到总线上有其他节点在发送数据,则要等待。多个节点同时向总线发送数据时,数据优先级高的节点先发,数据优先

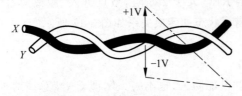

图 3-19 CAN 总线不对外干扰

级低的节点后发。发送期间丢失仲裁或出错的帧可自动重发,故障节点可自动脱离总线。

CAN 总线采用短帧格式,核心的数据最多 8 字节,从而保证实时性和可靠性。

CAN 总线采用先进的循环冗余校验,保证可靠性。

CAN 总线采用帧内应答,保证实时性。CAN 数据帧的 1 位用作应答位,数据发送节点向总线上发送数据帧时,在此位上向总线发送数字信号 1;如果数据接收节点正确接收到发送节点发送的数据帧,则在此位上向总线发送数字信号 0 作为应答,此时总线上的结果是数字信号 0。因此,对数据发送节点而言,在数据帧的应答位上向总线上"说"数字信号 1,而"听到"的是数字信号 0,则表明有其他节点正确接收到了该数据帧,否则表明其他节点没有正确接收到此数据帧。

② 通信方式灵活。

CAN 总线通过验收滤波灵活实现"点对点""一点对多点"及"全局广播"等多种通信方式。

③ 通信距离远、通信速率高。

CAN 总线的直接通信距离最远可达 10km(传输速率 5kb/s),通信速率最高可达 1Mb/s(此时通信距离最长为 40m)。

2) LIN 总线

(1) LIN 总线概述。

LIN(Local Interconnect Network)即局部连接网络,是由奥迪、宝马、戴姆勒-克莱斯勒、摩托罗拉、博世、大众和沃尔沃等公司和部门(LIN 联合体)提出的一种低成本的汽车底层串行通信网络,用于实现汽车中的分布式电子系统控制。LIN 的目标是为现有汽车网络(例如 CAN 总线)提供辅助功能,因此 LIN 总线是一种辅助的串行通信总线网络,多用于不需要 CAN 总线的带宽和多功能的场合,其典型应用是车上传感器和执行器上的联网。LIN 总线已成为 A 类车载网络的主流总线之一。

在车载网络中,LIN 处于低端,与 CAN 以及其他 B 类或 C 类网络比较,它的传输速度慢、结构简单、价格低廉。在汽车上,LIN 与这些网络是互补的关系。由于汽车产品包括部件和整机,对价格和复杂性非常敏感,在汽车网络系统低端使用 LIN 可以显现其必要性和优越性。LIN 和 CAN 主要特性的对比见表 3-1。

表 3-1 LIN 与 CAN 主要特性对比

特　　性	LIN	CAN
工作方式	一主多从方式	一主多从或多主方式
仲裁机制	无须仲裁	采用非破坏性仲裁
物理层(数据传输线)	单线,12V	双绞线,5V
总线传输速率	最高 20kb/s,A 类网络	最高 1Mb/s,B 类或 C 类网络
总线最远传输距离	40m	10km
信息标识符(ID)位数/b	6	11 或 29
总线最大节点数	16	110
每帧信息数据量/B	2、4 或 8	0~8
错误检测	8 位累加和校验	15 位循环冗余校验
石英/陶瓷振荡器	主节点需要,从节点不需要	每个节点都需要

(2) LIN 总线系统的结构。

① LIN 总线的网络结构。

LIN 总线上的最大电控单元节点数为 16 个,系统中两个电控单元节点之间的最大距离为 40m。

LIN 总线的网络结构如图 3-20 所示。LIN 总线网络由一个主节点、一个或多个从节点组成。所有节点都包含一个从任务(Slave Task),负责消息的发送和接收;主节点还包含一个主任务(Master Task),负责启动 LIN 总线网络中的通信。

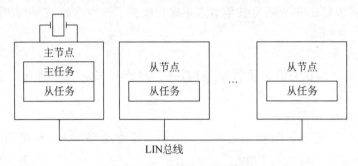

图 3-20 LIN 总线的网络结构

② LIN 的节点结构。

一个 LIN 节点主要由微控制器和 LIN 收发器组成,而微控制器通过 UART/SCI 接口与 LIN 收发器连接,LIN 节点结构如图 3-21 所示。几乎所有微控制器都具备 UART/SCI 接口,并且 LIN 收发器(如 TJA1020、MC33399 等)的 RXD、TXD 引脚可与微控制器的 RXD、TXD 引脚直接连接,无须电平转换。因此 LIN 节点设计方便,结构简单,价格低廉。

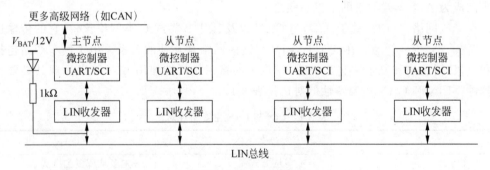

图 3-21 LIN 节点结构

在 LIN 系统中,加入新节点时,不需要其他从节点进行任何软件或硬件的改动。LIN 和 CAN 一样,传送的信息带有一个标识符,它给出的是这个信息的意义或特征,而不是这个信息传送的地址。

LIN 系统总线的电气性能对网络结构有很大影响。网络节点数不仅受标识符长度的限制,而且受总线物理特性的限制。在 LIN 系统中,建议节点数不要超过 16 个,否则网络阻抗降低,在最坏工作情况下会发生通信故障。LIN 系统每增加一个节点大约使网络阻抗降低 3%。

LIN 收发器的 VBAT 与 LIN 引脚间二极管的作用是：当 VBAT 为低（本地节点断电或断路等）时，防止 LIN 总线反向驱动节点的电源线（这将大大增加总线负载）。LIN 收发器的内部在 LIN 引脚与 VBAT 引脚之间串联了二极管和 30kΩ 从机端电阻，因此 LIN 从节点的 LIN 引脚不需要外加端电阻。而 LIN 主节点的 LIN 引脚与 VBAT 引脚间需要外加二极管和 1kΩ 的端电阻。

（3）LIN 总线系统的数据通信。

LIN 总线上的信息帧由信息标题和信息内容两部分组成，如图 3-22 所示。一个 LIN 网络上的通信总是由主节点的主发送任务所发起的，主节点向 LIN 总线发送一个信息标题（包括同步间隔区、同步分界区、同步区和标识符区），然后由主节点或从节点向 LIN 总线发送对应的信息内容（包括数据和对应的校验和）。

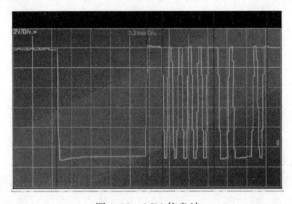

图 3-22　LIN 信息波

LIN 总线的信息传输模式共有以下三种。

① 主节点请求从节点数据（Data from Slave to Master）。

如图 3-23 所示，主节点通过向 LIN 总线上发生信息标题，请求从节点的数据。当从节点接收到信息标题后，将向 LIN 总线上发送相关的回应信息（如传感器信息）。

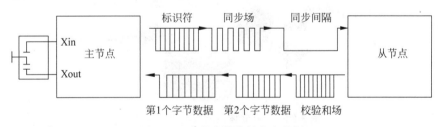

图 3-23　主节点请求从节点数据

② 主节点向从节点发送数据（Data from Master to Slave）。

如图 3-24 所示，主节点向 LIN 总线上发送信息标题后，再向 LIN 总线上发送命令信息内容（参数设置或执行器控制信息）。当从节点接收到相关信息后，更改电控单元的相关参数或者按照主节点的命令控制执行器动作。

③ 从节点之间的发送数据（Data from Slave to Slave）。

如图 3-25 所示，主节点向 LIN 总线上发送信息标题给某个从节点，要求该从节点向其他从节点发送数据。

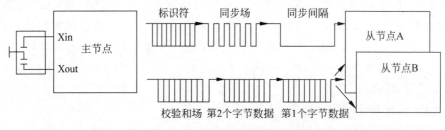

图 3-24　主节点向从节点发送数据

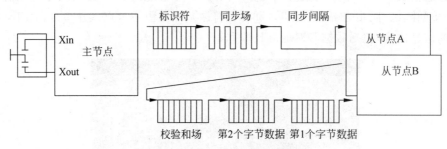

图 3-25　从节点之间发送数据

3）MOST 总线

(1) MOST 总线系统概述。

在汽车影音娱乐和信息显示系统中,为保证音质清晰、画面流畅,需要传输的数据量很大,传输速率的要求很高,例如图 3-26 给出的带有立体声的数字式电视系统,需要约 6Mb/s 的传输速率。CAN 总线（最高传输速率 1Mb/s）的信息传输能力难以满足要求,为此,汽车生产商开发出光学总线系统。

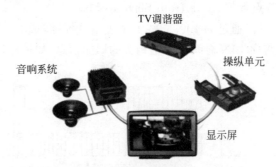

图 3-26　带有立体声的数字式电视系统

目前,汽车光学总线系统主要有 DDB、MOST 和 Beyeflight 三类,其中 MOST 总线应用最为广泛。

MOST（Media Oriented Systems Transport）总线是用于多媒体数据传送的网络系统。MOST 总线可连接汽车音响系统、视频导航系统、车载电视、高保真音频放大器车载电话、多碟 CD 播放器等模块,其数据传输速率最高可达 24.8Mb/s,而且没有电磁干扰。如奥迪 A6 的数字式电视系统中,海量的视频和音频数据是由 MOST 总线来传输的,而 CAN 总线只能用来传输控制信号。

MOST 总线可以不需要额外的主控计算机系统,结构灵活,性能可靠并易于扩展,采用塑料光纤(Plastic Optical Fiber,POF)作为物理层的传输介质,支持"即插即用"方式,在网络上可以随时添加和去除设备,具有方便简洁的应用系统界面。MOST 总线通过光缆,借助于光波传输数据,具有导线少、重量轻、传输速度快、不会产生电磁干扰及对电磁干扰不敏感等优点,使 MOST 总线具有较高的传输速率和较强的抗干扰性能。

(2) MOST 总线的网络拓扑结构。

MOST 总线采用环形网络拓扑结构,如图 3-27 所示。控制单元通过一根光导纤维沿环形方向将数据传送至环形结构中的下一个控制单元,这个过程一直持续到数据返回至原先传送它们的那个控制单元并接收到这些数据为止,由此,形成了一个闭合的环路。MOST 总线系统的故障诊断借助于数据总线的诊断接口和诊断 CAN 进行。

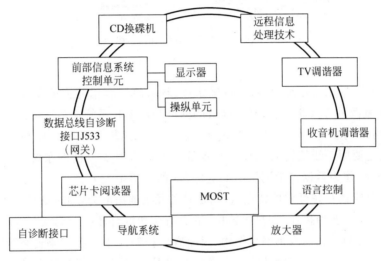

图 3-27 奥迪 A6 MOST 总线的拓扑结构

在 MOST 总线中,各个终端设备(节点、控制单元)之间通过一个数据,只沿一个方向的环形总线连接进行传输,音频、视频信息在环形总线上循环,并由每个节点(控制单元)读取和转发。各个控制单元之间通过光导纤维相互连接而形成一个封闭环路,因此每个控制单元拥有两根光导纤维:一根光导纤维用于发射器;另一根光导纤维用于接收器。

(3) MOST 总线的数据类型。

MOST 总线利用光纤网络可以传送如图 3-28 所示的三种数据。

① 同步数据:实时传送音频信号、视频信号等流动型数据。

② 异步数据:传送访问网络及访问数据库等的数据包。

③ 控制数据:传送控制报文及控制整个网络的数据。

MOST 是以基于数字电话交换机等使用的"帧同步传送"技术为基础的。因此,通过简单的硬件就可以实现流动型数据的同步传送,只会产生完全可以预测到的最小限度的滞后。各种数据在媒介上以同步方式传输,在整个总线内都可以获得相关数据,即以无损方式读取(复制)数据并能够用于不同组件。

MOST 一根光纤最多可以同时传送 15 个频道的 CD 质量的非压缩音频数据。在一个局域网上,最多可以连接 64 个节点(装置)。

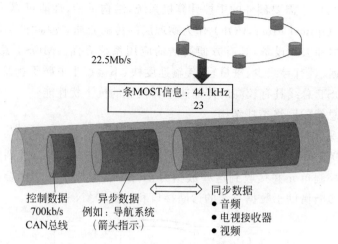

图 3-28　MOST 的数据(信息)组成

4) FlexRay 总线

FlexRay 是一种用于汽车的高速、可确定性、具备故障容错能力的总线技术,它将事件触发和时间触发两种方式相结合,具有高效的网络利用率和系统灵活性特点,可以作为新一代汽车内部网络的主干网络。FlexRay 是汽车工业的事实标准(De Facto Standard)。FlexRay 总线主要用于线控转向和线控制动等需要高实时安全性的系统中。2006 年它首次应用于量产车,作为数据主干网用在了宝马 X5 的悬架系统上。

FlexRay 总线具有高可靠性特点,特别是具备冗余通信能力,通过硬件实现全网配置复制和进度监控,支持多种拓扑,如总线拓扑、星形拓扑和混合拓扑。总线拓扑的主要优势在于,采用设计工程师熟悉的汽车网络架构,因而有效控制成本。在需要更高带宽、更短延迟时间或确定性行为,而同时容错功能并非必需的情况下,这种总线拓扑非常有用,典型的应用领域就是直接替换 CAN 以满足带宽要求。而使用星形拓扑却可完全解决容错问题,因为如果出现意外情况,星形拓扑的支路可以有选择地切断。如果总线线缆长度超过规定限制,星形拓扑还可以当成复制器用。

FlexRay 的总线拓扑和星形拓扑均支持双通道,即 FlexRay 总线有两个通道,其最高速率都可达到 10Mb/s,也就是说,总线的两个通道上的数据总速率可达 20Mb/s,网络带宽是 CAN 的 20 倍以上。而正是因为是两条线路,所以能更好地实现冗余,使得消息具有容错能力。图 3-29 给出了 FlexRay 总线拓扑下的 A、B 双通道传输结构,如果其中的某一条通道出现故障,则可通过另一条通道进行数据传输。但是这两条信道传递不同的信息时,数据吞吐量将加倍。

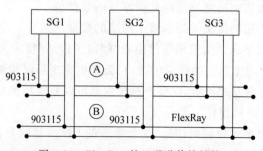

图 3-29　FlexRay 的双通道传输结构

在图 3-30 所示的带有 CAN、MOST、FlexRay 多总线的车载网络结构中,网关可以实现不同总线之间的信息共享,还可以激活和监控 CAN、LIN 和 FlexRay 总线网络的工作状态并实现车辆数据同步。另外,可以通过 OBD 接口读取网关数据而实现故障诊断。

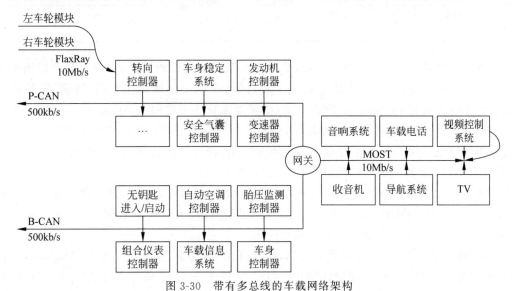

图 3-30　带有多总线的车载网络架构

3.2.2　车载以太网

以太网是互联网中使用最多和最广泛的网络技术,自从 1973 年 5 月 22 日作为个人计算机的局域网技术被发明以来,以太网技术快速发展并且成为 IEEE 802 的下一个开放标准集合。汽车智能化、网联化甚至自动驾驶时代已经到来,ADAS 技术的不断创新、高质量汽车娱乐音频和视频的应用,以及 OTA 远程升级、V2X、大数据、云计算等技术的发展都取得了进展。车载网络容量需求的爆炸性发展明显超过了传统车载网络(如 CAN 或 FlexRay)的承载能力,这也是以太网和汽车深度融合的机会。

1. 车载以太网的相关技术

1) 现有的主流车载网络技术

目前商用的车载网络主要由 CAN、LIN、TIP/C、FlexRay、MOST 以及 LVDS 等,各个车载网络的对比见表 3-2。

表 3-2　常见车载网络对比

协议	最高宽带	传输介质	最大载荷/字节	拓扑	实时	成本
CAN	1Mb/s	双绞线	8	多主	否	低
LIN	19.2kb/s	单线	8	单主	否	低
TIP/C	10Mb/s	双绞线/光纤	128	单主	是	高
FlexRay	10Mb/s	双绞线/光纤	254	单主	是	中
MOST	150Mb/s	双绞线/光纤	3072	多主 单主	否	高

续表

协议	最高宽带	传输介质	最大载荷/字节	拓扑	实时	成本
LVDS	850Mb/s	双绞线串/并行		多主	否	低
AVB	100Mb/s	非屏蔽双绞线	1500		否	高
Ethernet	1Gb/s	非屏蔽双绞线	1500		否	低

CAN 主要用于车上控制数据传输,是目前车载网络应用最广泛的标准,最大传输速率为 1Mb/s。LIN 总线是一种低成本通用串行总线,在汽车领域用于车门、天窗、座椅控制等,最大传输速率为 19.2kb/s。CAN、LIN 的带宽太低并不适用于 ADAS 等应用设计。

TIP/C 是一种基于时分多址方式(TDMA)的时间触发通信协议,主要用于安全关键领域,例如航空电子设备或汽车领域 X-by-Wire 应用,最高传输速率为 10Mb/s,TIP/C 专为满足最高安全要求而开发,因此它不兼容事件触发系统。

FlexRay 允许同步和异步数据传输,同步部分基于 TDMA 方法,异步部分使用灵活的时分多址方法(FTDMA),每个节点可以使用全带宽传输事件触发数据。FlexRay 被设计成用于容错环境下的线控制动等底盘系统应用。

MOST 主要支持多媒体流数据传输,MOST150 标准的最大带宽为 150Mb/s,它是目前车载多媒体数据传输的首选协议,MOST150 支持基于 IP 的应用程序,由于单一供应商的问题,基础开发成本较高。

LVDS 是一种电气数字信号系统(低电压差分信号,通过铜缆双纹线传输高速数据),最长传输距离为 10m。在汽车领域,LVDS 用于屏幕和摄像头之间的数据传输。此外,LVDS 包含不开放协议,不同厂商的器件不支持数据交换。

2) 车载以太网的物理层技术

适合车辆环境的以太网物理层元件迈威尔(Marvell)与麦瑞(Micrel)半导体在 2012 年 9 月发布了全球首款完全符合 IEEE 802.3 标准的用于车载网络的以太网实体元件,最高可支持 100Mb/s 的速率。麦瑞半导体推出以太网物理层芯片支持高达 125℃ 的环境温度,目前市场上符合 AECQ-100 标准的以太网设备也并不单一,而且针对汽车市场的需求加强了静电保护(ESD 保护),可以很好地适应汽车环境变化。

BroadR-Reach 是博通公司针对汽车环境开发的数据传输技术,其特点是可用一对非屏蔽双绞线(UTP)实现 100Mb/s 的传输速率,如图 3-31 所示,相对普通百兆以太网,连接电缆的成本已经显著降低。

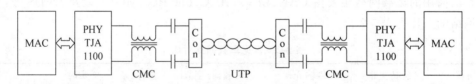

图 3-31 BroadR-Reach 系统

恩智浦的 TJA1100 作为模拟传输介质和数字 MAC 控制器之间的物理层组件接口,决定了链路的鲁棒性和发射性能,满足严格的汽车工业 EMC 需求,可以支持 25m 的电缆长度,而通常汽车解决方案处理的链路长度不超过 10m。

在域架构中使用高速骨干网通信将会大量减少 ECU 与电缆数量,对于车辆这意味着更少的成本、重量和能量消耗。使用单对非屏蔽双绞线电缆的 BroadR-Reach 技术,使以太网在汽车应用的成本竞争力大大提升。

3) IEEE RTPGE 及 PoE 技术

以太网供电技术(PoE)是一种可以通过 CAT5 线缆传输数据信号,同时为该以太网设备进行直流供电的技术。IEEE 802.3af(15.4W)是第一个 PoE 标准,是现在 PoE 应用的主流实现标准。IEEE 802.3at(25.5W)应大功率终端的需求而诞生,在兼容 IEEE 802.3af 的基础上,提供更大的供电需求,可以满足视频监控系统等大功率应用的需求。如果在车载以太网上实现 PoE 技术,将使线缆数量减少,降低成本,在电动车上应用前景更为广阔。

2013 年 7 月,IEEE 针对汽车及工业设备用途,在 IEEE 802.3 内成立了探讨使用数据线供电(PoDL)及使用一对数据线供电(1PPoDL)工作组,1PPoDL 可用于 IEEE 802.3 内正在制定标准的 IEEE 802.3bp RTPGE 中。消费类产品使用的 1000Base-TX 利用四对信号线实现了 1Gb/s 的传输速率,而 RTPGE 的目标则是利用少于四对的信号线来实现这一速度,未来的 RITPGE 将为车载以太网提供线束更少、速度更高的以太网链接标准。

(1) 车载以太网的链路层协议。

以太网的低廉成本和灵活性使它成为汽车互联设备的有力竞争者,但基于载波监听多路访问及冲突检测(CSMA/CD)技术的传统以太网,最大的缺点是不确定性或者说非实时性。当网络负荷较大时,网络传输的不确定性不能满足工业控制的实时性要求。传统以太网采用的是事件触发传输模式,在该模式下端系统可以随时访问网络,对于端系统的服务也是先到先服务。事件触发模式的一个明显缺点是,当几个端系统需要在同一传输媒介上进行数据通信时,所产生的传输时延和时间抖动会累积。

为了解决汽车领域以太网对实时关键数据的传输问题,目前技术最为成熟的两项技术是以太网音频视频桥接(EAVB)和时间触发以太网(Time Triggered Ethernet,TTEthernet)。

IEEE 时间敏感网络 TSN 以太网音频视频桥接技术(Ethernet Audio/Video Bridging,EAVB)是在传统以太网的基础上,使用精准时钟同步,通过保障带宽来限制传输延迟,提供高级别服务质量以支持各种基于音频视频的媒体应用。音频视频桥接(AVB)协议集如图 3-32 所示。

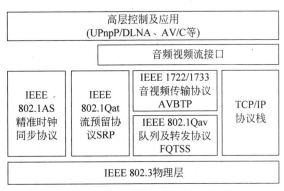

图 3-32 AVB 协议集

AVB 工作组在 2012 年 11 月正式更名为时间敏感网络工作小组(Time-Sensitive Networking,TSN)后,对部分原标准进行了修订,同时增添了几个性能改进标准,以便更好地适应汽车需要。

TTEthernet 首次由 Kopetz 等人提出，是一种基于 IEEE 802.3 以太网之上的汽车或工业领域的实时通信候选网络。它允许实时的时间触发通信与低优先级的事件触发通信共存，使以太网满足系统要求的同时，在对实时性要求太严格的前提下，依然可以满足高带宽的以太网传输需求。由 TTH 公司开发的 TEhe 已经通过了美国汽车工程师学会的标准化（SAEAS 6802）。

TTEthernet 协议控制框架如图 3-33 所示。TTEthernet 在单一网络中可以同时满足不同实时和安全等级的应用需要，支持三种不同的消息类型：时间触发（TT）、速率约束（RC）和尽力而为（BE）。TT 消息优先于所有其他类型，而 RC 帧是保证提供预留的带宽，BE 帧可以看成是标准以太网。TTEthernet 在汽车中可应用于以下场合：

① 高级驾驶辅助系统（ADAS），得益于高带宽和 TT 通信的结合。

② 多媒体、高带宽可靠数据通信、保证数据传输速率的音频和视频，是 TTEthernet 目前最有可能的应用领域。此外，通过使用 TTEthernet 可以将驾驶辅助系统和信息娱乐系统集成到同一个网络。

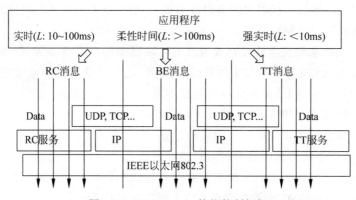

图 3-33　TTEthernet 协议控制框架

③ X-by-Wire 线控系统，TT 服务提供的强实时通信、容错和故障运行，可以满足这些系统的通信要求。

表 3-3 对 TSN 和 TTEthernet 这两种车载以太网技术做了对比。

表 3-3　TSN 和 TTE 对比

以太网技术	TSN	TTEthernet
消息类型	速率约束（RC） 实时通信 A,B 尽力而为（BE）	时间触发型（TT） 速率约束型（RC） 尽力而为型（BE）
时间同步	IEEE 802.1AS 精准时钟定时和同步（gPTP）	IEEE 1588 V2
交换机技术	IEEE 802.1Qav 时间敏感流的转发和排队（FQTSS） IEEE 802.1Qat 流预留协议（SRP）	TT 消息具有最高优先级 TT 周期性任务表
数据帧格式/B	Header：18 StramID：8 TimeStamp：4 AVB Stream Data：34～1488 CRC：4	CT-Marker：4 CT-ID：2 TTEhernet-Payload：46～1500 CRC：4

(2) 车载以太网拓扑。

车载以太网常见的拓扑结构有星形、菊花链形和树形,这些结构在交换式以太网中支持 IEEE 802.3 和 IEEE 802.1Q 标准。

星形拓扑结构如图 3-34 所示,其特点是管理方便、极易扩展、安装维护成本低,但由于要专用的网络设备(如交换机)作为其核心节点,对核心设备的负担较重,可靠性要求高,各节点的分布处理能力较低。菊花链形拓扑结构如图 3-35 所示,其特点是由星形结构的基础网络构成,通过菊花链或串行的方式增加下一个节点。菊花链形拓扑结构容易扩展,各节点可以分布处理,网络设备的负担相对较轻,但节点之间的通信相对较复杂,安装维护成本较高。

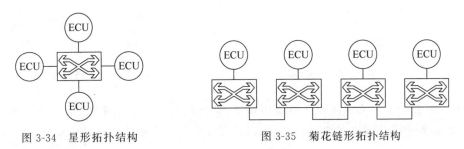

图 3-34 星形拓扑结构　　图 3-35 菊花链形拓扑结构

结合以上两种拓扑结构实现了树形结构,在汽车网络中权衡了良好的分布处理性能和安装维护成本,图 3-36 给出了一种树形结构的车载以太网的实施方法。

2. 车载以太网技术的应用

以太网因其通用性、开放性、高带宽、易扩展、易互联等特性,成为一种新型的车载网络,目前可以预期的车载以太网的发展可分为三个阶段。

(1) 子系统级别。

单独在某个子系统使用以太网,如图 3-37 所示。这一阶段的衍生产品目前已经在整车上实施,如基于 DoIP 标准的 OBD 诊断设备;或已有实例应用,如使用 IP 摄像头的驾驶辅助系统。

(2) 架构级别。

将几个子系统功能整合,形成一个拥有功能集合的小系统,如图 3-38 所示,将多媒体、驾驶辅助和诊断界面合在一起,融合了传感器、全景摄像头及雷达等多种数据。因为可以保证更高的带宽和更低的延迟,在涉及安全方面的应用,摄像头可以使用更高分辨率的未压缩的数据传输,从而避免如压缩失真等导致障碍物检测失败的问题。

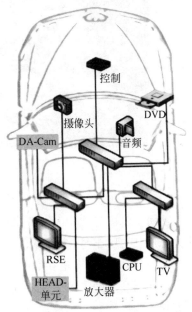

图 3-36 树形结构

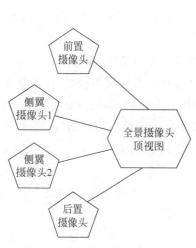

图 3-37　车载以太网子系统级别

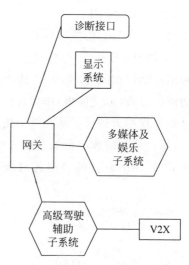

图 3-38　车载以太网架构级别

图 3-39 显示了一种车载以太网应用场景，它将配备一个或多个节点，例如驾驶辅助系统、带高分辨率 IP 摄像头的全景停车场，以及多屏幕交互式高清信息娱乐系统。

图 3-39　车载以太网应用场景

（3）域级别。

前两个阶段专注于一个特定的应用领域，第三个阶段使用以太网为车载网络骨干，集成动力总成、底盘、车身、多媒体、辅助驾驶，真正形成一个域级别的汽车网络，如图 3-40 所示。有研究预计，以太网有望在 2025 年可能更换所有其他的车载网络。

辅助驾驶系统可以采用以太网传输高清摄像头和高精度雷达数据，娱乐系统可以使用以太网传输视频和音频数据，车辆相关数据（车辆状态数据、道路环境高清视频数据、雷达数据）可以通过远程信息处理模块或 V2X 传输到外部云端平台、基站、数据控制中心等，车载娱乐系统控制器可以通过 4G/5G/WiFi、蓝牙等方式下载音频和视频。

奥迪 A8 是第一款称为 L3 级自动驾驶的汽车，是第一个使用车载以太网做骨干网的运算架构。未来 L3 级以上的自动驾驶汽车将把域控制器、以太骨干网、Autosar 和激光雷达作为标配。

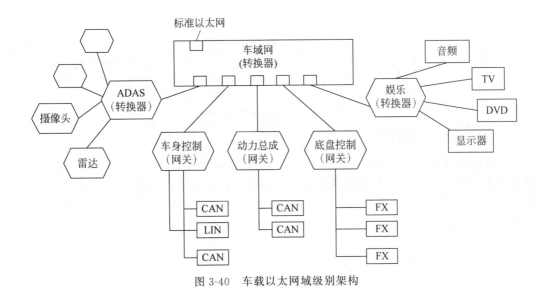

图 3-40 车载以太网域级别架构

3.3 无线通信及车载自组织网络技术

3.3.1 无线通信技术

1. 无线通信技术的定义与组成

无线通信技术就是不用导线、电缆、光纤等有线介质,而是利用电磁波信号在自由空间中传播的特性进行信息交换的一种通信方式,如图 3-41 所示。无线通信可以传播数据、图像、音频和视频等。

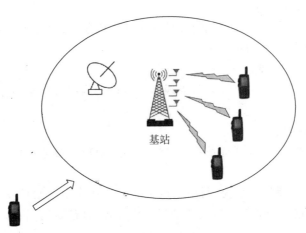

图 3-41 无线通信技术

无线通信系统一般由发射设备、传输介质和接收设备组成,发射设备和接收设备上需要安装天线,完成电磁波的发射与接收,如图 3-42 所示。

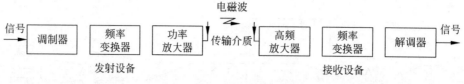

图 3-42 无线通信系统组成

(1) 发射设备。

发射设备是将原有的信号源转换为适合在给定传输介质上传输的信号,其中包括调制、频率变换、功率放大等。调制器将低频信号加到高频载波信号上,频率变换器进一步将信号变换为发射电波所需要的频率,如短波频率、微波频率等,经功率放大器放大后,再通过天线发射出去进行传输。

(2) 传输介质。

传输介质为电磁波。

(3) 接收设备。

接收设备是将收到的信息还原成原来的信息送至接收端。接收设备把天线接收的射频载波信号,经过信号放大、频率变换,最后经过解调的过程再将原始信息恢复处理,完成无线通信。

2. 无线通信的类型

无线通信可以按传输信号形式、无线终端状态、电磁波波长、传输方式和通信距离等进行分类。

(1) 根据传输信号形式分类。

根据传输信号形式的不同,无线通信可以分为模拟无线通信和数字无线通信。

(2) 根据无线终端状态分类。

根据无线终端状态的不同,无线通信可以分为固定无线通信和移动无线通信。

(3) 根据电磁波波长分类。

根据电磁波波长不同,无线通信可以分为长波无线通信、中波无线通信、短波无线通信、超短波无线通信、微波无线通信。

(4) 根据传输方式分类。

根据信道路径和传输方式的不同,无线通信可以分为红外通信、可见光通信、微波中继通信和卫星通信。

(5) 根据通信距离分类。

根据通信距离的不同,无线通信系统可以分为短距离无线通信系统和远距离无线通信系统。

图 3-43 所示为卫星通信系统,利用人造地球卫星作为中继站转发无线电信号,在两个或多个地面站之间进行的通信。地面站是指在地球表面(包括地面、海洋和大气中)的无线电通信站。

3. 短距离无线通信技术

短距离无线通信和远距离无线通信在传输距离上至今并没有严格的定义,一般来说,只

图 3-43 卫星通信系统

要通信收发两端是以无线电方式传输信息,并且传输距离被限定在较短的范围内(一般是几厘米至几百米),就可以称为短距离无线通信,它具有低成本、低功耗和对等通信三个重要特征。短距离无线通信主要有以下技术：①蓝牙技术；②ZigBee(紫蜂)技术；③WiFi 技术；④UWB(超宽带)技术；⑤60GHz 技术；⑥IrDA(红外)技术；⑦RFID(射频识别)技术；⑧NFC(近场通信)技术；⑨VLC(可见光)技术；⑩专用短程通信技术；⑪LTE-V 通信技术。

图 3-44 所示为短距离无线通信技术应用场景。

图 3-44 短距离无线通信技术应用场景

4. V2X 通信及其典型应用场景

智能网联汽车 V2X 通信代表车辆与车辆通信(V2V)、车辆与基础设施通信(V2I)、车辆与行人通信(V2P)、车辆与应用平台通信(V2N)。

(1) V2V。

V2V 是指不同车辆之间的通信,最典型的应用是车辆间防碰撞系统。

(2) V2I。

V2I 主要是指车辆与道路、交通灯、路障等基础设施之间的通信,用于获取交通灯信号时序、路障位置等道路管理信息。

(3) V2P。

V2P 是指车辆与行人或非机动车之间的通信,主要提供安全告警。

(4) V2N。

V2N 主要是通过网络将车辆连接到应用平台或云端,能够使用应用平台或云端上的娱乐、导航等功能。

5. 蓝牙技术

蓝牙是一种支持设备短距离通信的无线电技术,能在包括移动电话、掌上电脑、无线耳机、笔记本电脑、智能汽车、相关外设等众多设备之间进行无线信息交互,如图 3-45 所示。利用蓝牙技术能够有效地简化移动通信终端设备之间的通信,也能够简化设备与互联网之间的通信,从而使数据传输变得更加迅速高效,为无线通信拓宽道路。

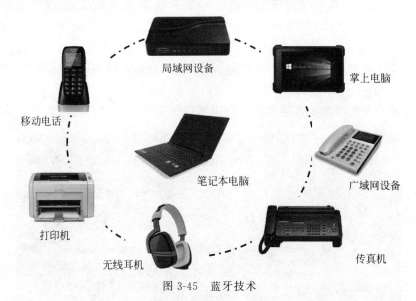

图 3-45 蓝牙技术

蓝牙采用分散式网络结构以及快跳频和短包技术,支持点对点及点对多点通信,工作在全球通用的 2.4GHz ISM(即工业、科学、医学)频段,采用时分双工传输方案实现全双工传输。

蓝牙技术具有以下特点。

① 全球范围适用。蓝牙工作在 2.4GHz ISM 频段,使用该频段无须向各国的无线电资源管理部门申请许可证,便可直接使用。

② 通信距离一般为 10cm~10m,发射功率为 100mW 时可以达到 100m。

③ 同时可传输语音和数据。蓝牙采用电路交换和分组交换技术,支持异步数据信道、三路语音信道以及异步数据与同步语音同时传输的信道。

④ 可以建立临时性的对等连接。根据蓝牙设备在网络中的角色,可将其分为主设备和从设备。主设备是组网连接主动发起连接请求的蓝牙设备,几个蓝牙设备连接成一个皮网(Piconet)时,其中只有一个主设备,其余都是从设备。皮网是蓝牙最基本的一种网络形式,最简单的皮网是一个主设备和一个从设备组成的点对点的通信连接。

⑤ 抗干扰能力强。蓝牙采用跳频方式来扩展频谱,蓝牙设备在某个频点发送数据之后,再跳到另一频点发送,而频点的排列顺序是伪随机的,每秒频率改变 1600 次,每个频率持续 $625\mu s$。

⑥ 蓝牙模块体积很小,便于集成。

⑦ 功耗低。蓝牙设备在通信连接状态下,有四种工作模式,即激活模式、呼吸模式、保持模式和休眠模式。激活模式是正常的工作状态,另外三种模式是为了节能而规定的低功耗模式。

⑧ 接口标准开放。蓝牙技术联盟(SIG)为了推广蓝牙技术的应用,将蓝牙的技术标准全部公开,全世界范围内的任何单位和个人都可以进行蓝牙产品的开发,只要最终通过 SIG 的蓝牙产品兼容性测试,就可以推向市场。

⑨ 成本低。随着市场需求的扩大,各个供应商纷纷推出自己的蓝牙芯片和模块,蓝牙产品价格下降。

蓝牙技术在汽车上的应用主要有车载蓝牙电话、车载蓝牙音响、车载蓝牙导航、蓝牙后视镜、汽车虚拟钥匙、利用蓝牙技术获取车辆信息等。

随着蓝牙技术的不断发展,蓝牙技术在汽车上的应用会越来越多。

6. RFID 技术

RFID(Radio Frequency Identification,射频识别)技术也称为电子标签,是一种无线通信技术,可以通过无线电信号识别特定目标并读写相关数据,而无须在识别系统与特定目标之间建立机械或者光学接触,所以它是一种非接触式的自动识别技术,如图 3-46 所示。

图 3-46 RFID 技术

RFID 技术中所衍生的产品有三类：无源 RFID 产品、有源 RFID 产品、半有源 RFID 产品。

1) RFID 的组成

RFID 主要由电子标签、读写器和天线等部分组成，如图 3-47 所示。

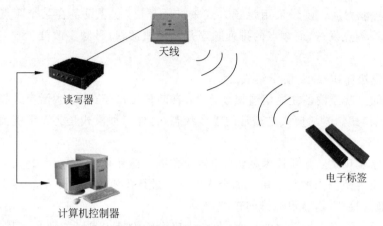

图 3-47　RFID 系统组成

(1) 电子标签。

每个电子标签都有一个全球唯一的 ID 号码——UID(用户身份证明)，其在制作标签芯片时存放在 ROM 中，无法修改，其对物联网的发展有着很重要的影响。

(2) 读写器。

读写器是读取写入电子标签信息的设备，可设计为手持式或固定式等多种工作方式。对电子标签进行识别、读取和写入操作，一般情况下会将收集到的数据信息传送到后台系统，由后台系统处理数据信息。

(3) 天线。

天线用于在电子标签和阅读器之间传递射频信号。

2) RFID 的特点

RFID 具有以下特点。

(1) 识别速度快。标签一进入磁场，读写器就可以及时读取其中的信息，而且能够同时处理多个标签，实现批量识别。

(2) 数据容量大。数据容量最大的二维条形码，最多也只能存储 2725 个数字；若包含字母，存储量则会更少；RFID 标签则可以根据用户的需要扩充到数万。

(3) 穿透性和无屏障阅读。在被覆盖的情况下，RFID 能够穿透纸张、木材和塑料等非金属或非透明的材质，并能够进行穿透性通信。

(4) 使用寿命长，应用范围广。无线通信方式使其可以应用于粉尘、油污等高污染环境和放射性环境，而且其封闭式包装使得其寿命大大超过印刷的条形码。

(5) 标签数据可动态更改。利用编程器可以向标签写入数据，从而赋予 RFID 标签交互式便携数据文件的功能，而且写入时间相比打印条形码更少。

(6) 安全性好。不仅可以嵌入或附着在不同形状、类型的产品上，而且可以为标签数据的读写设置密码保护，从而具有更高的安全性。

(7) 动态实时通信。标签以每秒 50～100 次的频率与读写器进行通信，所以只要 RFID 标签所附着的物体出现在解读器的有效识别范围内，就可以对其位置进行动态的追踪和监控。

RFID 技术凭借其实时、准确地对高速移动目标的快速识别特性，将成为未来交通信息采集与监管的主要手段。

3) RFID 技术的用途

RFID 技术具有以下用途：①用于交通信息的采集，如采集机动车流量、车辆平均车速、道路拥堵状况。②智能交通控制，如交通信号优化控制、公交信号优化控制、特定区域出入管理。③违章、违法行为检测。与视频监控、视频抓拍系统配合，通过 RFID 设备对过往车辆进行检测、抓拍和身份判别。④电子不停车收费系统、无钥匙系统、汽车防伪查询等。

图 3-48 所示为基于 RFID 技术的电子不停车收费系统。

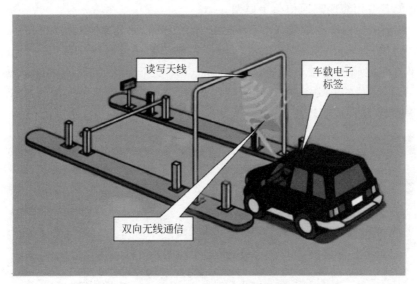

图 3-48 基于 RFID 技术的电子不停车收费系统

7. DSRC 技术

专用短程通信（Dedicated Short Range Communication，DSRC）技术是一种高效的短程无线通信技术，它可以实现在特定区域内对高速运动下的移动目标的识别和双向通信，例如车辆与车辆（V2V）、车辆与基础设施（V2I）双向通信，实时传输图像、语音和数据信息，将车辆和道路有机连接。

DSRC 系统的参考架构如图 3-49 所示。车辆与车辆之间以及车辆与路侧基础设施之间通过 DSRC 进行信息交互。

DSRC 系统包含物理层、媒体访问控制层（MAC）、网络层和应用层。

物理层是建立、保持和释放专用短程通信网络数据传输通路的物理连接的层，位于协议栈的最底层。媒体访问控制层是提供短程通信网络节点寻址及接入共享通信媒体的控制方式的层，位于物理层之上。网络层是实现网络拓扑控制、数据路由以及设备的数据传送和应用的通信服务手段的层，位于媒体访问控制层之上。应用层是向用户提供各类应用及服务

图 3-49　DSRC 系统的参考架构

手段的层,位于网络层之上。

车载单元的媒体访问控制层和物理层负责处理车辆与车辆之间、车辆与路侧基础设施之间的专用短程无线通信连接的建立、维护和信息传输;应用层和网络层负责把各种服务和应用信息传递到路侧基础设施及车载单元上,并通过车载子系统与用户进行交互;管理与安全功能覆盖专用短距离通信整个框架。

DSRC 系统主要由车载单元(On-Board Unit,OBU)、路侧单元(Road-Side Unit,RSU)以及 DSRC 协议三部分组成,如图 3-50 所示。路侧单元通过有线光纤(Fiber)的方式连入互联网。车与车之间的信息交换通过 RSU 和 OBU 之间通信实现,Telematics 业务通过 802.11p+RSU 回程的方式实现。可以看到 DSRC 架构中需要部署大量的 RSU 才能较好地满足业务需要,建设成本较高。

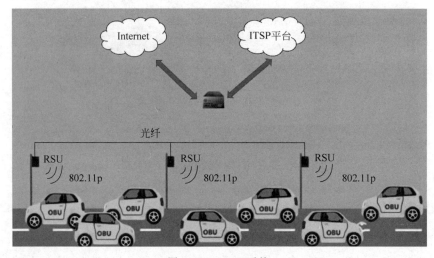

图 3-50　DSRC 系统

DSRC 技术在智能网联汽车上可实现 V2X 通信。DSRC 的有效通信距离为数百米,车辆通过 DSRC 以每秒 10 次的频率,向路上其他车辆发送位置、车速、方向等信息;当车辆接收到其他车辆所发出的信号,在必要(例如马路转角有其他车辆驶出,或前方车辆突然紧急刹车、变换车道)时车内装置会以闪烁信号、语音提醒或是座椅、转向盘振动等方式提醒驾驶员注意,如图 3-51 所示。

8. LTE-V 技术

LTE-V(Long Term Evolution-Vehicle,长期演进 V2X)是我国具有自主知识产权的

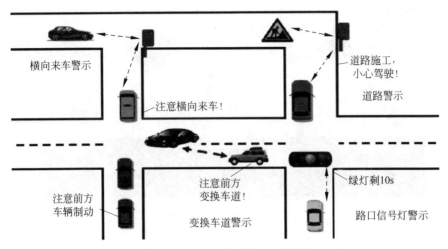

图 3-51　DSRC 技术与 V2X 通信

V2X 技术，是基于分时长期演进(Time Division-Long Term Evolution，TD-LTE)的 ITS 解决方案，属于 LTE 后续演进技术的重要应用分支。LTE-V 按照全球统规定的体系架构及其通信协议和数据交互标准，在车辆与车辆(V2V)、车辆与基础设施(V2I)、车辆与行人(V2P)之间组网，构建数据共享交互桥梁，助力实现智能化的动态信息服务、车辆安全驾驶、交通管控等，如图 3-52 所示。

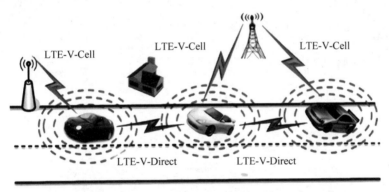

图 3-52　LTE-V 技术

　　LTE-V 系统由用户终端、路侧单元(RSU)和基站三部分组成，如图 3-53 所示。LTE-V 针对车辆应用定义了两种通信方式，即蜂窝链路式(LTE-V-Cell)和短程直通链路式(LTE-V-Direct)，其中 LTE-V-Cell 通过 UI 接口承载传统的车联网 Telematics 业务，操作于传统的移动宽带授权频段；LTE-V-Direct 通过 PC5 接口实现 V2V、V2I 直接通信，促进实现车辆安全行驶。在 LTE-V-Direct 通信模式下，车辆之间的信息交互基于广播方式，可采用终端直通模式，也可经由 RSU 来进行交互，大大减少了需要的 RSU 数量。

　　LTE-V 技术能够满足智能交通多样化的应用需求，结合蜂窝和直通技术，全面支持智能网联汽车的行驶安全、信息娱乐、后台监控等多种业务，如图 3-54 所示。

　　LTE-V 技术在智能网联汽车上的应用场景如图 3-55 所示。

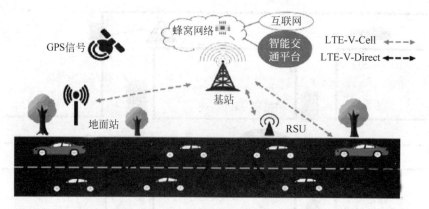

图 3-53 LTE-V 系统的组成

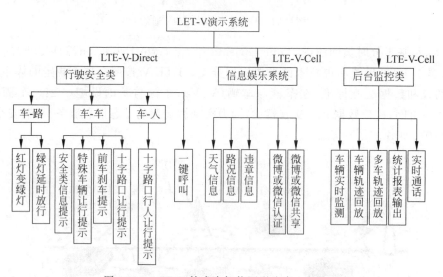

图 3-54 LTE-V 技术在智能网联汽车上的应用

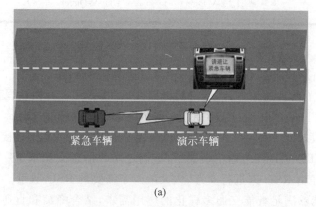

(a)

图 3-55 LTE-V 技术在智能网联汽车上的应用场景
(a) 基于车辆-车辆通信的紧急车辆接近警示；
(b) 基于交叉口交通信息的车辆安全通行；
(c) 基于车路协同的车路引导控制

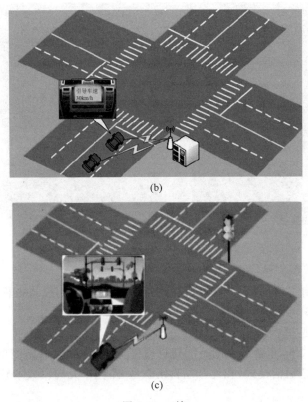

图 3-55 （续）

3.3.2 车载自组织网络技术

1. 车载自组织网络的定义

车载自组织网络（Vehicular Adhoc Networks，VANET）是一种自组织、结构开放的车辆间通信网络，能够提供车辆之间以及车辆与路侧基础设施之间的通信，通过结合全球定位系统及无线通信技术，如无线局域网、蜂窝网络等，可为处于高速移动状态的车辆提供高速率的数据接入服务，并支持车辆之间的信息交互，已成为保障车辆行驶安全，提供高速数据通信、智能交通管理及车载娱乐的有效技术，如图 3-56 所示。车载自组织网络是智能交通系统未来发展的通信基础，也是智能网联汽车安全行驶的保障。

2. 车载自组织网络结构的类型

车载自组织网络结构主要分为三种，即 V2V 通信、V2I 通信、V2P 通信。V2V 通信是通过 GPS 定位辅助建立无线多跳连接，从而能够进行暂时的数据通信，提供行车信息、行车安全等服务；V2I 通信能够通过接入互联网获得更丰富的信息与服务；V2P 通信的研究刚刚起步，目前主要通过智能手机中的特种芯片提供行人和交通状况，以后会有更多通信方式。

根据节点间通信是否需要借助路侧单元，可以将车载自组织网络的结构分为车间自组织型、无线局域网/蜂窝网络型和混合型。

图 3-56　车载自组织网络

（1）车间自组织型。

车辆之间形成自组织网络，不需要借助路侧单元，这种通信模式也称为 V2V 通信模式，也是传统移动自组织网络的通信模式。

（2）无线局域网/蜂窝网络型。

在这种通信模式下，车辆节点间不能直接通信，必须通过接入路侧单元互相通信，这种通信模式也称为 V2I 通信模式，相比车间自组织型，路侧单元建设成本较高。

（3）混合型。

混合型是前两种通信模式的混合模式，车辆可以根据实际情况选择不同的通信方式。

3. 车载自组织网络的路由协议类型

车载自组织网络路由协议有很多种，图 3-57 所示是一种车载自组织网络路由协议。车载自组织网络路由协议根据接收数据包的节点数量可分为单播路由、广播路由和多播路由。单播路由是指数据包源节点向网络中一个节点转发数据。广播路由指数据包源节点向网络中的所有其他节点转发数据。多播路由是指数据包源节点向网络中多个节点转发数据。

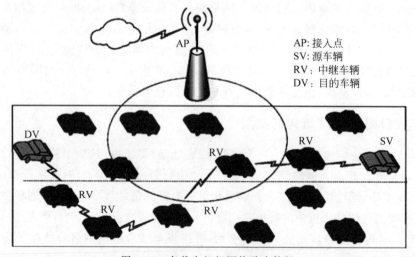

图 3-57　车载自组织网络路由协议

车载自组织网络路由协议还可以分为基于拓扑结构的路由、基于地理位置的路由、基于移动预测的路由、基于路侧单元的路由和基于概率的路由。

(1) 基于拓扑结构的路由。

初期的移动自组织网络的路由基本上都是基于拓扑结构的路由协议，网络中的节点通过周期性地广播路由信息得到其他节点的位置信息，从而选择下一跳进行数据包转发。

(2) 基于地理位置的路由。

基于地理位置的路由通过位置服务方式实时准确地获取自身车辆和目的车辆的位置信息，同时通过路由广播的方式获得广播范围内邻居节点的位置信息，根据分组转发策略择优选择下一跳进行数据包转发。

(3) 基于移动预测的路由。

由于节点的移动性，通过节点速度、加速度、距离和时间等参数，预测通信链路的生命周期，即可预测该路由路径的有效期。

(4) 基于路侧单元的路由。

借助于道路的路侧单元，可以解决车辆在稀疏情况下导致的节点链路中断。路侧单元为路边可靠的固定节点，具有高带宽、低误码率和低延迟传输特点，并作为主干链路，当车辆节点出现链路中断时，路侧单元将采用存储转发策略来发送数据包。

(5) 基于概率的路由。

基于概率的路由用概率描述车辆节点在某一段时间内该链路还未断开或存在的可能性。在该路由协议中，需要建立相关的模型，并且这些模型的建立是基于某些网络特性的前提下，这样才能统计相关变量的分布信息。

4. 车载自组织网络的应用场景

车载自组织网络主要有碰撞预警、避免交通拥堵、紧急制动警告、并线警告、交叉路口违规警告等应用场景，如图 3-58 所示。

(1) 碰撞预警。

如图 3-58(a)所示，车辆 4 与车辆 5 相撞，车辆 4 因此发送一个协作转发碰撞预警信息。车辆 1 能够通过直接连接接收到碰撞预警信息，从而车辆 1 可以及时地刹车避免碰撞。但是，如果没有间接连接，即不能多跳转发信息，若车辆 2、车辆 3 与它们前面车辆的距离小于安全车距时，则车辆 2 和车辆 3 不可避免地要发生碰撞。如果有间接连接，车辆 2 和车辆 3 也能收到碰撞预警信息，则可以避免碰撞。

(2) 避免交通拥堵。

如图 3-58(b)所示，车辆 1 收到了车辆 7 发送节点发送出的前方交通拥堵消息，然后车辆 1 存储该消息，直到车辆 2～车辆 5 能够与车辆 1 通信时，车辆 1 将消息转发给车辆 2～车辆 5，这样，车辆 2～车辆 5 也同样知道了前方拥堵的情况，这些车辆可以选择辅助道路行驶，从而避免交通堵塞，节省了时间。

(3) 紧急制动警告。

如图 3-58(c)所示，当前方车辆紧急制动时，紧急制动警告(EBW)将会提醒驾驶员。当制动车辆被其他车辆遮挡而不能被本车辆觉察时，EBW 将会非常有用。通过系统开启车辆的后制动灯，EBW 利用车载自组织网络系统的非视距特点来防止追尾事故。

(4) 并线警告。

如图 3-58(d)所示,当车辆换道可能存在危险时,并线警告(LCW)将提醒有意换道的驾驶员。LCW 使用 V2V 通信和周边车辆的路径预测,利用链路的通信范围来预测驾驶员完成换道可能产生的碰撞。路径预测用于确定 3~5s 的时间内,驾驶员要到达的车道区域是否被占用。如果该车道已被占用,则 LCW 将会提醒驾驶员潜在的危险。

(5) 交叉路口违规警告。

如图 3-58(e)所示,当驾驶员即将闯红灯时,交叉路口违规警告(IVW)系统对其发出警告。IVW 系统使用 V2I 通信方式,对车辆进行预测,其通信链路的主要优势是获取动态信息,如红绿灯阶段和红绿灯时间。部署了交通信号灯控制器的路侧单元会广播交通信号灯信息,包括位置、红绿灯阶段、红绿灯时间、交叉路口几何形状等。靠近交叉路口的车辆将车辆的预期路径与交通信号灯信息进行比较,以确定是否会发生交通信号违规。如果车辆将要发生违规行为,则 IVW 系统将提醒驾驶员,同时车辆也会发送消息至红绿灯和周围车辆,以表明警告已经发出。

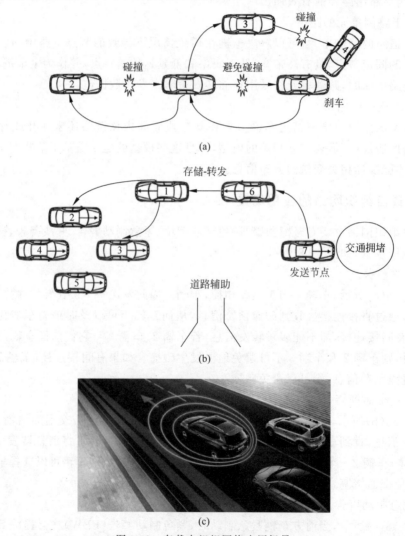

图 3-58 车载自组织网络应用场景

(a)碰撞预警应用场景;(b)避免交通拥堵应用场景;(c)紧急制动警告应用场景;
(d)并线警告应用场景;(e)交叉路口违规警告应用场景

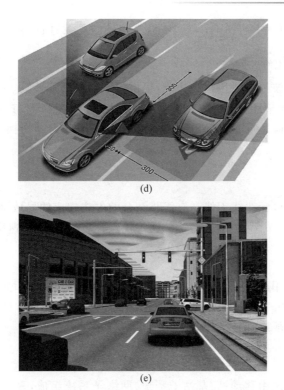

图 3-58 （续）

随着车载自组织网络技术的发展，其应用范围越来越广泛，主要涉及安全、驾驶、公共服务、商用、娱乐等领域。

3.4 车载移动互联网技术

3.4.1 移动互联网的定义

移动互联网是以移动网络作为接入网络的互联网及服务，包括移动终端、移动网络和应用服务三个要素。移动互联网包含两方面的含义：一方面，移动互联网是移动通信网络与互联网的融合，用户以移动终端接入无线移动通信网络（4G 网络、5G 网络、WLAN、WiMax 等）、无线城域网、无线局域网等方式访问互联网；另一方面，移动互联网还产生了大量新型的应用，这些应用与终端的可移动、可定位和随身携带等特性相结合，为用户提供个性化的、位置相关的服务。

3.4.2 移动互联网的接入方式

移动互联网接入方式主要有卫星通信网络、无线城域网（WiMAX）、无线局域网（WLAN）、无线个域网（WPAN）和蜂窝网络（4G/5G 网络）等。

1. 卫星通信网络

卫星通信的优点是通信区域大、距离远、频段宽、容量大、可靠性高、质量好、噪声小、可移动性强、不容易受自然灾害影响；缺点是存在传输时延大、回声大、费用高等问题。

2. 无线城域网

无线城域网以微波等无线传输为介质，提供同城数据高速传输、多媒体通信业务和互联网接入服务等，具有传输距离远、覆盖面积大、接入速度快、高效、灵活、经济、较为完备的 QoS 机制等优点；缺点是暂不支持用户在移动过程中实现无缝切换，性能与 4G 的主流标准存在差距。

3. 无线局域网

无线局域网是指以无线或无线与有线相结合的方式构成的局域网，如 WiFi。无线局域网具有布网便捷、可操作性强、网络易于扩展等优点；缺点是性能、速率和安全性存在不足。

4. 无线个域网

无线个域网是采用红外、蓝牙等技术构成的覆盖范围更小的局域网。目前，无线个域网采用的技术有蓝牙、ZigBee、UWB、60GHz、IrDA、RFID、NFC 等，具有低功耗、低成本、体积小等优点；缺点主要是覆盖范围小。

5. 蜂窝网络

蜂窝移动通信系统由移动站、基站子系统、网络子系统组成，采用蜂窝网络（4G/5G）作为无线组网方式，通过无线信道将移动终端和网络设备进行连接。其中宏蜂窝、微蜂窝是蜂窝移动通信系统应用较多的蜂窝技术。蜂窝移动通信的主要缺点是高成本、带宽低。

3.4.3 车载移动互联网

车载移动互联网是以车为移动终端，通过远距离无线通信技术构建的车与互联网之间的网络，实现车辆与服务信息在车载移动互联网上的传输。车载移动互联网是先通过短距离通信技术在车内建立无线个域网连接，再通过 4G/5G 技术与互联网信息在车载移动互联网上的传输，如图 3-59 所示。

图 3-59　车载移动互联网

本章小结

本章从传统汽车网络架构出发,基于智能网联汽车的特点介绍了新型总线以太网架构;在汽车总线及车载网络技术上介绍了总线的分类特点及其相关应用;介绍无线通信技术以及相关无线通信方式的及其应用场景;介绍车载自组织网络结构的类型及网络的路由协议类型。

思 考 题

1. 智能网联汽车网络架构对以太网的应用主要在哪些方面?
2. 智能网联汽车总线相对传统布线有何优势?
3. 说明 CAN 节点向总线上发送数据的流程和从总线上接收数据的流程是怎样的。
4. LIN 总线和 CAN 总线有何区别?
5. 目前车载以太网有哪些技术?
6. 什么是无线通信技术?无线通信系统由哪几部分组成?
7. RFID 技术在汽车上有哪些应用?
8. DSRC 技术在智能网联汽车上有哪些应用?
9. LTE-V 技术在智能网联汽车上有哪些应用?
10. LTE-V 技术与 DSRC 技术有什么区别?

参 考 文 献

[1] 郭丽丽,菅少鹏,陈新,等.智能网联汽车网络架构方案研究[J].汽车科技,2017(3):34-38.
[2] 李克强.电动汽车工程手册第六卷:智能网联[M].北京:机械工业出版社,2018.
[3] 郭丽丽,陈新.以太网技术在汽车通信中的应用[J].汽车电器,2017(6):36-38,42.
[4] 李妙然,邹伟德.智能网联汽车技术概论[M].北京:机械工业出版社,2019.
[5] 崔胜民.一本书如何读懂智能网联汽车[M].北京:化学工业出版社,2019.

第 4 章

智能网联汽车高精度定位与导航技术

【本章教学要点】

知识要点	掌握程度	相关知识
高精度定位技术的概念及分类	了解高精度定位技术的概念及分类	常用的定位技术
全球导航卫星系统(GNSS)的组成、原理、误差及差分 GNSS 的分类	了解 GNSS 的组成;掌握 GNSS 的原理、误差及差分 GNSS	BDS、GPS、GLONASS、GALILEO 的组成及各自的特点;伪距差分、RTK差分技术
惯性导航系统的概念、工作原理及误差分析,惯性导航系统的微分方程	了解惯性导航系统的概念;掌握惯性导航系统的工作原理及误差分析;掌握惯性导航系统的各类方程	一维航迹递推、二维航迹递推、三维航迹递推的相关原理,惯性导航系统相关位置、速度、姿态方程
高精度地图技术的概念、关键技术及同时定位与地图创建技术	了解高精度地图技术的概念;掌握高精度地图的关键技术及地图创建技术	高精度地图技术的架构、价值及行业现状;SLAM 系统的组成、原理、制图、回环检测
多传感器融合导航系统的分层及原理,卡尔曼滤波算法,GNSS/INS 融合技术	掌握多传感器融合导航系统的分层及原理;掌握卡尔曼滤波算法原理;掌握 GNSS/INS 融合原理	时间配准原理、空间配准原理;多传感器融合算法,卡尔曼滤波算法松耦合、紧耦合

定位技术作为智能网联汽车的关键技术之一,是通过各种定位手段与多种传感器数据融合技术提供车辆的位置、姿态等信息的,是智能网联汽车的基础。当前可用于汽车定位的技术及方案越来越多,常用的定位技术有航迹推算(Dead-Reckoning,DR)定位技术、惯性导航系统(Inertial Navigation System,INS)技术、卫星定位技术、路标定位技术、地图匹配(Map Matching,MM)定位技术和视觉定位技术等。其中,按技术原理的不同,可将现有的汽车定位技术分为以下三类。

(1) 基于信号的定位。

其采用飞行时间测距法(Time of Flight,TOF)获取汽车与卫星间的距离,然后,使用三球定位原理得到汽车的空间绝对位置。其典型代表是全球导航卫星系统(Global Navigation Satellite System,GNSS)。

(2) 惯性导航。

依靠加速度计(Accelerometer)、陀螺仪(Gyroscope)、里程计(Odometry)等,根据上一时刻汽车的位置和航向递推出当前时刻汽车的位置和航向。

(3) 地图匹配。

用激光雷达(LiDAR)或摄像头(Camera)采集到的数据特征和高精度地图数据库中存储的特征进行匹配,得到实时的汽车位姿。在自动驾驶定位系统的实践中,通常使用多种技术融合定位的方案。

4.1 卫星定位系统

全球卫星导航系统也叫全球导航卫星系统(GNSS),是能在地球表面或近地空间的任何地点为用户提供全天候的三维坐标和速度以及时间信息的空基无线电导航定位系统。它是泛指的全球卫星导航系统,是涵盖全球系统、区域系统和星基增强系统在内的系统的概念。2020年,多星座构成的全球卫星导航系统均属于第二代导航卫星系统,它们包括美国的全球定位系统(Global Positioning System, GPS)、俄罗斯的格洛纳斯卫星导航系统(Global Navigation Satellite System, GLONASS)、中国的北斗卫星导航系统(Bei Dou Navigation Satellite System, BDS)和欧盟的伽利略卫星导航系统(Galileo Navigation Satellite System, GALILEO)四个全球系统,以及日本准天顶卫星系统(Quasi-Zenith Satellite System, QZSS)和印度区域卫星导航系统(Indian Regional Navigation Satellite System, IRNSS)两个区域系统,其中 IRNSS 也称为印度星座导航(Navigation with Indian Constellation, NAVIC)。以上除中国之外的五个国家(地区)作为 GNSS 服务提供商均持有相应的星基增强系统,它们分别是美国的广域增强系统(Wide Area Augmentation System, WAAS)、俄罗斯的差分改正监测系统(Differential Corrections And Monitoring, SDCM)、欧洲的地球静止导航重叠服务(European Geo Stationary Navigation Overlay Service, EGNOS)、印度的 GPS 辅助型静地轨道增强导航系统(GPS Aided Geo Augmented Navigation, GAGAN)和日本的多功能卫星星基增强系统(Multi-functional Satellite Augmentation System, MSAS)。

4.1.1 全球卫星定位系统简介

目前全球有四大卫星定位系统:中国的北斗卫星导航系统(BDS)、美国的全球定位系统(GPS)、俄罗斯的格洛纳斯卫星导航系统(GLONASS)和欧盟的伽利略卫星定位导航系统(GALILEO)。

1. 中国北斗卫星导航系统

北斗卫星导航系统是中国自行研制的全球卫星导航系统,是继美国全球定位系统、俄罗斯格洛纳斯卫星导航系统之后的第三个成熟的卫星导航系统。北斗卫星导航系统和美国的GPS、俄罗斯的 GLONASS、欧盟的 GALILEO 是联合国卫星导航委员会已认定的供应商。北斗卫星导航系统的建成标志着 GPS 和 GLONASS 之后又一成熟的全球卫星导航系统已经出现。2000年年底,"北斗一号"试验系统投入运行,并正式在我国提供服务,截至2012年10月,16颗北斗卫星成功发射,其中有14颗卫星完成了组网工作,同年12月,北斗二号系统开始运行进程,服务范围扩大至亚太地区。北斗系统建设的总体规划中,空间星座分布包含35颗卫星,其中静止轨道卫星、中地球轨道卫星以及倾斜同步轨道卫星的数目分别为5颗、27颗和3颗。2020年,北斗三号系统建成,实现服务范围扩大至全球。北斗卫星导航系统使用码分多址(CDMA)制式,有B1、B2和B3三个载波工作频点,其频率分别为1561.098MHz、1207.14MHz和1268.52MHz。

1)北斗卫星导航系统的组成

北斗卫星导航系统的结构组成主要分为三部分,分别为空间段、控制段和用户段。其示意图如图4-1所示。

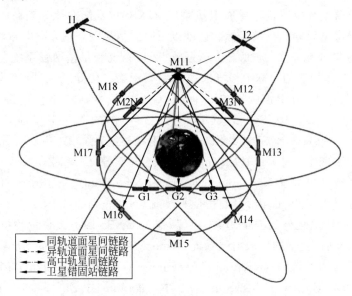

图4-1 北斗卫星导航系统示意图

空间段:由35颗卫星构成的空间星座系统,为地面控制段和用户段之间双向无线电信号的传输提供中继服务。在整个服务区域内,只有通过卫星星座,才能同时满足信息的全天候传播和多个卫星可见的要求。空间段的设计能够满足提供区域服务以及全球服务。

控制段:作为北斗系统的中间枢纽,其主要包含监测站、主控站、地面天线系统及其他相关资源等独立单位,用于监测、控制和更新空间段的卫星。其中,监测站接收机主要负责接收由导航卫星发出的信号,实现对导航卫星的实时跟踪,收集本地气象数据,最终将导航信号信息连同气象数据一起发送至主控站。主控站根据数据进行分析从而发出决策信息。

用户段:即通过信号交互来获得自身位置信息的用户。用户利用提供服务的卫星所传播的信号进行交互,从而获得自身的位置。无论用户处于服务区域的任何位置,都须通过无线电设备获取数据。根据用户段需求的不同,用户端提供不同性能和精度的接收机。

无线链路将空间段、控制段和用户段这三大部分连接成一个整体。

2)北斗卫星导航系统的功能

北斗卫星导航系统的服务功能主要分为四大类,分别为定位、导航、授时服务和短报文通信。

(1) 定位。

北斗卫星导航系统由我国自主建设完成,结束了我国各类导航任务对国外 GPS 的长期依赖,其定位误差小于 10m,军用精度在有标校站的情况下,能达到厘米甚至毫米级。

(2) 导航。

导航是北斗卫星导航系统最关键的功能。北斗卫星导航系统不仅能够提供定位服务,也能提供授权服务。开放服务遵循开放式原则,对在服务区域内的用户提供免费的定位服务功能。而授权服务是针对授权用户提供更加安全的服务功能,具有较高的保密级别。

(3) 授时服务。

北斗卫星导航系统为用户提供授时服务的授时精度可达 50ns,这在一些对时间同步要求较高的领域可以起到至关重要的作用,例如军事、电力等行业。

(4) 短报文通信。

短报文通信服务作为北斗卫星导航系统中的新增功能,使其具有了其他卫星系统无法比拟的优势。系统中移动终端可以在不受距离限制的情况下,直接与指挥端进行信息的传送,这在诸多重要场合发挥了关键的作用。

3) BDS 系统的特征

导航信号,作为组成卫星系统结构的重要部分之一,其基本功能是将导航信息以一种方便、可靠的方式传递给用户。因此导航信号也可称为一种复杂的数字通信信号。北斗卫星导航信号包含导航电文、测距码信号以及载波信号三大部分。

二进制导航电文主要为用户提供必要的系统信息,包括空间段卫星的星历参数信息以及相关增强服务信息。北斗卫星导航系统中导航电文分为 D1 和 D2 两种。根据用户接收机不同的需求,导航电文中包含了很多具有时效性的参数,这些参数会随着时间不断更新。

测距码包括 C/A 码和 P 码。其中 C/A 码精度较低,码结构信息公开,适合民用。而 P 码精度高,不容易捕获且码结构加密,能够满足军事保密的要求。与 GPS 不同,北斗卫星导航系统有三个载波频点,记为 B1、B2 和 B3。其中 B1、B2 两个载波播发民用频率,B3 载波播发军用频率。这三个频点信号的具体参数数据如表 4-1 所示。

表 4-1 北斗卫星导航系统信号参数

载波频点	载波频率/MHz	码速率/(c/s)	带宽/MHz	调制方式	服务类型
B1(I)	1561.098	2.046	4.092	QPSK	开放
B1(Q)		2.046			授权
B2(I)	1207.14	2.046	24		开放
B2(Q)		10.23			授权
B3	1268.52	10.23	24		授权

【小提示】

北斗卫星导航系统于 2020 年 6 月 23 日全面完成星座部署,7 月 31 日全面开通。

2. GLONASS

GLONASS 是由苏联从 20 世纪 80 年代初开始建设的与美国 GPS 系统相类似的卫星定位系统;最早开发于苏联时期,后由俄罗斯继续该计划;1993 年,俄罗斯开始独自建立本国的全球卫星导航系统;2007 年开始运营,当时只开放俄罗斯境内卫星定位及导航服务;2009 年,服务范围已拓展到全球。该系统主要服务内容包括确定陆地、海上及空中目标的坐标及运动速度信息等。GLONASS 的整体结构类似于 GPS,其主要不同之处在于星座设计和信号载波频率与卫星识别方法的设计不同。

1) GLONASS 的组成

GLONASS 由空间段、地面段、用户段三部分组成,但与 GPS 相比,各部分的具体技术有较大的差异。空间段由 24 颗卫星组成,其中有 21 颗正常工作卫星和 3 颗备份卫星。如果 GLONASS 星座完整,则可以满足在地球上任意时刻都能收到来自至少 4 颗卫星的信号,从而获取可靠的导航定位信息。地面段包括系统控制中心的跟踪控制站网,这些跟踪控制站网分布在俄罗斯的领土上。用户段接收卫星发射的导航信号,从而获取需要的位置、速度和时间信息。其在轨卫星分布示意图如图 4-2 所示。

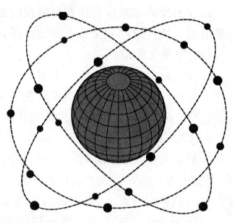

图 4-2 GLONASS 在轨卫星分布示意图

2) GLONASS 的特点

目前 GLONASS 工作不稳定,卫星工作寿命短,在轨卫星只有 12 颗;GLONASS 用户设备发展缓慢,生产厂家少,设备体积大而笨重;由于 GLONASS 采用的是 FDMA,因此用户接收机中频率综合器复杂;对 GPS/GLONASS 兼容接收机,需解决两系统的时间和坐标系统问题。

3. GALILEO

GALILEO 是欧盟自主的、独立的全球多模式卫星定位导航系统,提供高精度、高可靠性的定位服务,同时它实现完全非军方控制、管理。

1) GALILEO 的组成

GALILEO 由空间段、地面段、用户三部分组成。空间段由分布在三个轨道上的 30 颗(24 颗工作卫星,6 颗备份卫星)中等高度轨道卫星(MEO)构成,每个轨道面上有 10 颗卫星;轨道面倾角 56°,轨道高度为 23 616km。地面段包括全球地面控制段、全球地面任务段、全球域网、导航管理中心、地面支持设施、地面管理机构。截至 2023 年 5 月,GALILEO 已发射 28 颗卫星。其卫星布局如图 4-3 所示。

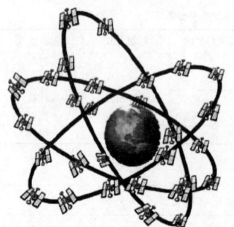

图 4-3 GALILEO 卫星布局图

2) GALILEO 的特点

GALILEO 能和美国的 GPS、俄罗斯的 GLONASS 实现多系统内的相互合作,任何用户都可以用一个多系统接收机采集各个系统的数据或者各系统数据的组合来实现定位导航的要求。GALILEO 可以发送实时的高精度定位信息,这是现有的卫星导航系统所没有的,同时 GALILEO 能够保证在许多特殊情况下提供服务,如果失败也能在几秒内通知客户。与美国的 GPS 相比,GALILEO 更先进,也更可靠。美国 GPS 向别国提供的卫星信号,只能发现地面大约 10m 的物体,而 GALILEO 的卫星则能发现 1m 的目标。

4. GPS

美国国防部于 1973 年批准海陆空三军共同研制新一代卫星导航系统,全称为"授时与测距导航系统/全球定位系统"(Navigation Timing and Ranging/Global Position System),简称为全球定位系统(GPS)(图 4-4)。

1) GPS 的组成

GPS 由空间卫星系统、地面监控网和用户接收系统组成。GPS 各组成部分相应功能如下。

空间卫星系统:指 GPS 卫星星座,由 21 颗工作卫星和 3 颗在轨备用卫星组成,分布在 6 个轨道平面中,相邻轨道之间的卫星彼此呈 30°,每个轨道面上都有 4 颗卫星。在 GPS 信号进行定位导航时,为了计算车辆的三维坐标,至少必须观测 4 颗卫星。如果定位做差分 RTK(Real Time Ki-nematic),则基准站和移动站要同步观测至少 5 颗卫星。

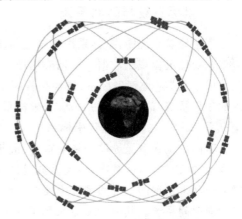

图 4-4 GPS 卫星定位系统

地面监控网:包括 1 个主控站、3 个注入站和 5 个监测站。它们的作用是实现对空间卫星的控制。主控站拥有许多以计算机为主体的设备,用于数据收集、计算、传输和诊断等。监测站配有 GPS 接收机、环境数据监测仪、原子频标和处理机等,均为无人值守的数据采集中心。

用户接收系统:主要由以无线电传输和计算机技术支撑的 GPS 接收机和 GPS 数据处理软件组成。GPS 接收机的主要功能是接收、追踪、放大卫星发射的信号,获取定位的观测值,提取导航电文中的广播星历以及卫星时钟改正参数等。

2) GPS 的特征

GPS 具有全球、全天候、高精度、实时定位等优点,其可以向全球用户提供连续、定时、高精度的三维位置、三维速度和时间信息;能够进行全球、全天候和实时的导航,且其定位误差与时间无关,具有较高的定位和测速精度。GPS 定位是利用到达时间测距的原理来确定用户的位置。首先测量信号从卫星发出至到达用户所经历的时间段,时间段乘以信号的速度便得到了从卫星到接收机的距离,而卫星的位置是已知的,于是通过测量与 3 个以上的卫星的距离便可以解算得到接收机的三维位置。GPS 的空间配置以及其信号传播不受天气影响的特点,使得其具有全天候、全球性、连续实时定位的特点;目前采用 P 码和 C/A 码实时定位、测速与授时的精度如表 4-2 所示。

表 4-2 GPS 不同类型测距码精度

测距码类型	P 码	C/A 码
单位定点/m	5~10	20~40
差分定位/m	1	3~5
测速/(m/s)	0.1	0.3
授时/ns	100	500

4.1.2 GNSS 定位原理

根据后方交会定位原理,要实现 GNSS 定位需要解决两个问题:一是观测瞬间的卫星的空间位置;二是观测站点和卫星之间的距离,即卫星在某坐标系中的坐标。为此首先要建立适当的坐标系来表征卫星的参考位置,而坐标又往往与时间联系在一起。因此,GNSS 定位是基于坐标系和时间系统进行的。

1. 坐标系统与时间系统

卫星导航系统中,坐标系用于描述与研究卫星在其轨道上的运动、表达地面观测站的位置以及处理定位观测数据。根据应用场合的不同,选用的坐标系也不相同。坐标系统大概分为以下几类:地理坐标系、惯性坐标系、地球坐标系、地心坐标系和参心坐标系。国内常用的坐标系统有 1954 年的北京 54 坐标系、1980 年的国家大地坐标系、1984 年的世界大地坐标系、2000 年的国家大地坐标系。

时间系统在卫星导航中是最重要、最基本的物理量之一。首先,高精度的原子钟控制卫星发送的所有信号。其次,在大多数卫星导航系统中,距离的测量都是通过精确测定信号传播的时间来实现的。时间系统主要包括世界时、历书时、力学时、原子时、协调时、儒略日、卫星导航时间系统。其中 GNSS 采用了一个独立的时间系统作为导航定位计算的依据,称为 GNSS 时间系统,简称 GNSST。GNSST 属于原子时系统,其秒长与原子时秒长相同。

2. 定位原理

GNSS 的设计思想是将空间的人造卫星作为参照点,确定一个物体的空间位置。根据几何学理论可以证明,通过精确测量地球上某个点到三颗人造卫星之间的距离,能对此点的位置进行三角形的测定,这就是 GNSS 最基本的设计思路及定位功能。

如图 4-5 所示,假设地面测得某点 P 到卫星 S_1 的距离为 r_1,那么由几何学可知,P 点所在的空间可能位置集缩到这样一个球面上,此球面的球心为卫星 S_1,半径为 r_1。再假设测得 P 点到第二颗卫星 S_2 的距离为 r_2,同样意味着 P 点处于以第二颗卫星 S_2 为球心、半径为 r_2 的球面上。如果同时测得 P 点到第三颗卫星 S_3 的距离为 r_3,意味着 P 点也处于以第三颗卫星 S_3 为球心、半径为 r_3 的球面上,

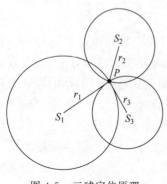

图 4-5 三球定位原理

这样就可以确定 P 点的位置，也就是三个球面的交汇处。从 GNSS 进行定位的基本原理可以看出 GNSS 定位方法的实质，即测量学的空间后方交会。由于 GNSS 采用单程测距，且难以保证卫星钟与用户接收机钟的严格同步，因此观测站和卫星之间的距离均受两种时钟不同步的影响。卫星钟差可用导航电文中所给的有关钟差参数进行修正，而接收机的钟差大多难以精准确定，通常采用的优化做法是将其作为一个未知参数，与观测站的坐标一并求解，即一般在一个观测站上需求解 4 个未知参数（3 个点位坐标分量和一个钟差参数），因此至少需要 4 个同步伪距观测值，即需要同时观测 4 颗卫星。

根据用户站的运动状态可将 GNSS 分为静态定位和动态定位。静态定位是将待定点固定不变，将接收机安置在待定点上进行大量的重复观测。动态定位是指待定点处于运动状态，测定待定点在各观测时刻运动中的点位坐标，以及运动载体的状态参数，如速度、时间和方位等。此外，还可以根据定位模式分为绝对定位和相对定位。绝对定位只用一台接收机来进行定位，又称作单点定位，它所确定的是接收机天线在坐标系统中的绝对位置。相对定位是指将两台接收机安置于两个固定不变的待定点上，或将一个点固定于已知点上，另一个点作为流动待定点，经过一段时间的同步观测，可以确定两个点之间的相对位置，从而获得高精度的位置坐标。

4.1.3 GNSS 数据误差

卫星导航系统的误差从来源上可以分为三类：与接收机有关的误差、与卫星有关的误差、与信号传播有关的误差。

与接收机有关的误差包括接收机时钟误差、（接收机天线相位中心相对于测站标识中心的）观测误差和接收天线相位中心偏差。下面对几种常见误差进行说明。与卫星有关的误差包括卫星星历误差、卫星时钟误差、卫星时钟相对论效应等。与信号传播有关的误差包括电离层延迟误差、多径效应误差及对流层延迟误差。

1. 与接收机有关的误差

1）接收机时钟误差

将接收机钟面时与标准北斗时之间存在的时差定义为接收机时钟误差，其一般由接收机内部振荡器漂移所引起。北斗接收机采用高精度石英钟，尽管偏差总量在 1ms 以内，但其所对应的等效距离误差可能达到几百米，这样得到的定位结果远远不能达到精确定位的标准。

2）接收天线相位中心偏差

这种偏差通常由两种情况造成：一是接收机天线理论设计的相位中心与观测站中心之间存在偏差；二是在进行相位观测时实际的相位中心与理论设计存在偏差。

3）观测误差

由于接收机软、硬件性能存在差异以及观测时周围环境的影响，接收机在观测过程中会产生观测噪声误差，其属于随机误差，但观测误差的影响力随观测时间的延长而变弱，因此若观测时间足够长，通常可将观测误差忽略不计。

2. 与卫星有关的误差

1) 卫星星历误差

卫星星历误差也称为卫星轨道误差,是指通过卫星星历携带信息所计算得到的卫星位置信息与卫星真实的位置信息之间存在的偏差。通过信息获得方式不同又可将其分为广播星历和实测星历这两种,其中广播星历通过导航电文传递,实测星历则是通过对实测数据进行拟合而得到。北斗导航系统地面监测站通过导航电文中的星历参数来预测卫星运行轨道,并将数据发送给用户。在观测站之间达到足够近距离的情况下,求差会使卫星星历误差的影响力减弱。

2) 卫星时钟误差

卫星原子钟时间与系统时间的不同步会造成一定偏差,这种偏差便称为卫星时钟误差。但不论卫星原子钟的精度达到多高标准,原子钟都会随着时间推移一直产生频移和频漂,因此原子钟与系统时间不同步的情况仍然存在。当卫星时钟差达到1ms时,所对应的等效测距误差可到几百千米。为了保证定位精度,主控站通过对卫星的监测获得钟差参数,并将其以导航电文的方式播发给用户,此时卫星钟差通常可控制在10ns以内,所对应的等效测距误差在6m左右。

3) 卫星时钟相对论效应

由于卫星时钟与接收机时钟的状态之间存在差异,使得卫星时钟与接收机时钟之间会产生相对误差。卫星时钟比接收机时钟每秒约快0.45ns,为了实现接收机接收到的信号频率与系统设计频率保持一致的状态,可以在卫星发射前适当降低卫星时钟的频率,但相对论效应仍会对此产生影响。

3. 与信号传播有关的误差

1) 电离层延迟误差

电离层是处于地球上空50~1000km高度的大气层。该大气层中的中性分子受太阳辐射的影响发生电离,产生大量的正离子与电子。在电离层中,电磁波的传输速率与电子密度有关。因此直接将真空中电磁波的传播速度乘以信号的传播时间得到的距离,很大可能与卫星至接收机间的真实几何距离不相等,这两种距离上的偏差称为电离层延迟误差。电离层延迟误差是影响卫星定位的主要误差源之一,它引起的距离误差较大,一般在白天可以达到15m的误差,在夜晚则可以达到3m的误差;并且在天顶方向引起的误差最大可达50m。水平方向引起的误差最大可达150m。针对电离层延迟误差的改进措施通常包括利用双频观测、利用电离层模型辅以修正和利用同步观测值求差。

2) 多径效应误差

接收机接收信号时,如果接收机周围物体所反射的信号也进入天线,并且与来自卫星的信号通过不同路径传播且于不同时间到达接收端,反射信号和来自卫星的直达信号相互叠加干扰,使原本的信号失真或者产生错误,造成衰落。这种由于多径信号传播所引起的衰落称作多径效应,也称多路径效应。多径效应误差是卫星导航系统中一种主要的误差源,可造成卫星定位精确度的损害,严重时还将引起信号的失锁。改进措施通常包括将接收机天线安置在远离强发射面的环境、选择抗多径天线、适当延长观测时间、降低周期性影响、改进接收机的电路设计、改进抗多径信号处理和自适应抵消技术。

3) 对流层延迟误差

对流层延迟误差是电磁波信号在通过高度 100km 以下未被电离的中性大气层时所产生的一种信号延迟误差。整个大气质量的 90% 几乎都集中在该大气层中，在对流层中虽有少量带电粒子，但其对电磁波的传播几乎没有什么影响，所以对流层中的大气实际上是中性的，它对频率低于 30GHz 的电磁波传播可认为是非弥散性介质，即电磁波在其中的传播速度与频率无关。对流层折射与地面气候、大气压力、温度及湿度等的变化密切相关，这也使得对流层折射比电离层折射更为复杂。对流层折射误差主要反映在导航卫星信号穿过对流层时，传播路径发生弯曲，从而使测量距离产生偏差。对流层折射与卫星仰角有关，随着仰角的降低，GPS 信号穿越对流层大气的路径长度增加，延迟逐渐增大。标准大气条件下，在中纬度参考海平面上，天顶方向的对流层延迟引入的距离误差约为 2.3m，而在近地面方向时，对流层延迟可达 25m。减弱对流层折射影响的主要措施有：一是采用对流层模型加以改正，其气象参数在测站可直接测定；二是引入描述对流层影响的附加待估参数，并在数据处理中一并求得；三是利用同步观测求差法。

具体误差来源及影响如表 4-3 所示。

表 4-3 定位系统误差来源及影响

误差来源		对测距的影响/m
与接收机有关的误差	接收机时钟误差	1.5～5.0
	接收天线相位中心偏差	
	观测误差	
与卫星有关的误差	卫星星历误差	1.5～15.0
	卫星时钟误差	
	卫星时钟相对论效应	
与信号传播有关的误差	电离层延迟误差	1.5～15.0
	多径效应误差	
	对流层延迟误差	

4.1.4 差分 GNSS 定位技术

减少甚至消除 4.1.3 节所提到的误差是提高定位精度的措施之一，而差分 GNSS 可有效利用已知位置的基准站将公共误差估算出来，通过相关的补偿算法削弱或消除部分误差，从而提高定位精度。差分 GNSS 的基本原理主要是在一定地域范围内设置一台或者多台接收机，将一台已知的精密坐标的接收机作为差分基准站，基准站连续接收 GNSS 信号，与基准站已知的位置和距离数据进行比较，从而计算出差分校正量。然后，基准站就会将此差分校正量发送到其范围内的流动站进行数据修正，从而减少甚至消除卫星时钟、卫星星历、电离层延迟与对流层延迟所引起的误差，提高定位精度。

流动站与差分基准站的距离直接影响差分 GNSS 的效果，流动站与差分基准站的距离越近，两站点之间测量误差的相关性就越强，差分 GNSS 系统性能就越好。

根据差分校正的目标参量的不同,差分 GNSS 主要分为位置差分、伪距差分和载波相位差分。下面将简要介绍位置差分、伪距差分、载波相位差分。

1. 位置差分

位置差分系统如图 4-6 所示。通过在已知坐标点的基准站上安装 GNSS 接收机来对 4 颗或 4 颗以上的卫星进行实时观测,便可以进行定位,得出当前基准站的坐标测量值。实际上由于误差的存在,通过 GNSS 接收机接收的消息解算出来的坐标与基准站的已知坐标是不同的。然后将坐标测量值与基准站实际坐标值的差值作为差分校正量。基准站利用数据链将所得的差分校正量发送给流动站,流动站利用接收到的差分校正量与自身 GNSS 接收机接收到的测量值进行坐标修改。位置差分是一种最简单的差分方法,其传输的改正数少,计算简单,并且任何一种 GNSS 接收机均可改装和组成这种差分系统。但由于流动站与基准站必须观测同一组卫星,因此位置差分法的应用范围受到距离上的限制,通常流动站与基准站间距离不超过 100km。

2. 伪距差分

如图 4-7 所示,伪距差分技术是在一定范围的定位区域内,设置一个或多个安装 GNSS 接收机的已知点作为基准站。连续跟踪、观测所有在信号接收范围内的 GNSS 卫星伪距,通过在基准站上利用已知坐标求出卫星到基准站的真实几何距离,并将其与观测所得的伪距比较,然后通过滤波器对此差值进行滤波并获得其伪距修正值。接下来,基准站将所有的伪距修正值发送给流动站,流动站利用这些误差值来改正 GNSS 卫星传输测量伪距。最后,用户利用修正后的伪距进行定位。伪距差分的基准站与流动站的测量误差与距离存在很强的相关性,故在一定区域范围内,流动站与基准站的距离越小,其使用 GNSS 差分得到的定位精度就会越高。

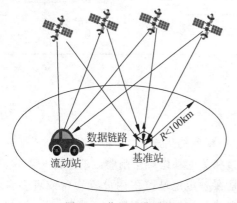

图 4-6 位置差分系统

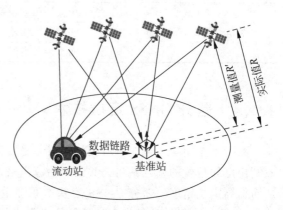

图 4-7 伪距差分系统

伪距差分解算原理如下。

由 4.1.3 节可知由于各种误差因素的存在,通过实际测量得到的卫星与接收机之间的距离与其之间的几何距离会有偏差。实际操作中获得距离称为伪距,一般将卫星信号在空间中的传播时间乘以光速可得伪距观测值。如图 4-8 所示,假设卫星在自身卫星时钟的参考下播发卫星信号,将信号发出的时刻记为 t_s,卫星接收机根据自身接收机时钟接收到卫星信号的时刻记为 t_μ,则伪距观测值 ρ 可表示如下:

$$\rho = c(t_\mu - t_s) \tag{4-1}$$

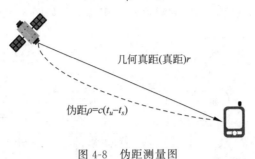

图 4-8 伪距测量图

由于卫星信号在被发出时和被接收时所参考的时钟不一致,以北斗卫星导航系统为例,假设在北斗时为 t 时刻时,接收机参考时钟记为 $t_\mu(t)$,卫星参考时钟记为 $t_s(t)$,接收机时钟误差用符号表示 $\delta t_\mu(t)$,卫星时钟误差用符号表示 $\delta t_s(t)$,那么接收机时钟误差和卫星时钟误差分别满足以下所示关系:

$$t_\mu(t) = t + \delta t_\mu(t) \tag{4-2}$$

$$t_s(t) = t + \delta t_s(t) \tag{4-3}$$

在卫星信号发射时刻和接收时刻与北斗时同步的情况下,伪距观测量的表达式可表示如下:

$$\rho(t) = c \cdot (t_\mu(t) - t_s(t - \tau)) \tag{4-4}$$

在 4.1.3 节误差来源分析中可知电离层和对流层在信号传输过程中会给其带来延时误差,从而对伪距观测值产生影响,但由于电离层延时和对流层延时都可经过数学模型或者测量而得到,将这部分误差看成已知量,因此伪距表达式可以表示如下:

$$\rho' = r + c \cdot \delta t_\mu + \varepsilon_\rho \tag{4-5}$$

其中,ρ' 表示经过模型校正后的伪距观测值,ε_ρ 表示伪距测量误差,在计算中可忽略。因此在式(4-5)中可以看出只有卫星位置坐标和接收机时钟误差两个未知量。可表示为简化后的伪距观测方程,每当实现对一颗卫星的观测便能得到相对应的一个伪距观测方程,因此对于多颗卫星,伪距观测方程列为如下形式:

$$\rho'^{(n)} = r^{(n)} + c \cdot \delta t_\mu + \varepsilon_\rho^{(n)} \tag{4-6}$$

其中,n 表示每颗卫星所对应的编号,$n = 1, 2, 3, \cdots, N$。假设接收机的空间位置坐标用 x, y, z 来表示,卫星三维空间坐标用 $(X^{(n)}, Y^{(n)}, Z^{(n)})$ 来表示,那么伪距观测方程组表达式如下:

$$\begin{cases} \sqrt{(X^{(1)} - x)^2 + (Y^{(1)} - y)^2 + (Z^{(1)} - z)^2} + c \cdot \delta t_\mu = \rho'^{(1)} \\ \sqrt{(X^{(2)} - x)^2 + (Y^{(2)} - y)^2 + (Z^{(2)} - z)^2} + c \cdot \delta t_\mu = \rho'^{(2)} \\ \sqrt{(X^{(n)} - x)^2 + (Y^{(n)} - y)^2 + (Z^{(n)} - z)^2} + c \cdot \delta t_\mu = \rho'^{(n)} \end{cases} \tag{4-7}$$

卫星的三维空间位置坐标 $(X^{(n)}, Y^{(n)}, Z^{(n)})$ 可根据各个卫星信号的星历参数求解得到,属于已知量,北斗接收机三维空间位置坐标 (x, y, z) 和接收机时钟误差 δt_μ 四个未知数便可由一个四元非线性方程组求出,因此伪距定位解算需要 4 颗或 4 颗以上的播发卫星参与定位,北斗定位解算算法的实质便是求解四元非线性方程组。

由 4.1.3 节可知,接收机只要从卫星信号中获取到可见卫星的三维空间位置信息以及伪距观测值信息,便能够根据相关算法解算出用户接收机的实际位置。这一定位解算功能的实现是一个非常复杂的过程,具体的解算模块实现流程如图 4-9 所示。

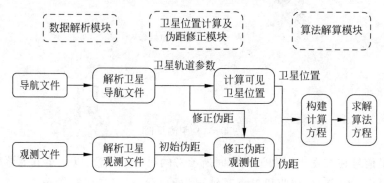

图 4-9 解算模块实现流程

定位解算流程分为三个模块,分别为数据解析模块、卫星位置计算及伪距修正模块、算法解算模块。首先对原始卫星信号发送的导航电文进行解析,从中获得卫星轨道参数和伪距观测量初始值,并据此计算得到卫星空间位置坐标,并根据伪距修正模型对伪距参数误差进行修正,然后将卫星三维空间位置坐标和修正后的伪距观测值结合组成伪距观测方程,最后选择合适的解算算法求解未知量便可得到用户接收机的位置信息。

3. 载波相位差分

GNSS 位置差分技术与伪距差分技术都能基本满足定位导航等的定位精度需求。但应用在自动驾驶中还远远不够,因此需要更加精准的 GNSS 差分技术,即载波相位差分技术。载波相位实现差分的方法有修正法和差分法。修正法与伪距差分类似,由基准站将载波相位修正量发送给流动站,以改正其载波相位观测值,然后得到自身的坐标。差分法是将基准站观测的载波相位测量值发送给流动站,使其自身求出差分修正量,从而实现差分定位。载波差分技术的根本是实时处理两个测站的载波相位。与其他差分技术相比,载波相位差分技术中基准站不直接传输关于 GNSS 测量的差分校正量,而是发送 GNSS 的测量原始值。流动站收到基准站的数据后,与自身观测卫星的数据组成相位差分观测值,利用组合后的测量值求出基线向量完成相对定位,进而推算出测量点的坐标。

然而,在使用载波差分法进行相位测量时,每一个相位的观测值都包含有无法直接观测载波的未知整周期数,称为相位整周模糊度。如何正确确定相位整周模糊度是载波相位测量求解中最重要,也是最棘手的问题。求解相位整周模糊度分为有初始化方法和无初始化方法。前者要求具有初始化过程,即对流动站进行一定时间的固定观测,一般需要 15min,利用静态相对测量软件进行求解,得到每颗卫星的相位整周模糊度并固定此值,便于在以后的动态测量中将此相位整周模糊度作为已知量进行求解。后者虽然称为无初始化,但实际上仍需要时间较短的初始化过程,一般只需 3~5min,随后快速求解相位整周模糊度。因此两种求解相位整周模糊度的方法都需要具备初始化过程,并且在初始化后必须保持卫星信号不失锁,否则,就要回到起算点重新进行捕捉和锁定。

RTK 是一种利用接收机实时观测卫星信号载波相位的技术,结合了数据通信技术与卫星定位技术,采用实时解算和数据处理的方式,能够实现为流动站提供在指定坐标系中的实时三维坐标点,在极短的时间内实现高精度的位置定位。常用的 RTK 定位技术分为常规 RTK 和网络 RTK。

1) 常规 RTK。

常规 RTK 系统如图 4-10 所示。常规 RTK 定位技术是一种基于 GNSS 高精度载波相位观测值的实时动态差分定位技术,也可用于快速静态定位。采用常规 RTK 进行定位工作时,除需配备基准站接收机和流动站接收机外,还需要数据通信设备,基准站通过数据链路将自己所获得的载波相位观测值及站坐标实时播发给在其周围工作的动态用户。流动站数据处理模块则通过动态差分定位的方式,确定流动站相对于基准站的位置,并根据基准站的坐标得到自身的瞬时绝对位置。

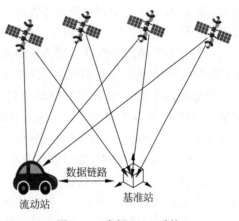

图 4-10 常规 RTK 系统

显然,常规 RTK 定位技术虽然可以满足很多应用的要求,但流动站与基准站的距离不能过远,当距离大于 50km 时,常规 RTK 一般只能达到分米级的定位精度。因此,常规 RTK 并不能完全满足自动驾驶系统对汽车、车道及障碍物的厘米级定位需求。

2) 网络 RTK。

(1) 网络 RTK 原理。网络 RTK 也称多基准站 RTK。网络 RTK 系统如图 4-11 所示。网络 RTK 属于实时载波相位双差定位,是近年来一种基于常规 RTK 和差分 GNSS 技术等发展起来的实时动态定位新技术。网络 RTK 是指在某一区域内由若干固定的、连续运行的 GNSS 基准站形成一个基准站网络,对区域内全方位覆盖,并以这些基准站中的一个或多个为基准,为该地区内的 GNSS 用户实现实时、高精度定位提供 GNSS 误差改正信息。

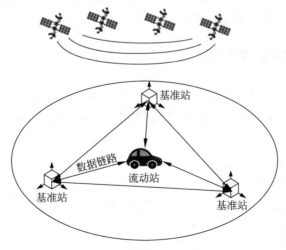

图 4-11 网络 RTK 系统

网络 RTK 技术与常规 RTK 技术相比,覆盖范围更广、作业成本更低、定位精度更高、用户定位的初始化时间更短。

(2) 网络 RTK 系统。它是网络 RTK 技术的应用实例,主要包括固定的基准站网、负责数据处理的控制中心部分、数据播发中心、数据链路和用户站。其中,基准站网由若干基准站组成,每个基准站都配备有双频全波长 GNSS 接收机、数据通信设备和气象仪器等。通过长时间 GNSS 静态相对定位等方法可以精确得到基准站的坐标,基准站 GNSS 接收机按一定采样率进行连续观测,通过数据链路将观测数据实时传送给数据处理中心,数据处理中心首先对各个站的数据进行预处理和质量分析,然后对整个基准站网的数据进行统一解算,实时估计出网内的各种系统误差的改正项(电离层、对流层和轨道误差),并建立误差模型。

根据通信方式的不同,可将网络 RTK 系统分为单向数据通信和双向数据通信。在单向数据通信中,数据处理中心直接通过数据播发设备把误差参数广播出去,用户收到这些误差改正参数后,根据自己的坐标和相应的误差改正模型计算出误差改正数,从而进行高精度定位。在双向数据通信中,数据处理中心对流动站的服务请求进行实时侦听,并接收来自流动站的近似坐标,根据流动站的近似坐标和误差模型,求出流动站处的误差后,直接将改正数或者虚拟观测值播发给用户。基准站与数据处理中心间的数据通信可采用无线通信等方法进行。流动站和数据处理中心间的双向数据通信则可通过 V2X 等车联网通信技术实现。

4.2 惯性导航系统

惯性是所有质量体本身的基本属性。建立在牛顿定律基础上的惯性导航系统不与外界发生任何光电联系,仅靠系统本身就能对汽车进行连续的三维定位和三维定向。由于惯性导航系统这种能自主地、隐蔽地获取汽车完备运动信息的优势是诸如 GNSS 等其他定位系统无法比拟的,因此惯性导航系统一直是自动驾驶中获取汽车位姿数据的重要手段。

惯性导航定位是一门跨多学科的技术,涉及近代数学、物理学、力学、光学、材料学、微电子和计算机等诸多领域,内容较为丰富。本节将从系统构成、工作原理、误差分析及微分方程等方面对惯性导航定位系统进行介绍。

4.2.1 惯性导航系统简介

惯性导航系统是一种不依赖于外部信息,也不向外部辐射能量的自主式导航系统。其主要由惯性测量单元、信号预处理和机械力学编排三个模块组成,如图 4-12 所示。

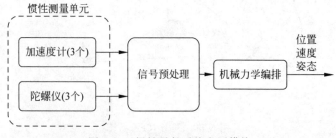

图 4-12 惯性导航系统主要模块

一个惯性测量单元包括三个相互正交的单轴加速度计（Accelerometer）和三个相互正交的单轴陀螺仪（Gyroscope）。信号预处理部分对惯性测量单元输出信号进行信号调理、误差补偿并检查输出量范围等，以确保惯性测量单元正常工作。惯性导航系统根据机械力学编排形式的不同，可分为平台式惯性导航系统和捷联式惯性导航系统。

平台式惯性导航系统是将陀螺仪和加速度计等惯性测量单元通过支架平台与载体固连的惯性导航系统。惯性测量单元固定在平台台体上，系统的敏感轴能直接模拟导航坐标系，这就保证了敏感轴的准确指向，并且隔离了载体的角运动，给惯性测量单元提供了较好的工作环境，使得系统的精度较高，但平台台体也直接导致了系统结构复杂、体积大、制造成本高等不足。捷联式惯性导航系统是把惯性测量单元直接固连在载体上，用计算机来完成导航平台功能的惯性导航系统。载体转动时系统的敏感轴也跟随转动，通过计算载体的姿态角就能确定出惯性测量单元敏感轴的指向，然后将惯性测量单元测量得到的载体运动信息变换到导航坐标系上即可进行航迹递推。基于成本控制考虑，当前自动驾驶领域常用捷联式惯性导航系统。

4.2.2 惯性导航系统工作原理

惯性导航系统是一种以陀螺仪和加速度计为感知元件的导航参数解算系统，应用航迹递推算法提供位置、速度和姿态等信息。汽车行驶数据的采集由以陀螺仪和加速度计组成的惯性测量单元来完成。通常说"用加速度计测量载体的运动加速度"，实际上这个说法并不确切，因为加速度计测量的并不是载体的运动加速度，而是载体相对惯性空间的绝对加速度和重力加速度之和，称作"比力"。从加速度计的工作原理可知，加速度计可以输出沿敏感轴方向的比力，其中含有载体绝对加速度。同样地，陀螺仪可以输出车体相对于惯性坐标示的角加速度信号。以上两个惯性传感器组的敏感轴是相互平行的，共享惯性传感器组的原点和敏感轴。因此，如果在汽车上能得到互相正交的三个敏感轴上的加速度计和陀螺仪输出，同时又已知敏感轴的准确指向，就可以掌握汽车在三维空间内的运动加速度和角输出。

惯性导航系统工作原理基于牛顿第二运动定律，其说明了加速度的大小与作用力成正比，方向与作用力的方向相同，数学表达式为

$$F = ma \tag{4-8}$$

惯性导航系统利用载体先前的位置、惯性测量单元测量的加速度来确定当前位置。其中，速度 v 和偏移量 s 都可以通过对加速度 a 的积分得到。加速度 a 经过积分得到速度 v，经过二重积分得到偏移量 s。相反，速度和加速度也可以通过对位移的微分而估算得到。

$$v = \int a\,dt$$
$$s = \int v\,dt = \int a\,dt\,dt \tag{4-9}$$

$$v = \frac{ds}{dt}, \quad a = \frac{dv}{dt} = \frac{d^2 s}{dt^2} \tag{4-10}$$

类似地，汽车的俯仰、偏航、翻滚等姿态信息都可以通过对角加速度的积分得到。利用姿态信息可以把导航参数从惯性坐标系变换到导航坐标系中。

综上，惯性导航系统可以说是一个由惯性测量单元和积分器组成的积分系统。该系统

通过陀螺仪测量载体旋转信息求解得到载体的姿态信息,再将加速度计测量得到的载体比力信息转换到导航坐标系进行加速度信息的积分运算,就能推算出汽车的位置和姿态信息。

从一个已知的坐标位置开始,根据载体在该点的航向、航速和航行时间,推算下一时刻该坐标位置的导航过程称为航迹递推。航迹递推是一种非常原始的定位技术,最早是海上船只根据罗经和计程仪所指示的航向、航程以及船舶操纵要素与风流要素等,在不借助外界导航物标的条件下求取航迹和船位,逐渐演化成如今自动驾驶汽车定位技术中最常用的方法。

正如前面所提到的,惯性导航定位基于一个简单的原理,那就是位置的差异可以由一个加速度的双重积分得到,可以被描述为在一个稳定坐标系下并且被明确定义的与时间相关的函数,可表述为

$$\delta s = s_t - s_0 = \int_0^t \int_0^t a_t \, \mathrm{d}t \, \mathrm{d}t \tag{4-11}$$

式中,s 为初始位置,a_t 是在 s_t 规定的坐标系中的惯性测量单元测量得到的沿运动方向的加速度。接下来介绍一维航迹递推和二维航迹递推的导航例子,然后,简要叙述三维航迹递推的基本思路。

1. 一维航迹递推

对于一维航迹递推,考虑在直线(即在一个固定的方向)上移动的场景。要在这种情况下进行航迹递推,只需要将一个加速度计安装在汽车上,并使加速度计的敏感轴方向与汽车运动方向一致,即可得到速度和位置。

已知汽车的初始位置 s_0 初始速度 v_0,通过对加速度 a 进行积分即可得到汽车在 t 时刻的速度 v_t,即

$$v_t = \int a \, \mathrm{d}t = at + v_0 \tag{4-12}$$

对速度 v_t 进行积分得到汽车在 t 时刻的位置 s_t:

$$s_t = \int v_t \, \mathrm{d}t = \int (at + v_0) \, \mathrm{d}t = \frac{1}{2}at^2 + v_0 t + s_0 \tag{4-13}$$

2. 二维航迹递推

航迹递推从一维拓展到二维的难点主要在于需要将惯性坐标系(坐标轴为 X、Y,X 轴与汽车航向保持一致)下的加速度变换到一个与地球固连的坐标系下,常用的是地理坐标系,也称为导航坐标系(坐标轴为 E、N,N 轴与地理北向保持一致)。

在二维航迹递推中,将汽车看作是在二维平面 (x, y) 上的运动,需要已知汽车的起始点 (x_0, y_0) 和起始航向角 A_0。通过实时检测汽车在 x、y 两个方向上的行驶距离和航向角的变化,即可实时推算汽车的二维位置。图 4-13 是将曲线运动近似为直线运动的捷联式惯性导航二维航迹递推示意图,θ 表示汽车与北向间的夹角。在进行类似一维航迹递推中的积分运算前,需要将惯性测量单元的输出转换到导航坐标系中。汽车转弯将使陀螺仪产生一个相对于导航坐标系方向角变化的角速度 ω,结合初始航向角 A_0 对陀螺仪测量得到的角速度进行积分可以得到

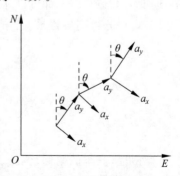

图 4-13 捷联式惯导二维航迹递推示意图

航向角 A_t。

$$A_t = \int \omega \mathrm{d}t + A_0 \tag{4-14}$$

汽车速度变化将产生 IMU 坐标系下的加速度 a_y,但是推算需要的是在导航坐标系中的加速度 a_N,使用航向角 A_t 可以将惯性测量单元的测量信息转换到导航坐标系中,坐标系的转换如图 4-14 所示。

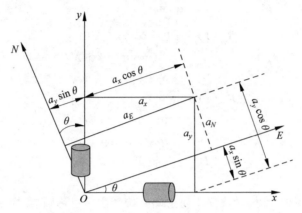

图 4-14 惯性坐标系到导航坐标系的转换

IMU 坐标轴 x、y 与导航坐标轴 E、N 存在夹角 θ,因此加速度 a_E 与加速度 a_N 可以写为

$$a_E = a_y \sin\theta + a_x \cos\theta \tag{4-15}$$

$$a_N = a_y \cos\theta - a_x \sin\theta \tag{4-16}$$

矩阵形式为

$$\begin{pmatrix} a_E \\ a_N \end{pmatrix} = \begin{pmatrix} \cos\theta & \sin\theta \\ -\sin\theta & \cos\theta \end{pmatrix} \begin{pmatrix} a_x \\ a_y \end{pmatrix} \tag{4-17}$$

得到导航坐标系中的加速度,即可对其积分得到速度

$$\begin{cases} V_E = \int (a_y \sin\theta + a_x \cos\theta) \mathrm{d}t \\ V_N = \int (a_y \cos\theta - a_x \sin\theta) \mathrm{d}t \end{cases} \tag{4-18}$$

再进行积分,得到导航坐标系中的位置

$$\begin{cases} X_E = \iint (a_y \sin\theta + a_X \cos\theta) \mathrm{d}t \mathrm{d}t \\ X_N = \iint (a_y \cos\theta - a_x \sin\theta) \mathrm{d}t \end{cases} \tag{4-19}$$

矩阵形式为

$$\begin{pmatrix} x_E \\ x_N \end{pmatrix} = \begin{pmatrix} \cos\theta & \sin\theta \\ -\sin\theta & \cos\theta \end{pmatrix} \begin{pmatrix} a_x \\ a_y \end{pmatrix} \mathrm{d}t \mathrm{d}t \tag{4-20}$$

3. 三维航迹递推

三维航迹递推需要三个陀螺仪来测量载体相对于惯性空间的旋转角速率,需要三个加

速度计来测量载体相对惯性空间受到的比力。载体的合加速度是重力加速度和其他外力产生的加速度的合成。为了消除重力加速度分量，须知道加速度计相对于重力方向的角度，这个可以由解算的姿态矩阵给出。与二维航迹递推类似，对陀螺仪测量的角速度进行积分可以得到三个姿态角，去掉重力加速度的同时通过三维旋转矩阵将加速度计测量值投影到导航坐标系中。下面给出基础三维旋转矩阵，其中 γ、α、β 分别对应三个姿态角翻滚角、俯仰角、航向角，下式表示绕 x、y、z 轴旋转 γ、α、β 角的旋转矩阵。

$$\boldsymbol{R}_x(\gamma) = \begin{pmatrix} 1 & 0 & 0 \\ 0 & \cos\gamma & \sin\gamma \\ 0 & -\sin\gamma & \cos\gamma \end{pmatrix} \tag{4-21}$$

$$\boldsymbol{R}_y(\alpha) = \begin{pmatrix} \cos\alpha & 0 & -\sin\alpha \\ 0 & 1 & 0 \\ \sin\alpha & 0 & \cos\alpha \end{pmatrix} \tag{4-22}$$

$$\boldsymbol{R}_z(\beta) = \begin{pmatrix} \cos\beta & \sin\beta & 0 \\ -\sin\beta & \cos\beta & 0 \\ 0 & 0 & 1 \end{pmatrix} \tag{4-23}$$

上述基础旋转矩阵，其旋转次序不可忽略。旋转次序也称顺规，顺规可以自由组合。对于 γ、α、β 角，在不同的顺规中有不同的复合旋转矩阵结果，例如先绕 x 轴旋转 γ，或者先绕 y 轴旋转 β，最后会得出不同的复合旋转矩阵。一般情况下不同顺规完成的旋转效果相同，但当 y 轴旋转 90°时，会导致 x 轴和 z 轴重合而失去 x 轴的自由度，即万向节死锁（Gimbal Lock）。下面举例说明复合旋转矩阵的计算，zyx 顺规下的复合旋转矩阵为

$$\begin{aligned}\boldsymbol{R}(\gamma,\alpha,\beta) &= \boldsymbol{R}_x(\gamma)\boldsymbol{R}_y(\alpha)\boldsymbol{R}_z(\beta) \\ &= \begin{pmatrix} \cos\alpha\cos\beta & \cos\alpha\sin\beta & -\sin\alpha \\ -\cos\gamma\sin\beta+\sin\gamma\sin\alpha\cos\beta & \cos\gamma\cos\beta+\sin\gamma\sin\alpha\sin\beta & \sin\gamma\cos\alpha \\ \sin\gamma\sin\beta+\cos\gamma\sin\alpha\cos\beta & -\sin\gamma\cos\beta+\cos\gamma\sin\alpha\sin\beta & \cos\gamma\cos\alpha \end{pmatrix}\end{aligned}$$
$$\tag{4-24}$$

结合初始航向角，对这三个加速度做三次积分可得到三维的速度信息，通过两次积分可得到三维的位置信息。

4.2.3 惯性导航系统的误差分析

相比于其他导航系统，惯性导航系统不与外界发生任何光电联系，仅靠系统本身就能对汽车进行连续三维定位和定向，其通过在内部所感知到的情况来推断外面的情况，使得惯性导航被称为"在盒子里导航"或"黑盒导航"。惯性导航系统中既有电子设备，又有机械结构，在外部冲击、振动等力学环境中，除了需要的加速度和角速度之外，还有很多误差源。本节介绍随机误差和固定误差。

1. 随机误差

1）传感器白噪声误差

该噪声通常与电子噪声合在一起，可能是来自电源、半导体设备内部的噪声或数字化过

程中的量化误差。

2) 变温误差

传感器偏差的变温误差类似时变的加性噪声源,是由外部环境温度变化或内部热分布变化引起的。

3) 传感器随机游动误差

在惯性测量单元中,对随机游动噪声有具体要求,但大多数都针对其输出的积分,而不是输出本身。例如,来自速率陀螺仪的"角度随机游走"等同于角速度输出白噪声的积分。类似地,加速度计的"速度随机游走"等同于加速度计输出白噪声的积分。随机游动误差随着时间线性增大,其功率谱密度也随之下降。

4) 谐波误差

由于热量传输延迟,因此温度控制方法(如通风与空调系统)经常引入循环误差,这些都可在传感器输出中引入谐波误差,谐波周期取决于设备的尺寸大小。同样,主载体的悬挂和结构共振也引入了谐波加速度,它会对传感器中的加速度敏感误差源产生影响。

5) 闪烁噪声误差

闪烁噪声是陀螺仪零偏随时间漂移的主要因素。多数电子设备中都存在这种噪声,该噪声通常模型化为白噪声和随机游动的组合。

2. 固定误差

与随机误差不同,固定误差是可重复的传感器输出误差。常见的传感器误差包括:偏差,即输入为零时传感器的任何非零的输出;尺度因子误差,常来自标定误差;非线性,不同程度地存在于多种传感器中;尺度因子符号不对称性,来自不匹配的推挽式的放大器;死区误差,通常由机械静摩擦力或死锁引起;量化误差,这在所有数字系统中是固有的,由于它可能存在于标准化环境中,当输入不变时它可能不是零均值的。

4.2.4 惯性导航微分方程

惯性导航微分方程是惯性导航最为基础的方程,也称为惯性导航方程或惯性导航机械编排方程。惯性导航微分方程实质上是一个微分方程组,当知道初始条件后,可求解这个微分方程组。采用"东北天"地理坐标系(n系)获得的导航参数更加直观,本书以"东北天"地理坐标系为导航坐标系。本书中参数上标表示其所在的参考坐标系,例如:v^n表示运动载体在n系的速度向量。

1. 位置微分方程

用来表征系统在当前坐标系所在位置信息的方程称为位置微分方程,具体方程式如下:

$$\dot{r}^n = v^n \tag{4-25}$$

式中,r^n表示运动载体在n系的位置向量,$\dot{r}^n$表示位置向量对时间的一阶导数,v^n表示运动载体在n系的速度向量。若运动载体的位置用经度、纬度和高度表示,则运动载体的位置微分方程可以表示为

$$\begin{cases} \dot{\lambda} = \dfrac{v_E}{(R_M + h)\cos L} \\ \dot{L} = \dfrac{v_N}{R_N + h} \\ \dot{h} = v_U \end{cases} \tag{4-26}$$

式中，R_M、R_N 分别表示地球卯酉圈曲率半径和子午圈曲率半径。λ、L、h 分别表示运动载体的地理经度、地理纬度和高度，$\dot{\lambda}$、$\dot{L}$、$\dot{h}$ 分别表示地理经度、地理纬度和高度对时间的一阶导数。v_E、v_N、v_U 分别表示速度向量沿东向、北向、垂向的分量。

2. 速度微分方程

用来表征系统在当前坐标系所在位置速度信息的方程称为速度微分方程，具体方程式如下：

$$\dot{\boldsymbol{v}}^n = f_{ib}^n - (2\boldsymbol{\omega}_{ie}^n + \boldsymbol{\omega}_{en}^n) \times \boldsymbol{v}^n + g^n \tag{4-27}$$

式中，$\dot{\boldsymbol{v}}^n$ 表示在 n 系下的速度向量对时间的一阶导数，g^n 是运动载体在 n 系中的重力，f_{ib}^n 可表示为

$$f_{ib}^n = \boldsymbol{C}_b^n f_{ib}^b \tag{4-28}$$

式中，f_{ib}^b 是运动载体在 b 系中的比力值，即加速度计提供运动载体的比力测量值，$\boldsymbol{C}_b^n$ 是载体坐标系到导航坐标系的方向余弦矩阵，f_{ib}^n 是运动载体在 n 系中的比力值，即加速度计测量的比力值 f_{ib}^b 在导航坐标系中的分解。$\boldsymbol{\omega}_{ie}^n$ 表示 n 系中地球的自转角速度向量，可表示为

$$\boldsymbol{\omega}_{ie}^n = \boldsymbol{C}_e^n \boldsymbol{\omega}_{ie}^e \tag{4-29}$$

式中，$\boldsymbol{\omega}_{ie}^e$ 是 e 系中的地球自转角速度向量，即

$$\boldsymbol{\omega}_{ie}^e = (0 \quad 0 \quad \omega_{ie})^T \tag{4-30}$$

将式(4-30)代入式(4-29)，可得 n 系中地球的自转角速度向量

$$\boldsymbol{\omega}_{ie}^n = (0 \quad \omega_{ie}\cos L \quad \omega_{ie}\sin L)^T \tag{4-31}$$

$\boldsymbol{\omega}_{en}^n$ 表示 n 系相对于 e 系的转动角速度，其值可用经度、纬度和高度来表示

$$\omega_{en}^n = \left(\dfrac{-v_N}{R_N + h} \quad \dfrac{v_E}{R_M + h} \quad \dfrac{v_E \tan L}{R_M + h} \right) \tag{4-32}$$

3. 姿态微分方程

用来表征系统在当前坐标系所在姿态信息的方程称为姿态微分方程，具体方程式如下：

$$\dot{\boldsymbol{C}}_b^n = \boldsymbol{C}_b^n \boldsymbol{\Omega}_{nb}^b = \boldsymbol{C}_b^n (\boldsymbol{\omega}_{nb}^b) \tag{4-33}$$

式中，$\boldsymbol{\Omega}_{nb}^b$ 是由运动载体相对于导航坐标系的角速度 $\boldsymbol{\omega}_{nb}^b$ 构成的斜对称矩阵。ω_{nb}^b 是陀螺仪提供运动载体的角速度测量值 ω_{ib}^b 在导航坐标系的分解量，可表示为

$$\boldsymbol{\omega}_{nb}^b = \boldsymbol{\omega}_{ib}^b - \boldsymbol{C}_n^b (\boldsymbol{\omega}_{ie}^n + \boldsymbol{\omega}_{en}^n) \tag{4-34}$$

$\boldsymbol{\Omega}_{nb}^b$ 是一个斜对称矩阵，由 $\boldsymbol{\omega}_{nb}^b$ 的元素构成。若将 $\boldsymbol{\omega}_{nb}^b$ 表示为 $\boldsymbol{\omega}_{nb}^b = (\omega_x \quad \omega_y \quad \omega_z)^T$，则 $\boldsymbol{\Omega}_{nb}^b$ 可表示为

$$\boldsymbol{\Omega}_{nb}^{b} = \begin{pmatrix} 0 & -\omega_z & \omega_y \\ \omega_z & 0 & -\omega_x \\ -\omega_y & \omega_x & 0 \end{pmatrix} = \boldsymbol{\omega}_{nb}^{b} \tag{4-35}$$

4.3 高精度地图技术

高精度地图以精细化描述道路及其车道线、路沿、护栏、交通标志牌和动态信息为主要内容,具有精度高、数据维度多、时效性高等特点,为自动驾驶汽车的定位、规划、决策、控制等应用提供安全保障,是自动驾驶解决方案的核心和基础。以下将从高精度地图简介、关键技术和SLAM技术三部分进行讲解。

4.3.1 高精度地图简介

高精度地图也称为高分辨率地图(High Definition Map,HDMap)或高度自动驾驶地图(Highly Automated Driving Map,HADMap)。高精度地图与普通导航地图不同,其主要面向自动驾驶汽车,通过一套特有的定位导航体系,协助自动驾驶系统解决性能限制问题,拓展传感器检测范围。下面将从高精度地图的分层架构、高精度地图对自动驾驶的价值和高精度地图行业现状三方面进行介绍。

1. 高精度地图的分层架构

通俗来讲,高精度地图是比普通导航地图精度更高、数据维度更广的地图,其精度更高体现在地图精度精确到厘米级,数据维度更广体现在地图数据除道路信息之外还包括与交通相关的周围静态信息,普通导航地图与高精度地图对比如图4-15和图4-16所示。

图4-15 普通导航地图示例

高精度地图主要由静态数据和动态数据构成,其中静态数据包括道路层、车道层、交通设施层等图层信息;动态数据包括实时路况层、交通事件层等图层信息。与此同时,高精度地图作为普通导航地图的延伸,在精度、使用对象时效性及数据维度等方面与普通导航地图不同。

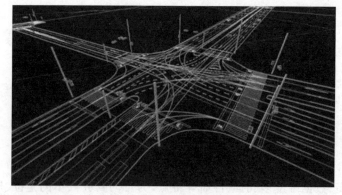

彩图 4-16

图 4-16　高精度地图示例

（1）精度。

普通导航地图精度一般达到米级；高精度地图精度达到厘米级。

（2）使用对象。

普通导航地图面向人类驾驶员；高精度地图面向机器。

（3）时效性。

对于静态数据，普通导航地图更新要求一般在月度或季度级别；高精度地图为保证自动驾驶的安全性，一般要求周级或天级更新。对于动态数据，普通导航地图不做要求；高精度地图要求车道级路况或交通事件等信息实时更新。

（4）数据维度。

普通导航地图只记录道路级别的数据，如道路等级、几何形状、坡度、曲率、方向等；高精度地图在普通导航地图基础上不仅增加了车道及车道线类型、宽度等属性，更有诸如护栏、路沿、交通标志牌、信号灯和路灯等详细信息。

2. 高精度地图对自动驾驶的价值

高精度地图作为自动驾驶的稀缺资源和必备构件，能够满足自动驾驶汽车在行驶过程中地图辅助环境感知、辅助定位、辅助路径规划和辅助控制的需要，并在每个环节都发挥着至关重要的作用。

1）辅助环境感知

传感器作为自动驾驶的"眼睛"，有其局限性，如易受恶劣天气的影响等。高精度地图可以对传感器无法探测或探测精度不够的部分进行补充，实现实时状况的监测及外部信息的反馈，进而获取当前位置精准的交通状况。通过对高精度地图模型的提取，可以将汽车周边的道路、交通设施、基础设施等元素之间的拓扑结构提取出来。如果自动驾驶汽车在行驶过程中检测到高精度地图中不存在的元素，则一定程度上可将这些元素视为障碍物。通过这一方式，可帮助感知系统识别周围环境，提高检测精确度和检测速度并节约计算资源。辅助环境感知如图 4-17 所示。

图 4-17　辅助环境感知

2) 辅助定位

由于存在各种定位误差,地图上的移动汽车并不能与周围环境始终保持正确的位置关系,在汽车行驶过程中,利用地图匹配可精确定位汽车在车道上的具体位置,从而提高汽车定位的精度。相较于更多地依赖于 GNSS 提供定位信息的普通导航地图,高精度地图更多地依靠其准确且丰富的先验信息(如车道形状、曲率和标志牌等),通过结合高维度的数据与高效率的匹配算法,能够实现更高精度的匹配与定位。

3) 辅助路径规划

普通导航地图仅能给出道路级的路径规划,而高精度地图的路径规划导航能力则提高到了车道级,例如高精度地图可以确定车道的中心线,可以保证汽车尽可能地靠近车道中心行驶。在人行横道、低速限制或减速带等区域,高精度地图可使汽车能够提前查看并预先减速。对于汽车行驶附近的障碍物,高精度地图可帮助自动驾驶汽车缩小路径选择范围,以便选择最佳避障方案。辅助路径规划如图 4-18 所示。

图 4-18　辅助路径规划

4) 辅助控制

高精度地图是对物理环境道路信息的精准还原,可为汽车加减速、并道和转弯等驾驶决策控制提供关键道路信息。另外,高精度地图能给汽车提供超视距的信息,并与其他传感器形成互补,辅助系统对汽车进行控制。高精度地图为汽车提供了精准的预判信息,具有提前辅助其控制系统选择合适的行驶策略等功能,有利于减少车载计算压力和突破计算性能瓶颈,使控制系统更多关注突发状况,为自动驾驶提供辅助控制能力。因此,在提升汽车安全性的同时,有效降低了车载传感器和控制系统的成本。

3. 高精度地图行业现状

近年来,汽车工业伴随着智能化、网联化的新技术浪潮进入了全新的发展阶段,充满机遇也充满挑战。自动驾驶技术研究逐渐受到各个科技强国的重视,美、日、德等传统汽车工业强国甚至将发展自动驾驶汽车提升为国家战略。为了抓住这一技术革新的机会,我国政府也提出了"中国制造 2025"及"互联网+"的发展战略,大力推动产业转型升级和结构优化调整。汽车产业作为国民经济的支柱产业,其自身规模大、带动效应强国际化程度高、技术密集,必将成为新一轮科技革命以及中国制造业转型升级的重要产业。

高精度地图作为自动驾驶不可或缺的资源,随着自动驾驶的快速发展而受到国内外科研机构和各大公司的青睐。在国内,对于高精度地图,采集平台与标准的研究集中在百度、高德和四维图新等公司以及武汉大学、清华大学和上海交通大学等高校。在国外,德国三大车企(宝马、戴姆勒、奥迪)收购 HERE 公司共同构建高精度地图,并在美、法、德、日等多国进行高精度地图采集;美国谷歌公司从事无人车研发,进行了大量的高精度地图采集工作;丰田北美研究院则参考原有低精度地图的信息,将先验的低精度地图信息和传感器采集的高精信息进行融合。下面简要介绍几个主要地图供应商(简称图商)的高精度地图情况。

(1) 百度。

百度作为国内唯一拥有从采集设备到数据制作全流程自主技术研发能力的高精度地图供应商,其采集车包括全景和高精两类,其中全景采集车可满足高级驾驶辅助系统(Advanced Driving Assistant System,ADAS)级别(50cm)的采集需求,车顶搭载 3 台尼康 D810 单反相机,搭配鱼眼镜头,单台可达 3638 万像素,车上配备 GPS 和 IMU;高精采集车在全景基础上增加了 45°角倾斜的激光雷达,利用激光雷达的激光点云数据采集车道线、地面喷漆、立面路牌和城市立交等信息,通过激光点云数据和图片数据融合可进行信息提取,精度可达厘米级。

(2) 高德。

高德地图采集车包括 ADAS 和高度自动驾驶(Highly Automated Driving,HAD)两类。其中 ADAS 采集车安装了 6 个(5 个圆形环绕+1 个单独)CCD 摄像头,每个摄像头均为 500 万像素;HAD 采集车车顶配置两个 RIEGIL 三维激光雷达(一前一后倾斜安装)和 4 个(两前两后)摄像头。摄像机主要负责采集标志牌等道路元素;激光雷达主要采集边缘线和车道线等道路信息。

(3) 四维图新。

四维图新采集车搭载了 32 线激光雷达、全景摄像头、GNSS 及惯导等设备,并通过专有支架进行连接,以便于地图采集员方便、快捷地将普通车辆装裹成具有地图采集能力的专业采集车。

4.3.2 高精度地图关键技术

高精度地图的生产过程中,涉及的关键技术主要集中在图像识别与处理、激光点云处理以及同步定位与地图构建等,这些都是当前各领域的学者专家研究的焦点。同时,基于空中下载技术(Over-the-Air Technology,OTA)的地图数据更新和传感器数据回传等云端服务体系则是高精度地图实时更新的重要保障。

1. 道路元素图像处理

为了给自动驾驶汽车提供道路的拓扑信息和交通约束信息,满足自动驾驶汽车对环境感知的需求,高精度地图的制作需要运用图像处理将道路上的各种道路元素进行识别,并以此进行语义标注,如车道线检测、众包图像数据采集等。通常,道路元素包括如交通标志牌红绿灯、车道线和隔离带等。在进行识别之前由于光线、雨水、车速等环境影响,可能引入噪声或使图像失真,因此,首先需要对图像进行降噪和增强等提高图像质量的预处理。然后,利用这些道路元素的颜色位置和大小等先验知识提取其特征,再基于这些特征进行识别并进行分类,完成语义的标注。为了让读者能够尽快熟悉道路元素图像处理这方面内容,下面简单介绍图像处理的流程以及自动驾驶中常用的图像识别算法。常用的图像处理流程如图 4-19 所示。

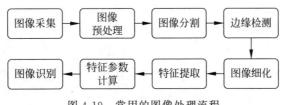

图 4-19 常用的图像处理流程

1) 图像采集

通过摄像机等工具采集真实道路环境下的图像,形成数据集。

2) 图像预处理

对数据集中的图像进行扩充,同时对图像进行标注工作,便于后期进行深度学习训练模型使用。

3) 图像分割

将图像分成若干特定的、具有独特性质的区域并提出感兴趣目标的过程。

4) 边缘检测

找出图像中亮度变化剧烈的像素点构成的集合。

5) 图像细化

将图像的线条从多像素宽度减少到单位像素宽度的过程。通过减少图像的像素数来达到压缩图像的目的。

6) 特征提取

将数据集中的每一幅图像输入深度学习模型中,在特定的卷积层中提取图像的深度学习特征,便于图像识别工作。

7) 特征参数计算

参数计算对卷积神经网络(Convolutional Neural Network,CNN)至关重要,不同的步长、填充方式、卷积核大小、池化层策略等都决定最终输出模型与参数、计算复杂度等。

8) 图像识别

将任意一幅待识别的图像输入深度学习训练模型中,提取样本的深度学习特征并对图像进行识别,判断该图像中的物体属于哪个类别并显示识别物体的准确率。高精度地图的生产过程,对道路元素的识别要求有很高的执行效率,同时又要求高的准确率。

因此为做到二者兼顾,目前主流的方式会采用基于深度学习的图像识别进行车道线、地面标志线和交通标牌的识别工作,下面将对几种常见的算法进行介绍。

(1) Fast R-CNN。

Fast R-CNN 在特征提取阶段,提出了感兴趣区域(Regions of Interest,ROI)的云团,将卷积特征采样到统一维度在进行分类回归。在分类回归阶段,首先生成候选框,通卷积神经网络提取图像特征,之后用支持向量机(Support Vector Machine,SVM)对目标出行分类,最后做边框回归(Bounding Box Regression)得到待检测目标的具体位置。

(2) Faster R-CNN。

Faster R-CNN 是一个端到端的深度学习检测算法。Faster R-CNN 最大的创新点在于设计了区域建议网络(Region Proposal Network,RPN),并在其中设计了"多参考窗口"的机制,对选择性搜索或边框等外部目标,建议将检测算法融合到同一个深度网络中实现;同时 Faster R-CNN 将候选区域生成、特征提取、候选目标确认和包围框坐标回归均统一到同一个网络框架之中,使得综合性能有较大的提高。

(3) R-FCN。

相较于 Fast R-CNN,R-FCN 引入 ROI 池化层以便于同时处理不同大小的 ROI,并将每个 ROI 的卷积特征采样到统一维度,再通过两个全连接层实现分类和回归的方式。R-FCN 用卷积层替代 Fast R-CNN 中的全连接层,使得 ROI 能够共享卷积计算,其计算速度较 Fast R-CNN 有了大大提高。这是因为在 Fast R-CNN 中,各 ROI 之间的全连接层不共享卷积计算,每个 ROI 都需要经全连接计算一次,而在一个卷积网络中,全连接层的参数数目占到整个网络参数数目的 80%~90%。因此,当 Fast R-CNN 输入的 ROI 数目较多时计算量非常大,耗时较长;而 R-FCN 则可通过共享卷积计算,减少计算量。

(4) OHEM。

OHEM 是由 RBG 提出的在线难例挖掘(Online Hard Example Mining,OHEM)算法,它可筛选出训练小样本集(Mini Barch)时产生的有较大损失值的 ROI 作为下一次训练的样本,并去除重合率较大的 ROI 来改善训练的网络参数,提升模型的性能,是基于 Fast R-CNN 的改进。

(5) Mask R-CNN。

Mask R-CNN 使用了与 Fast R-CNN 相同的两个计算步骤:第一步称为区域建议网络(RPN),这一步骤的目的是提取目标对象的候选框;第二步本质上就是 Fast R-CNN,它使用来自候选框架中 ROI 池化层来提取特征并进行分类和边界框回归。同时,Mask R-CNN 为每个 ROI 的生成二元掩码,相比 Fast R-CNN 做了更进一步的优化。因此,有更好的分割效果。

(6) Squeeze Net。

Squeeze Net 的设计目标不是为了得到最佳的卷积神经网络识别精度,而是简化网络复杂度的同时保证识别精度。所以 Squeeze Net 主要是为了降低 CNN 模型参数数量而设计的。

(7) Yolov3。

Yolov3 采取深度残差网络作为其基础网络的构建模块。深度残差网络能更好地进行深层次的特征提取,而更深层次的特征有利于提高图像识别的准确率;同时,其采取多尺度特征图进行预测,使得每一张特征图上均采用三个候选框,而用在每一个特征图上的候选框的大小都是不一样的,这对于检测不同尺寸的目标的适应能力更强。

2. 激光点云处理

激光点云由于其精度高、数据特征描述准确等特点,其处理技术广泛地应用于文物古迹保护、建筑、规划、土木工程、军事分析以及自动驾驶等重要领域中。在自动驾驶使用的高精度地图的制作中,激光点云处理的通常做法是:利用激光雷达扫描获取激光点云数据,重建三维的道路环境,并利用重建好的三维环境进行道路要素特征的提取与识别,准确地反映道路环境并描述其道路环境特征,得到高精度点云地图。同时,其处理后的激光点云数据能够与图像数据进行映射或融合处理,得到信息更加丰富的彩色激光点云地图,为人工检测与修订提供充分的数据基础。目前,各高精度地图制作厂商都有其独特的制作方法及其流程,行业内部并未形成统一的技术标准。

（1）激光点云特征提取。

激光雷达获取的原始数据集以激光点云文件形式进行存储。通常，激光点云文件中只包含物体表面的离散点集、法向量、颜色或标签等基本信息，但缺少物体的曲面、体积以及各顶点间的几何拓扑等信息。此外，采集得到的点集数据通常包含噪声，具有散乱、重复及量大等特点，如图 4-20 所示。因此，为了更好地描述道路环境的几何特征，需要对点集进行特征提取。提取得到的点特征所表示的特征向量应具有平移旋转不变性、抗密度干扰性以及抗噪声稳定性等特点。其中，抗密度干扰性表示一个局部表面小块的采样密度的变化不会影响特征向量值；抗噪声稳定性表示在数据中有轻微噪声的条件下，点特征表示的特征向量不会发生较大的变化。

通常，激光点云的特征按照空间尺度分为局部特征以及全局特征两种类型。局部特征一般包括法线点特征直方图（Point Feature Histogram，PFH）、快速点特征直方图（Fast Point Feature Histogram，FPFH）、方位直方图特征（Signature of Histogram of Orientation，SHOT）和 3D 形状描述子等几何形状特征描述。全局特征则一般为拓扑特征描述，这类特征描述一般难以捕捉细节的细微变化且对物体遮挡敏感。

图 4-20　激光点云图像

彩图 4-20

（2）激光点云法向量。

三维扫描获取的初始采样点集只记录了各采样点的空间三维坐标，而坐标之间不存在任何联系且缺少特征描述。在激光点云处理的技术中，法向量作为激光点云数据重要的局部特征，能够对散乱激光点云的局部进行有效的描述并为其他激光点云处理技术提供支撑。例如，SHOT 以及旋转图（Spin Image）等许多特征描述都需要利用激光点云法向量进行计算提取。此外，激光点云的众多分割、聚类、重建等算法中都需要用到激光点云法向量进行计算提取。点云的法向量作为基础进行计算。

激光点云法向量的计算方法很多，通常来说有两种解决方案：其一，使用曲面重建技术，从获取的激光点云数据集中得到采样点对应的曲面，然后从曲面模型中计算表面法向量；其二，直接对激光点云数据集进行法向量估计。例如，为了求某点在三维空间中的法向量，需在该点周围搜索出近邻点集，利用此点集拟合一个曲面并计算此曲面的法向量。由于曲面的拟合计算复杂度较大，在激光点云密集且近邻点集区域大小合适的情况下，更常用平面拟合代替曲面拟合。

(3) 激光点云配准。

高精度地图的制作需从采集并处理后的道路环境激光点云中提取如标志牌、交通灯以及防护栏等多种道路元素的坐标与正确的几何参数。事实上,在激光点云数据的采集过程中,由于采集角度有限,可能需要从道路的多个方向进行多次采集,以保证采集数据的可靠性和完整性。此外,由于在采集汽车的运动过程中,采集到的激光点云数据会包含误差,进而不能准确地描述道路的三维环境。因此,需要利用激光点云配准技术将从各个视角下采集到的含有误差的激光点云通过旋转平移,消除误差并统一到同一坐标系下,还原道路的三维环境。激光点云配准算法繁多,主要分为粗配准以及精配准两种。粗配准适用于在点云初始位置误差较大的情况下快速取得两片激光点云的转换关系,输出精度不高。常见的粗配准算法包括利用点特征直方图和快速点特征直方图的局部特征描述法、采样一致性初始配准算法(Sample Consensus-Initial Alignment,SACIA)以及正态分布转换(Normal Distribution Transform,NDT)等。而精配准适用于在初始位置误差较小的情况下对两片激光点云的坐标进行精准的计算,生成用于配准的旋转矩阵和平移向量,消除不同坐标下的激光点云误差。

4.3.3 SLAM 技术

SLAM(Simultaneous Localization and Mapping)也叫 CML(Concurrent Mapping and Localization),意思是"同时定位与建图"。它是指运动物体根据传感器的信息,一边计算自身位置,一边建造增量式地图的过程。SLAM 技术源于机器人领域与人工智能领域的结合,问题可以描述为:将一个机器人放入未知环境中的未知位置,是否有办法让机器人一边逐步描绘出此环境完全的地图,从而不受障碍地行进到房间中的每个角落。按传感器来分,SLAM 主要分为激光、视觉两大类。其中,激光 SLAM 研究较早,理论和工程均比较成熟。视觉 SLAM(VSLAM)目前尚处于实验室研究阶段,较少看到实际产品应用。

1. SLAM 系统简介

无论是 GNSS 定位还是惯性导航定位,自动驾驶汽车定位系统的误差都是不可避免的,定位结果通常偏离实际位置。引入地图匹配可以有效消除系统随机误差,校正传感器参数,弥补在城市高楼区、林荫道、立交桥、隧道中长时间 GNSS 定位失效而惯性导航系统误差急剧增大时的定位真空期。地图匹配定位技术是指将自动驾驶汽车行驶轨迹的经纬度采样序列与高精度地图路网匹配的过程。地图匹配定位技术将汽车定位信息与高精度地图提供的道路位置信息进行比较,并采用适当的算法确定汽车当前的行驶路段以及在路段中的准确位置,校正定位误差,并为自动驾驶汽车实现路径规划提供可靠依据。由于各种原因导致自动驾驶汽车定位信息存在误差,尽管汽车行驶在中间车道上,但定位结果与实际情况存在偏差,利用地图匹配定位技术可将汽车定位信息纠正回正确车道,提高定位精度。系统实现上 SLAM 系统可以分为前端和后端两大类。前端的功能是根据相邻时刻的点云或图像数据进行匹配与比对,对机器人或者无人车进行定位;后端的功能主要是利用滤波理论或者优化理论对前端出的结果进行优化,最终得到最优的位置估计。具体流程如图 4-21 所示。

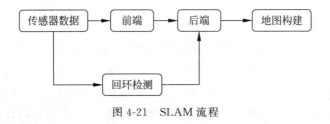

图 4-21 SLAM 流程

2. SLAM 系统的原理

地图匹配定位是在已知汽车位置信息的条件下进行高精度地图局部搜索的过程。首先,利用汽车装载的 GNSS 和 INS 做出初始位置判断,确定高精度地图局部搜索范围。然后将激光雷达实时数据与预先制作好的高精度地图数据变换到同一个坐标系内进行匹配,匹配成功后即可确认汽车定位信息。高精度地图的预制是地图匹配的基础,需包含特征明显的结构化语义特征和具有统计意义的信息。高精度地图中常用于地图匹配的特征主要包含车道线、停止线、导流线、路灯、电线杆等特征明显的物体,同时,还包括平均反射值、方差及平均高度值等具有统计意义的信息。

在自动驾驶过程中,位置信息可能存在较大误差,不能满足自动驾驶定位精度要求。根据实时感知数据进行环境特征的检测,主要检测对象是地面上的车道线与杆状物,并从高精度地图对应位置范围内提取对应的元素。实际匹配过程中,系统将检测出的车道线、护栏等道路特征与高精度地图提供的道路特征进行对比,修正汽车的横纵向定位。GNSS 将汽车定位在前进方向的左侧车道,自动驾驶汽车利用传感器检测到的车道线信息与高精度地图数据进行匹配后,确定汽车位于前进方向中间车道,与 GNSS 的定位结果存在差异,进而修正横向的位置误差。纵向修正主要提取传感器所检测到的广告牌、红绿灯、交通标志灯等道路元素与高精度地图进行匹配,可以修正汽车的纵向误差。

3. SLAM 前端

1) 基于摄像头的感知技术

(1) 传感器的选择。

常见的 SLAM 前端包括单目视觉、双目视觉、激光雷达、深度摄像机(RGB-D),由于需要构建地图,无法形成高密度点云的毫米波雷达、超声波雷达一般仅作为避障使用,或者是类似于惯性测量单元(IMU)、里程计等用于辅助确定位置。

主流方案:基于视觉的 SLAM 方案目前主要有两种实现路径,一种是基于 RGB-D 的深度摄像机;还有一种就是基于单目、双目或者鱼眼摄像头的。基于深度摄像机的 VSIAM,跟激光 SLAM 类似,通过收集到的点云数据,能直接计算障碍物距离;基于单目、鱼眼相机的 VSLAM 方案,利用多帧图像来估计自身的位置变化,再通过累计位置变化来计算距离物体的距离,并进行定位与地图构建。

优劣比较:①单目相机只用一支摄像头就可以完成 SLAM,传感器简单、成本低,但无法确切得到深度信息;②双目相机通过多个相机之间的基线,估计空间点的位置,可以在运动和静止时估计深度,但标定过程较为复杂;③深度相机提供更丰富的信息,也不必像单目或双目那样费时费力地计算深度,但存在测量范围窄、噪声大、视野小等诸多问题。

(2) 视觉里程计。

视觉传感器很难直接获得相对于环境的直接距离信息,而必须通过两帧或多帧图像来估计自身的位置变化,再通过累计位置变化计算当前位置。这种方法更类似于直接用里程计进行定位,即视觉里程计(Visual Odometry)。里程计的测量积分后才相当于激光传感器直接获得的定位信息,这就是图优化SLAM框架中的前提。视觉里程计的计算方法,主要包括特征匹配法和直接表征法。

特征匹配法也叫稀疏方法,是目前视觉里程计的主流实现方式。对于两幅图像,首先提取图像中的特征,然后根据两幅图的特征匹配,计算相机的变换矩阵。

直接表征法也叫稠密方法,省略了提取特征点的步骤。它构建一个优化问题,直接根据像信息(通常是亮度),来估计相机的运动。这种方法省去了提取特征的时间,然而代价则是利用了所有信息之后,使得优化问题规模远远大于使用特征点的规模。视觉SLAM的地图构建如图4-22所示。

图 4-22 视觉 SLAM 的地图构建

2) 基于激光的感知方案

(1) 传感器选择。

① 激光雷达工作原理。

激光雷达是以发射激光束探测目标的位置、速度等特征量的雷达系统。从工作原理上讲,与微波雷达没有根本的区别:向目标发射探测信号(激光束),然后将接收到的从目标反射回来的信号(目标回波)与发射信号进行比较,进行适当处理后,就可获得目标的有关信息,如目标距离、方位、高度、速度、姿态、形状等参数,从而对飞机、导弹等目标进行探测、跟踪和识别。

② 传感器分类。

激光雷达按照产生的数据维度可分为二维激光(2DSLAM)和三维激光(3DSLAM)。仅用单线激光传感器,在激光传感器扫描的这一个平面上进行二维定位,在获取精密的二维定位后,在此基础上解算三维激光点云,成为一个完整的空间三维数据。用三维激光传感器获取三维数据,通过三维数据的特征点匹配进行定位,然后在三维定位基础上,解算和匹配完整的三维数据。目前在自动驾驶领域方案中使用的较广泛的是 Velodyne 的多线雷达,探测距离在 300m 左右。

(2) 点云匹配融合。

点云数据经过处理后可以直接获取定位信息,主要处理流程包含去噪、匹配和融合。

① 去噪。对激光雷达原始数据进行优化,剔除一些有问题的数据,或者进行滤波。

② 匹配。两帧或者多帧点云数据之间的匹配,因为激光扫描光束受物体遮挡的原因,不可能通过一次扫描完成对整个物体的三维点云的获取。因此需要从不同的位置和角度对物体进行扫描。三维匹配的目的就是把相邻扫描的点云数据拼接在一起。常用的算法有最近点迭代(Iterative Closest Point, ICP)算法和各种全局匹配算法。整个过程的质量直接影响了 SLAM 构建地图的精度。

③ 融合。将重复采集的同一位置的激光雷达的新数据拼接到原始地图当中,最终完成地图的更新。这个过程是永远伴随 SLAM 过程的。由于传感器描绘的世界存在一定的误差,或者在新的时间环境下有了变化,因此需要用很多概率算法,并采用滤波的方式进行融合。图 4-23 为谷歌激光 SLAM 的地图构建。

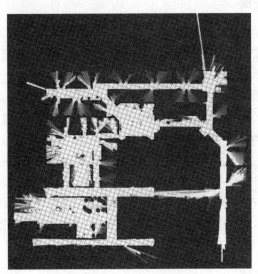

图 4-23　激光 SLAM 的地图构建

4. SLAM 后端技术

在后端算法的选择上,早期 SLAM 研究侧重于使用滤波器理论、最小化运动体位姿和地图路标点的噪声。21 世纪之后,学者们开始借鉴 SFM(Structure from Motion)中的方式,以优化理论为基础求解 SLAM 问题。这种方式取得了一定的成就,并且在视觉 SLAM 领域中取得了主导地位。

1) 基于滤波器理论

滤波器理论的核心是利用环境来更新机器人的位置。机器人的测距误差往往比较大,因此不能直接依靠测距信息来估计自己的位置,需要提取环境特征,并当机器人再次出现在近似位置时对其重新观测(闭环)。扩展卡尔曼滤波(Extended Kalman Filter, EKF)是这个算法的核心。

(1) 卡尔曼滤波。

卡尔曼滤波是一种高效率的递归滤波器(自回归滤波器),它能够从一系列的不完全包含噪声的测量中估计动态系统的状态。

(2) 扩展卡尔曼滤波。

扩展卡尔曼滤波是一种次优滤波,将只适用于线性系统的卡尔曼滤波理论进一步应用到非线性领域。其基本思想是将非线性系统线性化,然后进行卡尔曼滤波。

2) 基于优化理论

视觉 SLAM 中大量使用了 SFM 中的方法,把捆集优化(Bundle Adjustment)引入 SLAM 中。优化方法和滤波器方法有根本上的不同。它并不是一个迭代的过程,而是考虑过去所有帧中的信息,通过优化,把误差平均分到每一次观测当中。SLAM 中的捆集优化常常以图的形式给出,所以研究者也称之为图优化(Graph Optimization)。图优化可以直观地表示优化问题,可利用稀疏代数进行快速的求解,因而成为现今视觉 SLAM 中主流的优化方法。

5. SLAM 闭环检测

回环检测又称闭环检测(Loop Closure Detection),是指机器人识别曾到达场景的能力。如果检测成功,则可以显著地减小累积误差。回环检测实质上是一种检测观测数据相似性的算法,方法包括基于几何关系和基于外观。基于几何关系:当发现当前相机运动到了之前的某个位置时,检测它们有没有回环关系。但是由于积累误差的存在,往往没办法正确发现"运动到了之前的某个位置附近"这个事实。基于外观(主流做法):它和前端、后端的估计都无关,仅根据两幅图像的相似性确定回环检测关系,这种做法摆脱了累积误差,使回环检测模块成为 SLAM 一个相对独立的模块。回环检测的难点在于,错误的检测结果可能使地图变得很糟糕。这些错误分为两类:假阳性(False Positive,FP),又称感知偏差(Perceptual Aliasing),指事实上不同的场景被当成了同一个;假阴性(False Negative,FN),又称感知变异(Perceptual Variability),指事实上同一个场景被当成了两个,感知变异会严重地影响成图的结果。

6. SLAM 地图构建

根据不同的定位策略,常见的 SLAM 地图主要分为如下四种。

1) 占据栅格地图

占据栅格地图(Occupancy Grid Map),是把环境划分成一系列栅格,其中每一栅格给定一个可能值,表示该栅格被占据的概率。它是机器人领域内最常见的环境地图的描述方式。采用激光雷达、深度摄像头、超声波传感器等可以直接测量距离数据的传感器进行SLAM 时,可以使用该地图。这种地图也可以通过距离测量传感器、激光雷达绘制出来。

2) 特征点地图

特征点地图是用有关的几何特征(如点、直线、面)表示环境,常见于 vSLAM 技术中。

相比占据栅格地图,这种地图看起来不那么直观。它一般通过如 GPS、UWB 以及摄像头配合稀疏方式的 vSLAM 算法产生,优点是相对数据存储量和运算量比较小,多见于最早的 SLAM 算法中。

3) 直接表征地图

直接表征法中,省去了特征或栅格表示这一中间环节,直接用传感器读取的数据来构造机器人的位姿空间。这种方法就像卫星地图一样,直接将传感器原始数据通过简单处理拼接形成地图,相对来说更加直观。

4) 拓扑地图

拓扑地图是一种相对更加抽象的地图形式,它把室内环境表示为带结点和相关连接线的拓扑结构,其中结点表示环境中的重要位置点(拐角、门、电梯、楼梯等),边线表示结点间的连接关系,如走廊等。这种方法只记录所在环境拓扑链接关系,这类地图一般是由前几类地图通过相关算法提取得到。

在需要路径规划与导航的机器人移动场景下就会构建拓扑地图,比如扫地机器人要进行房间清扫的时候。

4.4 多传感器融合导航系统

多传感器数据融合是 20 世纪 80 年代出现的一门新兴学科,它是将不同传感器对某一目标或环境特征描述的信息融合成统一的特征表达信息及其处理的过程。在多传感器系统中,各种传感器提供的信息可能具有不同的特征,如模糊的与确定的、时变的与非时变的、实时的与非实时的等。多传感器数据融合实际上是模拟人脑综合处理复杂问题的过程,通过对各种传感器及其观测信息的合理支配与使用,将各种传感器在空间和时间上的互补与冗余信息,依据某种优化准则加以组合,产生对观测环境或对象的一致性解释和描述,实现多个传感器共同或联合操作,提高整个传感器系统的有效性。数据融合的目标是利用各种传感器的独立观测信息,对数据进行多级别、多方位和多层次的处理,产生新的有意义的信息,这种信息是最佳协同作用的结果,是任何单一传感器无法获得的。

自动驾驶汽车定位的主要模式有 DR、GNSS、GNSS/DR 组合定位模式。在系统精度要求不高的前提条件下可以单独使用这三种定位模式。为了进一步提高定位系统的精度,保障自动驾驶的安全,在上述三种定位模式中引入了地图匹配,可组合产生出新的三种定位模式:DR/MM、GNSS/MM、GNSS/DR/MM。多传感器融合定位系统可在六种模式中自动切换以提高整个系统的定位精度和可靠性。

4.4.1 多传感器融合系统分层

如图 4-24 所示,按照信息处理的流程,可将多传感器融合系统划分为数据层融合、特征层融合和决策层融合。

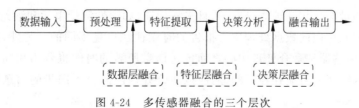

图 4-24 多传感器融合的三个层次

1. 数据层融合

数据层融合也称像素级融合,首先将传感器的观测数据融合,然后从融合的数据中提取特征向量,并进行判断识别。数据层融合需要传感器是同质的(传感器观测的是同一物理量),如果多个传感器是异质的(传感器观测的不是同一个物理量),那么数据只能在特征层或决策层进行融合。数据层融合不存在数据丢失的问题,得到的结果也是最准确的,但计算量大,且对系统通信带宽的要求很高。

2. 特征层融合

特征层融合属于中间层次,先从每种传感器提供的观测数据中提取有代表性的特征,这些特征融合成单一的特征向量,然后运用模式识别的方法进行处理。这种方法的计算量及对通信带宽的要求相对较低,但部分数据的舍弃使其准确性有所下降。

3. 决策层融合

决策层融合指在每个传感器对目标做出识别后,再将多个传感器的识别结果进行融合,属于高层次的融合。决策层融合由于对可能包含误差的传感器数据进行再处理,产生的结果相对而言最不准确,但其计算量及对通信带宽的要求最低。

4.4.2 多传感器融合定位系统原理

多传感器数据融合定位系统的输入主要来自 GNSS-RTK、惯性导航系统和地图匹配定位系统。融合定位系统对其数据进行预处理、数据配准和数据融合等处理后,可输出汽车自身的速度、位置和姿态信息。数据预处理可以考虑为传感器初始化及校准,传感器初始化相对于系统坐标独立地校准每一个传感器。一旦完成了传感器初始化,就可以利用各传感器对共同目标采集得到的数据进行数据配准。所谓数据配准,就是把来自一个或多个传感器的观测或点迹数据与已知或已经确认的事件归并到一起,保证每个事件集合所包含的观测与点迹数据来自同一个实体的概率较大。具体地说,就是要把每批目标的观测或点迹数据与事件集合中各自的数据配对。在传感器配准过程中,收集足够的数据点来计算系统偏差,计算得到的系统偏差用来调整随后得到的传感器数据。其中,传感器的配准主要包括时间配准和空间配准两个方面。

1. 时间配准

时间配准就是将关于同一目标的各传感器不同步的量测信息同步到同一时刻,由于各传感器对目标的量测是相互独立进行的,且采样周期(如惯性测量单元和激光雷达的采样周期)往往不同,因此它们向数据处理中心报告的时刻往往也是不同的。另外,由于通信网络的不同延迟,各传感器和融合处理中心之间传送信息所需的时间也各不相同,因此,各传感器上数据的发送时间有可能存在时间差,所以融合处理前需将不同步的信息配准到相同的时刻。

时间配准的一般做法是将各传感器数据统一到扫描周期较长的一个传感器数据上,目前,常用的方法包括最小二乘(Least Square,LS)法和内插外推法。这两种方法都对目标的运动模型做了匀速运动的假设,对于做变加速运动的目标,配准效果往往很差。下面仅对基于最小二乘法的时间配准法做简单介绍。

假设有两类传感器,分别表示为传感器 1 和传感器 2,其采样周期分别为 τ 和 T,且两者之比为 $\tau:T=n$,如果第一类传感器 1 对目标状态的最近一次更新时刻为 t_{k-1},下一次更新时刻为 $t_k=t_{k-1}+nT$,这就意味着在传感器 1 连续两次目标状态更新之间传感器 2 有 n 次量测值。因此采用最小二乘法,将传感器 2 的 n 次量测值进行融合,就可以消除由于时间偏差而引起的对目标状态量测的不同步,从而消除时间偏差对多传感器数据融合造成的影响。用 $\boldsymbol{Z}_n=(z_1,z_2,z_3,\cdots,z_n)^\mathrm{T}$ 表示传感器 2 在 $t_{k-1}\sim t_k$ 时刻的 n 个位置量测构成的测量矩阵。z_n 和传感器 1 在 t_k 时刻的量测值同步。若用 $\boldsymbol{U}=(z,\dot{z})^\mathrm{T}$ 表示 $z_1,z_2,\cdots,z_n$ 融合以后的量测值及其导数构成的列向量,则传感器 2 的量测值 z 可以表示为

$$z_i = z + (i-n)T\dot{z} + v_i, \quad i=1,2,\cdots,n \tag{4-36}$$

式中,v_i 表示量测噪声。将上式改写为向量形式:

$$\boldsymbol{Z}_n = \boldsymbol{W}_n \boldsymbol{U} + \boldsymbol{V}_n \tag{4-37}$$

其中,$\boldsymbol{V}_n=[v_1,v_2,\cdots,v_n]^\mathrm{T}$,其均值为零,协方差阵为

$$\mathrm{cov}(\boldsymbol{V}_n) = \mathrm{diag}\{\sigma_r^2,\sigma_r^2,\cdots,\sigma_r^2\} \tag{4-38}$$

式中,σ_r^2 为融合以前的位置量测噪声方差,同时有

$$\boldsymbol{W}_n = \begin{pmatrix} 1 & 1 & \cdots & 1 \\ (1-n)T & (2-n)T & \cdots & (n-n)T \end{pmatrix}^\mathrm{T} \tag{4-39}$$

根据最小二乘准则得到目标函数

$$J = \boldsymbol{V}_n^\mathrm{T} \boldsymbol{V}_n = (\boldsymbol{Z}_n - \boldsymbol{W}_n \hat{\boldsymbol{U}})^\mathrm{T}(\boldsymbol{Z} - \boldsymbol{W}_n \hat{\boldsymbol{U}}) \tag{4-40}$$

要使 J 为最小,在 J 两边对 $\hat{\boldsymbol{U}}$ 求偏导数并令其等于零:

$$\frac{\partial J}{\partial \hat{\boldsymbol{U}}} = -2(\boldsymbol{W}_n^\mathrm{T} \boldsymbol{Z}_n - \boldsymbol{W}_n^\mathrm{T} \boldsymbol{W}_n \hat{\boldsymbol{U}}) = 0 \tag{4-41}$$

从而有

$$\hat{\boldsymbol{U}} = [\dot{z},\hat{\dot{z}}] = (\boldsymbol{W}_n^\mathrm{T} \boldsymbol{W}_n)^{-1} \boldsymbol{W}_n^\mathrm{T} \boldsymbol{Z}_n \tag{4-42}$$

相应的误差协方差阵为

$$\boldsymbol{R}_{\hat{\boldsymbol{U}}} = (\boldsymbol{W}_n^\mathrm{T} \boldsymbol{W}_n)^{-1} \sigma_r^2 \tag{4-43}$$

对传感器 2 的 n 个测址值进行融合得 t_k 时刻的量测值及量测噪声方差分别为

$$\hat{z}_{t_k} = c_1 \sum_{i=1}^n z_i + c_2 \sum_{i=1}^n z_i \cdot i \tag{4-44}$$

$$\mathrm{var}[\hat{z}_{t_k}] = \frac{2\sigma_r^2(2n+1)}{n(n+1)} \tag{4-45}$$

其中

$$c_1 = \frac{-2}{n}, \quad c_2 = \frac{6}{n(n+1)}$$

2. 空间配准

空间配准就是借助于多传感器对空间共同目标的量测结果对传感器的偏差进行估计和补偿。对于同一系统内采用不同坐标系的各传感器的量测，定位时必须将它们转换为同一坐标系中的数据；对于多个不同子系统，各子系统采用的坐标系是不同的，所以在融合处理各子系统间信息前，也需要将它们转换到同一量测坐标系中，而处理后还需将结果转换为各子系统坐标系的数据，再传送给各个子系统。

如图 4-25 所示，由于传感器 1(传感器 2)存在斜距和方位角偏差 $\Delta r_1, \Delta \theta_1(\Delta r_2, \Delta \theta_2)$，导致在系统平面上出现两个目标，而实际上只有一个真实目标，所以需要进行空间配准。配准过程如图 4-26 所示。

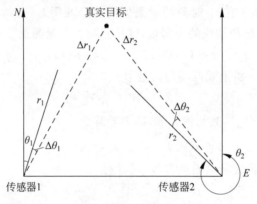

图 4-25　目标误差

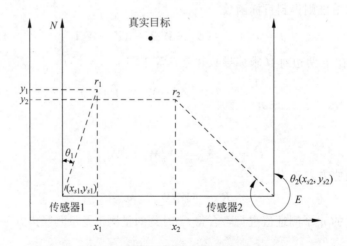

图 4-26　在系统平台上的偏差估计配准

图 4-26 中，r_1、θ_1 分别表示传感器 1 的斜距和方位角量测值；r_2、θ_2 分别表示传感器 2 的斜距和方位角量测值；(x_{s1}, y_{s1}) 表示传感器 1 在导航坐标平面上的位置；(x_{s2}, y_{s2}) 表示传感器 2 在导航坐标平面上的位置；(x_1, y_1) 表示传感器 1 在导航坐标系上的测量值；(x_2, y_2) 表示传感器 2 在导航坐标系上的测量值。由图 4-26 可推导如下基本方程：

$$\begin{cases} x_1 = x_{s1} + r_1 \sin\theta_1 \\ y_1 = y_{s1} + r_1 \cos\theta_1 \\ x_2 = x_{s2} + r_2 \sin\theta_2 \\ y_2 = y_{s2} + r_2 \cos\theta_2 \end{cases} \tag{4-46}$$

如果忽略噪声,则有

$$\begin{cases} r_1 = r'_1 + \Delta r_1 \\ \theta_1 = \theta'_1 + \Delta \theta_1 \\ r_2 = r'_2 + \Delta r_2 \\ \theta_2 = \theta'_2 + \Delta \theta_2 \end{cases} \tag{4-47}$$

式中,r'_1、θ'_1 分别表示目标相对于传感器 1 的真实斜距和方位角;r'_2、θ'_2 分别表示目标相对于传感器 2 的真实斜距和方位角;Δr_1、$\Delta \theta_1$ 表示传感器 1 的斜距和方位角偏差;Δr_2、$\Delta \theta_2$ 表示传感器的能和方位角偏差。并且将所得到的方程进行一阶泰勒级数展开,可得

$$\begin{cases} x_1 - x_2 \approx \sin\theta_1 \Delta r_1 - \sin\theta_2 \Delta r_2 + r_1 \cos\theta_1 \Delta \theta_1 - r_2 \cos\theta_2 \Delta \theta_2 \\ y_1 - y_2 \approx \cos\theta_1 \Delta r_1 - \cos\theta_2 \Delta r_2 + r_1 \sin\theta_1 \Delta \theta_1 - r_2 \sin\theta_2 \Delta \theta_2 \end{cases} \tag{4-48}$$

上式对与目标运动航迹无关的偏差估计方法提供了基础。

常用的与目标运动航迹无关的偏差估计方法主要有实时质量控制法(Real Time Quality Control,RTQC)、最小二乘法、极大似然(Maximum Likelihood,ML)法和基于卡尔曼滤波器的空间配准算法等。在给出的几种算法中,实时质量控制法和最小二乘法完全忽略了传感器量测噪声的影响,认为公共坐标系中的误差来源于传感器配准误差(传感器偏差)。广义最小二乘法(Generalized Least Square,GLS)和基于卡尔曼滤波器的方法虽然考虑了传感器量测噪声的影响,但只有在量测噪声相对小时,才会产生好的性能。为了克服前两种局限性,提出了精确极大似然(Exact Maximum Likelihood,EML)空间配准算法。尽管前面已经介绍了多种不同的配准算法,但它们都是基于立体投影在一个二维区域平面上实现的。更确切地说,首先通过立体投影技术把传感器量测投影到与地球正切的局部传感器坐标上,然后变换到区域平面,并利用不同传感器量测之间的差异来估计传感器偏差。虽然立体投影能够减小单个配准算法的计算复杂度,但这一方法还有一些缺点。首先,立体投影给局部传感器和区域平面的量测都引入了误差。尽管更高阶的近似可以将变换的精度保证到几米,但由于地球本身是一个椭圆形球而不是一个圆柱,因此地球非正圆球体造成的误差仍然存在。其次,立体投影扭曲了数据,值得注意的是立体投影的保角性只能保留方位角,而不能保留斜距。由此可以断定系统偏差将会依赖于量测,而不再是时不变的。这样,在区域平面上的二维配准模型就不能正确地表示实际的传感器模型。这时,一种直接在三维空间中对传感器偏差进行估计的基于地心坐标系的空间配准(Earth Centered Earth Fixed,ECEF)算法被提出以解决上述问题。若读者想深入了解可参考其他相关资料。

4.4.3 多传感器融合算法

实现多传感器融合定位的算法有很多种,下面首先简要介绍一下各种数据融合算法及其优缺点。其中,卡尔曼滤波算法作为一种经典算法,由于其实时性强、融合精度高等优点,

在自动驾驶领域中被广泛使用,下面将重点介绍卡尔曼滤波技术。

1. 数据融合算法概述

目前,融合算法可概括为随机类和人工智能类。随机类多传感器数据融合算法主要有综合平均法、贝叶斯估计法、D-S 证据推理、最大似然估计、最优估计、卡尔曼滤波算法及鲁棒估计等。人工智能类多传感器数据融合算法主要有模糊逻辑法、神经网络算法以及专家系统等。下面简单介绍上述算法用某种适当的模型来描述一个实际的物理系统,对分析、研究该物理系统是非常重要的。在导航、信号处理、通信、雷达、声呐等许多实际工程应用中,经常采用动态空间模型来描述其中的许多问题。动态空间模型是一个很重要的统计分析工具,如卡尔曼滤波器采用的高斯-马尔可夫线性模型就是一个很好的例子,它用状态方程(动力学方程)来描述状态随时间演变的过程,而用观测方程来描述与状态有关的噪声变量。同样地,只要将高斯-马尔可夫线性模型写成一般的数学映射,就可以用这两个方程来描述更一般的动态系统了。

$$状态方程:X_k = f(X_{k-1}, W_k) \tag{4-49}$$

$$观测方程:L_k = h(X_k, V_k) \tag{4-50}$$

上面的两个式子被称为动态空间模型。其中,$X_k \in R^{k_x}$ 为系统在 k 时刻的状态,$L_k \in R^{k_x}$ 为系统状态 X_k 的观测值;W_k、V_k 分别为过程和观测噪声。

(1) 综合平均法。

该算法是把来自多个传感器的众多数据进行综合平均。它适用于用同样的传感器检测同一个目标的情况。如果对一个检测目标进行了 k 次检测,其平均值 $\overline{S} = \sum_{i=1}^{n} W_i S_i / \sum_{i=1}^{n} W_i$,$W_i$ 为分配给第 i 次检测的权值。

(2) 贝叶斯估计法。

贝叶斯估计理论是较经典的统计估计理论,具有更大的优势,逐渐成为科学界推理的一个重要工具,提供了一种与传统算法不同的概率分布形式的估计。贝叶斯推理技术主要用来进行决策层融合。贝叶斯估计法通过先验信息和样本信息合成为后验分布,对检测目标做出推断。因此贝叶斯估计是一个不断预测和更新的过程。这样就包括了观测值和先验知识在内的所有可以利用的信息,得到的估计误差自然较小。

(3) D-S 证据推理。

D-S 证据推理是目前数据融合技术中比较常用的一种算法。该算法通常用来对检测目标的大小、位置以及存在与否进行推断,采用概率区间和不确定区间决定多证据下假设的似然函数来进行推理。提取的特征参数构成了该理论中的证据,利用这些证据构造相应的基本概率分布函数,对于所有的命题赋予一个信任度。基本概率分布函数及其相应的分辨框合称为一个证据体。因此,每个传感器就相当于一个证据体。而多个传感器数据融合,实质上就是在同一分辨框下,利用 Dempster 合并规则将各个证据体合并成一个新的证据体,产生新证据体的过程就是 D-S 证据推理数据融合。

(4) 卡尔曼滤波算法。

卡尔曼滤波在控制领域得到广泛应用以后,也逐渐成为多传感器数据融合系统的主要技术手段之一。卡尔曼滤波器的设计思想是先分散处理再全局融合,即在诸多非相似子系统中选择一个信息全面、输出速率高、可靠性绝对保证的子系统作为公共参考系统,与其他子系统两两结合,形成若干子滤波器。各子滤波器并行运行,获得建立在子滤波器局部观测基础上的局部最优估计,这些局部最优估计在主滤波器内按融合算法合成,从而获得建立在所有观测基础上的全局估计。

(5) 模糊逻辑法。

针对数据融合中所检测的目标特征具有某种模糊性的现象,利用模糊逻辑算法来对检测目标进行识别和分类。建立标准检测目标和待识别检测目标的模糊子集是此算法的研究基础。

(6) 神经网络算法。

神经网络是一种试图仿效生物神经系统处理信息方式的新型计算模型。一个神经网络由多层处理单元或节点组成,可以用各种方法互联。在指挥和控制多传感器数据融合的系统中,神经网络的输入可能是与一个目标有关的测量参数集,输出可能是目标身份,也可能是推荐的响应或行动。基于神经网络的融合优于传统的聚类算法,尤其是当输入数据中带有噪声和数据不完整时。然而,要使神经网络算法在实际的融合系统中得到应用,无论是在网络结构设计或是算法规则方面,还有许多基础工作要做,如网络模型、网络的层次和每层的节点数、网络学习策略、神经网络算法与传统分类算法的关系和综合应用等。

(7) 专家系统。

专家系统是一组计算机程序,它获取专家们在某个特定领域内的知识,然后根据专家的知识或经验导出一组规则,由计算机做出本应由专家做出的结论。目前,专家系统已经在军用和民用领域得到了广泛的应用。

2. 卡尔曼滤波算法介绍

采用卡尔曼滤波器必须要先建立系统的状态方程和测量方程。线性离散系统的状态方程如下:

$$x(k+1) = \boldsymbol{\Phi}(k)x(k) + w(k) \tag{4-51}$$

式中,x 表示待估计量,$x(k)$ 是当前时刻 k 的状态,$x(k+1)$ 是下一时刻 $k+1$ 的状态;$\boldsymbol{\Phi}(k)$ 称为过程矩阵,$w(k)$ 称为过程噪声向量。状态方程指的是待估计量随时间变化的规律,用来预测下一时刻系统的状态。测量方程线性离散系统的测量方程如下:

$$z(k) = \boldsymbol{H}(k)x(k) + \boldsymbol{v}(k) \tag{4-52}$$

式中,$z(k)$ 表示当前时刻的测量向量,$\boldsymbol{H}(k)$ 称为测量矩阵,$\boldsymbol{v}(k)$ 称为测量噪声向量。系统的过程噪声向量 $w(k)$ 和测量噪声向量 $\boldsymbol{v}(k)$ 均为零均值、不相关白噪声,即有

$$\begin{cases} w(k) \sim (0, \boldsymbol{Q}(k)) \\ \boldsymbol{v}(k) \sim (0, \boldsymbol{R}(k)) \\ E[w(k)w^{\mathrm{T}}(j)] = \boldsymbol{Q}(k)\delta(kj) \\ E[w(k)\boldsymbol{v}^{\mathrm{T}}(j)] = \boldsymbol{R}(k)\delta(kj) \\ E[w(k)\boldsymbol{v}^{\mathrm{T}}(j)] = 0 \end{cases} \tag{4-53}$$

式中,$\boldsymbol{Q}(k)$、$\boldsymbol{R}(k)$ 分别是过程噪声向量 $w(k)$ 和测量噪声向量 $\boldsymbol{v}(k)$ 的协方差矩阵,$\delta(kj)$ 为 Kronecker 函数,即有

$$\delta(kj) = \begin{cases} 1, & k = j \\ 0, & k \neq j \end{cases} \tag{4-54}$$

推导后给出线性离散系统的卡尔曼滤波解算步骤：
① 存储 $k-1$ 时刻的状态向量及其协方差矩阵。
② 计算预测状态向量：
$$\hat{x}(k\mid k-1)=\boldsymbol{\Phi}(k-1)\hat{x}(k-1\mid k-1) \tag{4-55}$$
③ 计算预测滤波增益矩阵：
$$\boldsymbol{P}(k\mid k-1)=\boldsymbol{\Phi}(k-1)\boldsymbol{P}(k-1\mid k-1)\boldsymbol{\Phi}^{\mathrm{T}}(k-1)+\boldsymbol{Q}(k-1) \tag{4-56}$$
④ 计算滤波增益矩阵：
$$\boldsymbol{K}(k)=\boldsymbol{P}(k\mid k-1)\boldsymbol{H}(k)[\boldsymbol{H}^{\mathrm{T}}(k)\boldsymbol{P}(k\mid k-1)\boldsymbol{H}(k)+\boldsymbol{R}(k)]^{-1} \tag{4-57}$$
⑤ 计算新的状态协方差矩阵：
$$\boldsymbol{P}(k\mid k)=[\boldsymbol{I}-\boldsymbol{K}(k)\boldsymbol{H}(k)]\boldsymbol{P}(k\mid k-1) \tag{4-58}$$
⑥ 计算新的状态向量：
$$\hat{x}(k\mid k)=\hat{\boldsymbol{\xi}}(\kappa\mid\kappa-1)+\boldsymbol{K}(\kappa)[z(k)-\boldsymbol{H}(k)\hat{x}(k\mid k-1)] \tag{4-59}$$
⑦ 令 $k-1=k$，回到①。

4.4.4 GNSS/INS 融合

GNSS/INS 融合系统体系结构主要包括松耦合（Loosely Coupled）、紧耦合（Tightly Coupled）以及深耦合（Deep Coupled）等。

1. 松耦合系统融合

在松耦合系统里，GNSS 给 INS 提供位置信息，二者硬件上相互独立且可随时断开连接，分别输出定位信息与速度信息到融合滤波器，融合滤波器进行优化处理后将结果反馈给惯性导航系统对其修正后进行输出。本书介绍的松耦合是基于位置、速度的 GNSS/INS 组合，主要思路是将 GNSS 测量得到的位置、速度、姿态与 INS 解算得到的位置、速度、姿态的差值输入卡尔曼滤波器中进行组合导航。其主要原理如图 4-27 所示。

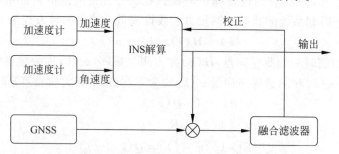

图 4-27　GNSS/INS 松耦合系统原理

（1）基于位置、速度的状态方程。
松耦合是以位置、速度、姿态的误差，以及陀螺漂移和加速度计偏置为系统状态参数。根据惯性导航误差方程，可得组合导航系统的状态方程为
$$\dot{\boldsymbol{X}}(t)_{15\times1}=\boldsymbol{F}(t)_{15\times15}\boldsymbol{X}(t)_{15\times1}+\boldsymbol{G}(t)_{15\times6}\boldsymbol{W}(t)_{6\times1} \tag{4-60}$$
式中，$\boldsymbol{X}(t)$ 表示系统的状态向量，$\boldsymbol{W}(t)$ 表示系统的过程噪声向量，$\boldsymbol{G}(t)$ 是系统噪声系数矩

阵，$F(t)$ 是系统的状态转移矩阵。组合导航系统的状态向量为

$$\dot{\boldsymbol{X}}(t)_{15\times 1} = (\delta\lambda \quad \delta L \quad \delta h \quad \delta V_E \quad \delta V_N \quad \delta V_U \quad \psi_E \quad \psi_N \quad \psi_U \quad b_{ax} \quad b_{ay} \quad b_{az} \quad b_{gx} \quad b_{gy} \quad b_{gz})^{\mathrm{T}} \quad (4\text{-}61)$$

组合导航系统的噪声向量为

$$\boldsymbol{W}(t)_{6\times 1} = (\varepsilon_{ax} \quad \varepsilon_{ay} \quad \varepsilon_{az} \quad \varepsilon_{gx} \quad \varepsilon_{gy} \quad \varepsilon_{gz})^{\mathrm{T}} \quad (4\text{-}62)$$

组合导航系统的噪声系数矩阵为

$$\boldsymbol{G}(t)_{15\times 6} = \begin{pmatrix} 0 & 0 \\ (-\boldsymbol{C}_b^n)_{3\times 3} & 0 \\ 0 & (\boldsymbol{C}_b^n)_{3\times 3} \\ 0 & 0 \\ 0 & 0 \end{pmatrix} \quad (4\text{-}63)$$

根据 4.2.4 节介绍的惯性导航微分方程，得到组合导航系统的状态转移矩阵为

$$\boldsymbol{F}(t)_{15\times 15} = \begin{pmatrix} (\boldsymbol{F}_{rr})_{3\times 3} & (\boldsymbol{F}_{rv})_{3\times 3} & 0 & 0 & 0 \\ (\boldsymbol{F}_{vr})_{3\times 3} & (\boldsymbol{F}_{vv})_{3\times 3} & (\boldsymbol{F}_{v\psi})_{3\times 3} & (-\boldsymbol{C}_b^n)_{3\times 3} & 0 \\ (\boldsymbol{F}_{\psi r})_{3\times 3} & (\boldsymbol{F}_{\psi v})_{3\times 3} & (\boldsymbol{F}_{\psi\psi})_{3\times 3} & 0 & (\boldsymbol{C}_b^n)_{3\times 3} \\ 0 & 0 & 0 & 0 & 0 \\ 0 & 0 & 0 & 0 & 0 \end{pmatrix} \quad (4\text{-}64)$$

（2）基于位置、速度 GNSS/INS 松耦合的测量方程如下

$$\boldsymbol{Z}(t)_{6\times 1} = \boldsymbol{H}(t)_{6\times 15} \boldsymbol{X}(t)_{15\times 1} + \boldsymbol{V}(t)_{6\times 1} \quad (4\text{-}65)$$

式中，$Z(t)$ 表示系统的测量向量，$V(t)$ 表示系统的测量噪声向量，$H(t)$ 是系统的测量矩阵。组合导航系统的测量值为惯性导航系统解算的位置、速度与 GNSS 接收机给出的位置、速度的差值，GNSS/INS 组合导航系统的测量矩阵为

$$\boldsymbol{H}(t)_{6\times 15} = \begin{pmatrix} \boldsymbol{I}_{3\times 3} & 0 & 0 & 0 & 0 \\ 0 & \boldsymbol{I}_{3\times 3} & 0 & 0 & 0 \end{pmatrix} \quad (4\text{-}66)$$

系统的测量噪声向量为

$$\boldsymbol{V}(t)_{6\times 1} = (\varepsilon_{rx} \quad \varepsilon_{ry} \quad \varepsilon_{rz} \quad \varepsilon_{vx} \quad \varepsilon_{vy} \quad \varepsilon_{vz}) \quad (4\text{-}67)$$

松耦合的优点是系统结构简单，便于工程实现，从而大幅度提高系统的导航精度。INS 的误差随着工作时间逐渐累积，GNSS 需要至少 4 颗可观测卫星才能完成定位。因此，这种组合方式的缺点是在组合过程中导航测量噪声与时间相关，无法满足滤波要求的量测噪声为白噪声，且当可观测卫星少于 4 颗时，无法获得 GNSS 测量信息来完成量测更新。

2. 紧耦合系统融合

紧耦合系统是将由 GNSS 码环与载波跟踪环解算得到的伪距、伪距率与由惯性导航系统结合自身信息和卫星星历进行计算得到的伪距、伪距率作差，得到伪距与伪距率的测量残差。将其作为融合滤波器的输入观测量，得到惯性导航系统偏差以及传感器偏差以完成对惯导系统的校正并获得位置与速度的最优估计值。GNSS/INS 紧耦合系统原理图如图 4-28 所示。本书介绍的紧耦合是基于伪距、伪距率的 GNSS/INS 组合，主要思路是将 GNSS 接收机测量得到的伪距、伪距率、多普勒或载波频率与 INS 结合星历反算得到的伪距、伪距率、

多普勒及载波频率输入卡尔曼滤波器中进行组合导航。

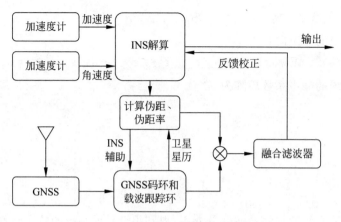

图 4-28 GNSS/INS 紧耦合系统原理图

(1) 基于伪距、伪距率的状态方程。

基于伪距、伪距率的 GNSS/INS 组合的状态方程分为 INS 误差状态方程和 GNSS 误差状态方程。INS 的状态方程为

$$\dot{\boldsymbol{X}}_I(t) = \boldsymbol{F}_I(t)\boldsymbol{X}_I(t) + \boldsymbol{G}_I(t)\boldsymbol{W}_I(t) \tag{4-68}$$

GNSS 的误差状态包括等效时钟误差相应的距离 δt_u 和等效时钟频率误差相应的距离 δt_{ru},可表示为

$$\begin{cases} \delta \dot{t}_u = \delta t_{ru} + w_{tu} \\ \delta \dot{t}_{ru} = \beta_{tru} \delta t_{ru} + w_{tru} \end{cases} \tag{4-69}$$

式中,β_{tru} 为误差相关时间,w_{tu} 和 w_{tru} 为相应的驱动白噪声。式(4-69)可写成 GNSS 的状态方程,即

$$\dot{\boldsymbol{X}}_G(t) = \boldsymbol{F}_G(t)\boldsymbol{X}_G(t) + \boldsymbol{G}_G(t)\boldsymbol{W}_G(t) \tag{4-70}$$

$$\boldsymbol{F}_G = \begin{pmatrix} 0 & 1 \\ 0 & -\beta_{tru} \end{pmatrix}, \quad \boldsymbol{G}_G = \begin{pmatrix} 1 & 0 \\ 0 & 1 \end{pmatrix} \tag{4-71}$$

将 INS 的状态方程式(4-68)和 GNSS 的状态方程式(4-70)合到一起,得到基于伪距、伪距率的总的系统状态方程为

$$\dot{\boldsymbol{X}}(t) = \boldsymbol{F}(t)\boldsymbol{X}(t) + \boldsymbol{G}(t)\boldsymbol{W}(t) \tag{4-72}$$

$$\dot{\boldsymbol{X}}(t) = \begin{pmatrix} \dot{\boldsymbol{X}}_I(t) \\ \dot{\boldsymbol{X}}_G(t) \end{pmatrix}, \quad \boldsymbol{F}(t) = \begin{pmatrix} \boldsymbol{F}_I(t) & 0 \\ 0 & \boldsymbol{F}_G(t) \end{pmatrix}, \quad \boldsymbol{G}(t) = \begin{pmatrix} \boldsymbol{G}_I(t) & 0 \\ 0 & \boldsymbol{G}_G(t) \end{pmatrix}, \quad \boldsymbol{W}(t) = \begin{pmatrix} \boldsymbol{W}_I(t) \\ \boldsymbol{W}_G(t) \end{pmatrix}$$

(2) 基于伪距的测量方程。

GNSS 接收机消除电离层误差、对流层误差等误差后,观测得的伪距为

$$\rho_{Gi} = r_i + \delta t_u + v_{\rho i} \tag{4-73}$$

式中,ρ_{Gi} 为 GNSS 接收机测得的伪距,r_i 为运动载体与卫星间的真实距离,δt_u 为等效时钟误差相应的距离。若 INS 得到运动载体的位置为 $(x_I \ y_I \ z_I)^T$,由卫星星历得到卫星的

位置为$(x_S \quad y_S \quad z_S)^T$,则通过 INS 获得的伪距为

$$\rho_{Ii} = \sqrt{(x_I - x_s)^2 + (y_I - y_s)^2 + (z_I - z_s)^2} \tag{4-74}$$

将式(4-75)在载体位置进行泰勒展开,取其前两项,可得

$$\rho_{Ii} = r_i + e_{i1}\delta x + e_{i2}\delta y + e_{i3}\delta z \tag{4-75}$$

式中,r_i 为载体与卫星 i 的真实距离,e_{i1}、e_{i2}、e_{i3} 是卫星与运动载体的直线与 x、y、z 轴夹角的方向余弦。通过 INS 解算的伪距(见式(4-75))与 GNSS 接收机给出的伪距(见式(4-73))的差值,可得伪距差的观测方程为

$$\delta\rho_i = \rho_{Ii} - \rho_{Gi} = e_{i1}\delta x + e_{i2}\delta y + e_{i3}\delta z - \delta t_u - v_{\rho i} \tag{4-76}$$

(3) 基于伪距率的测量方程。

INS 推算得到的运动载体与卫星之间的伪距率为

$$\dot{\rho}_{Ii} = e_{i1}(\dot{x}_I - \dot{x}_{Si}) + e_{i2}(\dot{y}_I - \dot{y}_{Si}) + e_{i3}(\dot{z}_I - \dot{z}_{Si}) \tag{4-77}$$

其中,$(\dot{x}_I \quad \dot{y}_I \quad \dot{z}_I)^T$ 为 INS 推算的载体速度,$(\dot{x}_S \quad \dot{y}_S \quad \dot{z}_S)^T$ 为由星历计算的卫星速度。GNSS 接收机测得的伪距率为

$$\dot{\rho}_{Gi} = e_{i1}(\dot{x}_I - \dot{x}_{Si}) + e_{i2}(\dot{y}_I - \dot{y}_{Si}) + e_{i3}(\dot{z}_I - \dot{z}_{Si}) + \delta t_{ru} + v_{\rho i} \tag{4-78}$$

其中,$(\dot{x} \quad \dot{y} \quad \dot{z})^T$ 为 GNSS 测得的载体的速度。通过 INS 解算的伪距率(见式(4-76))与 GNSS 接收机给出的伪距率(见式(4-77))的差值,可得伪距率的测量方程为

$$\delta\dot{\rho}_i = \dot{\rho}_{Ii} - \dot{\rho}_{Gi} = e_{i1}\delta\dot{x} + e_{i2}\delta\dot{y} + e_{i3}\delta\dot{z} - \delta t_{ru} - v_{\rho i} \tag{4-79}$$

这种组合模式的优点是便于工程实现,相对松耦合而言,当可见卫星数少于 4 颗时仍能进行量测更新。因此,紧耦合在峡谷、深山、城市等可见卫星较少的条件下优势明显。其缺点是数据处理复杂,计算量大,降低了实时导航性能,要求 GNSS 接收机必须能够给出伪距、伪距率和星历等原始测量数据。

3. 深耦合系统融合

深耦合系统相对于紧组合系统,增加了 INS 单元对 GNSS 接收机的辅助。利用 INS 单元结合星历信息可以对伪距与载波的多普勒频移进行估计,利用估计结果辅助接收机的捕获与跟踪环路,可以有效地提高 GNSS 接收机跟踪环路的动态性与灵敏度。

本 章 小 结

本章从汽车定位技术出发,具体介绍了 GNSS、惯性导航、高精度地图、SLAM 和多传感器融合定位系统的原理、方法、应用及误差分析。举例讲述了利用 GNSS/INS 融合实现智能网联汽车定位的融合算法,着重讲述了卡尔曼滤波算法。

思 考 题

1. 汽车定位技术按照定位原理可以分为哪几类?
2. 简述 GNSS 的工作原理。

3. 分析影响 GNSS 定位的影响因素。
4. 简述差分 GNSS 的分类及其定位原理。
5. 简述惯性导航系统的工作原理。
6. 叙述高精度地图技术的关键技术。
7. 简述 SLAM 系统的工作原理。
8. 简述多传感器融合系统的融合分层。
9. 简述多传感器融合系统的定位原理及关键技术。
10. 简述卡尔曼滤波算法的原理。
11. 简述 GNSS/INS 的融合方式及其特点。

参 考 文 献

[1] 王楠楠.GNSS/INS 高精度融合定位关键技术的研究[D].郑州：郑州大学,2020.
[2] 黎亮.北斗/GPS 双模差分定位系统及卫星导航天线研究[D].成都：电子科技大学,2020.
[3] 陈振.BDS/GPS 网络伪距差分定位方法研究[D].北京：中国测绘科学研究院,2016.
[4] 章梦阳.基于北斗卫星系统精确定位的关键技术及其应用研究[D].合肥：合肥工业大学,2020.
[5] 陈慧岩,熊光明.无人驾驶汽车概论[M].北京：北京理工大学出版社,2014.
[6] 李克强.电动汽车工程手册第六卷：智能网联[M].北京：机械工业出版社,2018.
[7] 李晓欢,杨晴红,宋适宇,等.自动驾驶汽车定位技术[M].北京：清华大学出版社,2019.
[8] 《中国公路学报》编辑部.中国汽车工程学术研究综述·2017[J].中国公路学报,2017,30(6)：1-197.

第 5 章

智能网联汽车环境感知与路径规划技术

【本章教学要点】

知识要点	掌握程度	相关知识
环境感知的原理及应用	理解环境感知的含义及实现方法	车用传感器简介
典型场景的环境识别过程	掌握车辆、行人、交通标志、交通信号灯识别的目的和方法	图像识别,传感器标定
路径规划的特点和过程	理解全局路径规划和局部路径规划的含义及区别	高精度定位与导航系统
路径规划的典型算法	理解栅格法、拓扑法,遗传算法、强化学习等路径规划的典型算法	相关控制,算法编程

5.1 智能网联汽车环境感知

5.1.1 智能网联汽车环境感知的定义

环境感知就是利用车载超声波传感器、毫米波雷达、激光雷达、视觉传感器,以及 V2X 通信技术等获取道路、车辆位置和障碍物的信息,并将这些信息传输给车载控制中心,为智能网联汽车提供决策依据,是 ADAS 实现的第一步。

环境感知的对象主要有道路、车辆、行人、各种障碍物、交通标志、交通信号灯等。

5.1.2 智能网联汽车环境感知系统基本框架

1. 发展历程

随着汽车智能化程度的日益提高,车辆需要获取的信息不断拓展,探测范围逐步从自车状态到车辆周边环境,再到整个交通网,智能汽车环境感知的外延拓展过程大致可分为三个发展阶段。

第一阶段是车辆内部传感感知,其主要特点是依靠车辆状态传感器感知车辆自身状态。车辆信息化技术通过车载传感器获取自车的状态信息,如自车车速、油门开度、制动强度、方向盘转角、横摆角速度等,所采集的信息在安全方面的应用主要是底盘安全控制技术,如防抱死系统(ABS)、电子稳定系统(ESP)等。

第二阶段是车辆外部传感感知,其主要特点是通过机器视觉、雷达等环境感知传感器感知周围车辆和障碍物的位置和运动状态。自 20 世纪 80 年代以来,随着超声波、机器视觉、雷达等传感器的应用,车辆可以获得除自车外更加丰富的信息,包括前车相对速度、相对位置和车道线等信息。这些传感技术主要在先进驾驶辅助系统中应用,包括前撞报警系统、主动避撞系统、自适应巡航控制系统、车道偏离报警系统、换道辅助系统、车道保持系统等。

第三阶段是交通环境传感感知,其主要特点是通过多源信息融合的方法获取行车环境信息。一方面由于单一传感器难以满足对多变环境感知的需求,基于多车多传感器信息融合的环境感知技术得到了普遍重视,其中有多种理论和融合方法应用,如 D-S 证据决策理论、卡尔曼滤波、神经网络、遗传算法、粒子群算法、深度学习算法等。同时,随着短程通信技术和全球定位系统的发展,通过通信技术获取道路、环境和交通信息等行车环境信息也渐成研究热点,车-车通信采用 DSRC/LTE 等通信技术,不受气候条件、能见度、光照等环境因素的影响,具有延迟低、接入快、传输速率高、工作稳定等优点。基于车-车通信,可以实现车辆的车速、动态位置、加速度、偏航角度、航向角度等信息的交互,使得自车(EV)能够从邻车(NV)获取更详细的信息。

2. 功能特点

信息融合系统包含四个主要子系统:一是信息源阶段,即原始数据,主要包括各种车载传感器,如毫米波雷达、车载视觉、激光雷达、超声波传感器、导航定位设备、V2X 模块等;二是信息处理阶段;三是分析决策阶段;四是融合结论输出阶段。以信息融合技术应用在智能汽车环境感知系统为例,图 5-1 分别列出了单车多传感协同感知与多车多传感协同定位中的信息融合功能框架。

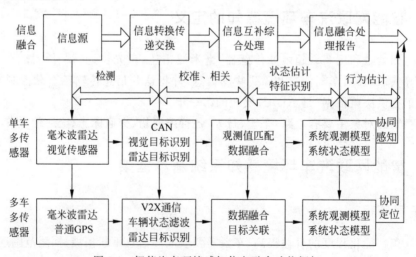

图 5-1 智能汽车环境感知信息融合功能框架

综合各种信息融合方法的特点,智能汽车环境感知功能框架中采用了目标级融合的信息融合感知方法。作为一种工程上最佳的实现方式,目标级融合既没有丢失过多信息量,同时又保证了处理效率,具有多源、异构和变尺度的数据特点,如图 5-2 所示。

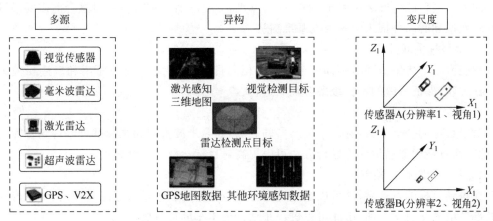

图 5-2 智能汽车环境感知信息融合数据特征

多源是指传感器类型多,有视觉、雷达、V2X 等多种传感器;异构是指不同传感器的输入数据结构不完全相同,有目标点数据、地图数据、自身 GNSS 坐标等;变尺度指的是对于某些相同的数据结构,不同的传感器其分辨率和时空基准是不一样的,如视觉和毫米波雷达,其测量精度就不一样,而且由于它们的摆放位置以及工作时钟不同,导致其时空基准是不一样的,这些就是智能车辆环境感知信息融合输入数据的主要特征。

3. 关键技术

智能汽车环境感知信息融合涉及单车多传感器信息融合和多车多传感协同定位两个维度,均采用目标级融合的信息融合感知方法,涵盖的关键技术主要包括时空基准对齐技术、多目标关联技术、参数融合技术、多目标跟踪与预测技术和目标分类识别技术,如图 5-3 所示。

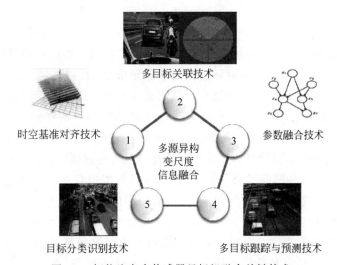

图 5-3 智能汽车多传感器目标级融合关键技术

1）时空基准对齐技术

因为不同传感器安装位置不一样，时钟基准不一样，所以进行目标级融合前需要通过空间旋转变换和时间外推来实现时空基准对齐。

2）多目标关联技术

智能汽车多传感器环境感知中存在多个相同目标，需要通过时空距离和轨迹相关进行多目标关联，保证后续的目标级融合顺利进行。

3）参数融合技术

对于目标的一个参数，有多个传感器的观测，如毫米波雷达和视频都可以得到目标的距离，此时通过最大似然估计等融合方法可以提高对目标参数的估计精度。

4）多目标跟踪与预测技术

在得到目标的点迹后，就可以通过运动方程对目标的轨迹进行跟踪和预测，从而得到形成局部环境的交通态势图，由此可以进一步估计出本车的可行驶区域。

5）目标分类识别技术

通过多传感器的目标关联，可以获得目标的多个特征，因此可以大大提高对目标的识别概率。如视频只能通过图像来识别，但是融合了雷达以后，还可以获得目标的速度信息和RCS信息，将这些信息结合起来，可以大大提高目标的识别率。

传统单车车载环境感知技术主要依靠单一传感器获取障碍物运动信息，存在信息单一、精度不高等不足，对智能车辆后续的控制执行准确率影响较大，在一定程度上制约了自动驾驶技术的落地。

面对单一传感容易功能失效的问题，智能汽车多传感器信息融合感知技术成为研究热点，目前主要集中在两方面：一是设计新的多传感器集成硬件架构；二是算法层面高效处理分析多源数据。二者协同提升智能汽车车载环境感知的识别精度和系统鲁棒性。

5.1.3 多传感器融合

前面章节分别介绍了智能网联汽车常用的传感器及其原理和应用，可以看出，各类传感器在环境感知上有着各自明显的优缺点，激光雷达可以提供三维信息的特征，快速确定物体的位置、大小、外貌和材质，与此同时还能获得数据形成精确的数字模型。它的最大缺陷就是不能在雪雨等极端天气下工作，在这种天气下会一定程度影响激光雷达的效果，从而影响三维地图的构建，导致无人车的"位置眩晕"；毫米波雷达具有耐候性，可以全天候工作，但分辨率不够高，无法区分人与物；摄像头的分辨率比较高，可以感知颜色，但受强光影响较大。仅仅通过多次使用相同种类的传感器无法克服每种传感器的缺点。而利用传感器融合可以获得不同传感器和传感器种类的输入内容，并且使用组合在一起的信息来更加准确地感知周围的环境。相对于独立系统，这样可以做出更好、更安全的决策。

如图5-4所示，环境信息主要包括道路信息、周边车辆与行人信息。道路信息包括由传感器获取的道路的宽度、坡度、交通标志灯；周边车辆信息包括车辆大小、行驶速度、加速度、方向等；周边行人信息包括行人的数量、位置及行走方向等。

从传感器和融合中心信息流的关系来看，多传感器数据融合的结构主要有串联型结构、并联型结构和混联型结构。

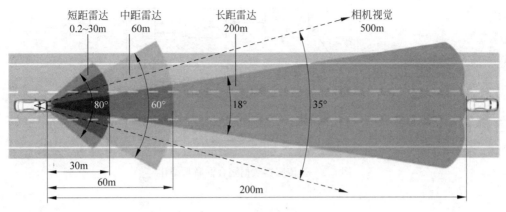

图 5-4 道路信息感知

串联型结构如图 5-5 所示。N 个传感器分别接收各自的检测信息后,首先由传感器 1 做出局部判决 1,然后将它通信到传感器 2,而传感器 2 则将它本身的检测与局部判决 1 融合形成局部判决 2,信息继续向下传递直到传感器 N。最后,由传感器 N 将它的检测与局部判决 $N-1$ 融合做出全局判决。这种结构的最大优点是信息损失最小,但数据互联较困难,而且要求系统必须具备大容量的能力,计算负担重,系统的生存能力也较差。

并联型结构如图 5-6 所示。N 个传感器在收到未经过处理的原始数据之后,在 N 个局部融合中分别做出判决,然后它们在融合中心通过融合得到全局判决。这种结构在分布式检测系统中的应用较为普遍。这种结构的最大优点是计算负担小,系统的生存能力较强,但是信息损失较大。

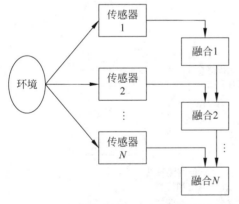

图 5-5 多传感器数据融合串联型结构

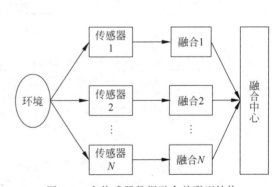

图 5-6 多传感器数据融合并联型结构

混联型结构如图 5-7 所示。它是串联型和并联型两种数据融合结构的结合,有多种形式。例如总体是并联的,局部是串联的;或者总体是串联的,局部是并联的;或者串并联交叉等。这种结构保留了串联型结构和并联型结构的优点。

传感器融合的理论方法有贝叶斯准则、卡尔曼滤波、D-S 证据理论、人工神经网络、模糊集合理论等。软件算法能够联合虚拟摄像头和环境传感器数据融合算法,从而得到更精确的数据分析与自主控制决策。

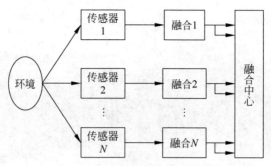

图 5-7 多传感器数据融合混联型结构

5.1.4 智能网联汽车环境感知在无人驾驶中的应用

百度无人驾驶汽车 Apollo 是由百度研究院主导研发，其技术核心是"百度汽车大脑"，包括高精度地图、定位、感知、智能决策与控制四大模块。其中，百度自主采集和制作的高精度地图能记录完整的三维道路信息，在厘米级精度实现车辆定位。同时，百度无人驾驶车依托国际领先的交通场景物体识别技术和环境感知技术，实现高精度车辆探测识别、跟踪、距离和速度估计、路面分割、车道线检测，为自动驾驶的智能决策提供依据。

Apollo V2X 车路云协同通过构筑人车路全域数据感知及智能处理分析的智能交通系统，保证交通安全。Apollo V2X 车路云协同主要包含对象级识别、超视距感知、毫米级计算和全域级控制四部分。

图 5-8 所示为 Apollo V2X 车路云协同技术图。

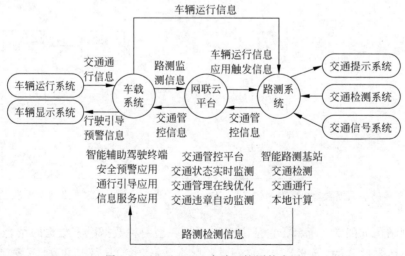

图 5-8 Apollo V2X 车路云协同技术图

1. 对象级识别

对象级识别可对所有交通参与者进行感知理解，感知精度达到亚米级，所提供路侧感知信息可与高级别自动驾驶实现决策闭环。对象级识别通过视觉系统模块处理和分析由一个或多个摄像机捕获的图像以识别无人驾驶车辆环境中的对象和特征,可以检测交通信号、车行道边界、其他车辆、行人和障碍物。识别效果如图 5-9 所示。

图 5-9　对象级识别效果图

2. 超视距感知

由于车辆传感器(如雷达、光学摄像机)易受障碍物、雨雪天气、强弱光线等多种因素的影响,导致基于单车传感器的环境信息感知能力受限,易发生车辆碰撞及因物体识别故障导致的自动驾驶事故。

因此,可通过车路协同技术对超视距感知能力进行增强,突破单车传感器环境感知能力受限的技术瓶颈,提高自动驾驶的安全性和可靠性。其主要原理是在车路旁设有超视距感知路侧设备,超视距感知路测设备可以采集全局路网图像、收发车辆位置和速度等信息,即使有前方车辆挡住视野的情况下,车辆也可实时接收到前方盲区处的其他车辆信息,可以有效扩大车辆视距,避免感知盲区,感知效果如图 5-10 所示。

图 5-10　超视距感知效果图

3. 毫米级计算

通过感知到的车路信息进行融合计算,而毫米级计算可以为 L4 级自动驾驶车辆在多场景下测试提供全量、连续、多模态的低时延数据服务,实时响应快,计算精度高(图 5-11)。

图 5-11　毫米级计算图

4. 全域级控制

全域级控制主要通过城市级全时空动态交通信息采集与云端融合,为交通参与者和管理者实现全局最优的协同控制能力,其效果如图 5-12 所示。

图 5-12　全域级控制图

5.1.5　智能网联汽车环境感知在先进驾驶辅助系统中的应用

1. 倒车辅助系统

如前所述,视觉传感器在汽车中得到了普遍应用,但其算法复杂、成本高。而超声波雷达安装简单、成本较低,适用于短距离目标探测。超声波雷达与视觉传感器可以通过融合的方式用于倒车辅助系统,为系统提供有效的目标检测和视觉辅助,图 5-13 所示为一个后视摄像头和超声波测距融合的倒车辅助系统。

倒车辅助系统又称驻车辅助系统。在倒车过程中,如果在车辆要经过的路径上有障碍物,则停车距离控制系统会向驾驶员发出警告。如图 5-14 所示,倒车雷达系统由倒车雷达 ECU、倒车雷达蜂鸣器及数个(通常为 4 个)安装在(后)保险杠上的倒车雷达传感器等组成。如果安装后摄像头，则会在导航屏上提供车辆后部区域的图像。

图 5-13 倒车辅助系统感知效果图

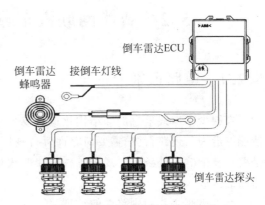

图 5-14 倒车雷达系统结构组成

倒车雷达蜂鸣器通常安装在仪表板横梁的上部，靠近驾驶员侧，由螺栓固定。有的则安装在组合仪表内部，由仪表内部的报警蜂鸣器完成这一功能。

倒车雷达传感器俗称探头，安装在后保险杠上，包括左、左中、右中、右传感器，由外向内嵌入式安装，如图 5-15 所示。各传感器的安装位置都有规定，不能装错，否则可能引起误报警。

2. 工作原理

倒车雷达系统就是利用超声波信号，经倒车雷达主机内微计算机的控制，再在探头的发

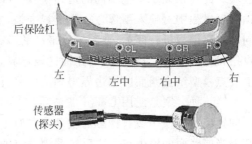

图 5-15 倒车雷达传感器安装位置

射与接收信号过程中，比对信号折返时间从而计算出障碍物距离，然后由报警器发出不同的报警声。与障碍物的距离=发收时间差×声速/2。

当车辆挂到倒车挡时，倒车雷达 ECU 使用超声波传感器监控后保险杠周围的区域，如果监控区域内检测到物体，仪表组件内的声音报警装置就会发出声音告警。系统能够探测到比较坚硬的固体障碍物，同时也能探测到铁丝网和栅栏之类的物体。

后视摄像头使驾驶员能很清楚地看到车辆后方的情况，而机器视觉可以探测物体，以及路肩石和街道上的标记。通过超声波提供的补充功能，可以准确地确定识别物体的距离，并且在低光照或完全黑暗的情况下，也能确保基本的接近报警。超声波雷达与视觉设备的融合一方面可以提供摄像头范围内外的物体识别与提示，另一方面也可以为视觉识别算法在整幅图像中提供预选的计算区域，有助于对算法进行优化，减少计算时间。

目前，多传感器数据决策技术被国内外学者所重视，出现了大量的关于数据决策方面的理论和算法，但是由于数据的属性以及数据的类型等方面的制约，对于多传感器数据决策问题还没有形成统一的理论框架和唯一的算法分类。在多传感器数据决策领域，主流的决策方法有统计法、经典推理、贝叶斯推理、模板法、表决法、自适应神经网络以及 D-S 证据理论等。

5.2 智能网联汽车典型场景环境识别技术

5.2.1 道路识别

在缺少车道线信息的非结构化道路或车道线破损严重的道路场景下,为了保证车辆仍然能够沿当前道路行驶,需要对路面可行驶区域、路面边界进行检测。可行驶路面的检测,是要在复杂的室外条件下规避各种未知形状和类型的障碍物,然后准确、有效地检测出属于路面的区域。

路面检测主要利用路面的纹理、颜色信息。相比于车道线检测,可行驶路面检测技术研究较少,且方法各异。利用路面纹理、颜色信息构建的路面特征模型种类很多,利用对称性、消失点、感兴趣区域等路面结构特征的方法也有很多。

路面区域检测方案包含两个模块:一个是目标边缘提取模块;另一个是路面区域提取模块。此外预设了一些不同的道路模板。在目标边缘提取模块中,与车道线检测类似,先在预处理过程中对输入图像进行逆透视变换,然后进行边界检测,将边界信息与预设的几个不同的道路模板进行匹配,取置信度最高的三个模板。用输入图像的像素点对三个模板进行投票,按投票结果得到预测的路面区域边界,在边界内对像素颜色信息进行分析,最终运用消失点模型结合路面区域边界得到路面可行驶区域。

第一种方案是使用Gabor滤波器,它可以描述图像中所有像素的纹理方向并计算出对应的置信度。使用所有像素的纹理方向对当前路面的消失点位置进行投票,通过投票数量获得当前路面的消失点。之后按照消失点的位置和离散点的纹理方向,连接形成数条直线对图像进行分割,使用纹理方向和颜色信息按照置信度模型合并分割后的区域,在分割和合并区域的同时按照纹理方向更新消失点,最终使用合并后的区域作为路面区域。

第二种方案是使用光照不变图像,通过熵分析的方法提取输入图像像素特征,由此得到受光照影响很小的图像特征,称为光照不变图像,对光照不变图像做分布直方图分析,然后利用相似度分析判断路面成分。

第三种方案是使用一簇水平线分割图像,对水平线上像素的颜色信息进行分析并判断路面范围。

5.2.2 车辆识别

车辆识别上用得比较多的是毫米波雷达和视觉传感器,也可用激光雷达。这里主要讲解基于毫米波雷达和视觉融合的前方车辆识别。这种识别方法主要通过毫米波雷达采集前方车辆所对应的障碍物数据,并划分出车辆的感兴趣区域。结合机器视觉对感兴趣区域展开检验,之后分析感兴趣区域是否有车辆。另外,毫米波雷达与机器视觉信息在进行充分的融合之后,可通过传感器传输的互补数据减少对特定传感器的依赖性,让融合完成的数据更为可靠,这对图像识别具有诸多裨益,同时,也在一定程度上强化了各类环境下的检测能力。通常来说,数据融合是系统采集准确数据的重点。毫米波雷达与机器视觉融合一般包括两个层面,即空间上融合和时间上融合。

1. 空间上融合

雷达和视觉所对应的坐标系存在一定差异,如果要将两者的信息进行结合,应对两者坐标系建立特定的相互关系,之后利用统一后的坐标系实现目标到图像的准确投影,譬如毫米波雷达得到的前方障碍物信息很大程度上体现二维化的特点,如图 5-16 所示,O_0 具体指代的是毫米波雷达安装位置,$X_0O_0Y_0$ 指代的是毫米波雷达安装平面,$X_0O_0Z_0$ 为雷达的扫描平面。R_1 扫过的区域就是装置探测距离覆盖区域,此时 R_2 扫过的扇形为装置长距离覆盖范围。

雷达坐标系与世界坐标系的转换关系如图 5-17 所示。

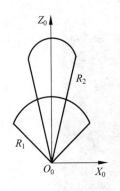 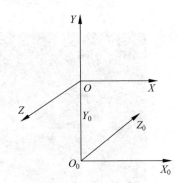

图 5-16　雷达坐标系　　　图 5-17　雷达坐标系与世界坐标系的转换关系

O_0-$X_0Y_0Z_0$ 为毫米波雷达坐标系,O-XYZ 是世界坐标系,XOZ 平面与 $X_0O_0Z_0$ 平面所存在的夹角为 $0°$,O 处于 O_0 上方 Y_0 处。结合扫描获得的数据相对角度 α 和相对距离 R 对雷达坐标进行转换,从而得到相应的三维世界坐标。

同时世界坐标系与摄像机坐标系存在坐标转换关系,摄像机坐标系与图像像素坐标系存在坐标转换关系,最后可以建立出雷达坐标系与图像像素坐标系之间的关系,利用统一后的坐标系实现目标到图像的准确投影。

2. 时间上融合

雷达和视觉信息不但要在空间上完成融合,还必须在时间上对目标信息进行实时采集。如毫米波雷达的采样频率等于 50Hz,采样帧速率等于 20 帧/秒;摄像装置所对应的采样频率等于 60Hz,采样帧速率等于 30 帧/秒。两传感器获取信号的时间点不能相互对应,虽然两传感器对信息数据获取的时间上不一致,但是对于毫米波雷达和视觉传感器依旧可以将两者联合标定。如图 5-18 所示,如果车辆行进的速度加快,两传感器采样频率的不同造成的时间差对于最后的联合标定结果会造成影响。因此,对于传感器之间时间上的融合成为关注的重点。即联合标定能够完成传感器之间空间上的融合,而实时性是传感器之间时间上的融合,只有对于空间和时间都进行融合才能保证最后融合结果的准确性。

基于毫米波雷达的车辆识别效果如图 5-19 所示。基于毫米波雷达的车辆识别是指利用毫米波雷达探测主车周围的车辆,获取车辆的距离和速度信息。基于毫米波雷达的车辆识别的优点是可以精确地检测车辆位置和速度,弥补视觉传感器的不足,在阴天、雨天和雾

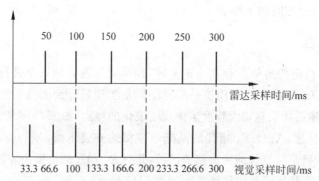

图 5-18　雷达与视觉采样频率示意图

图 5-19　毫米波雷达的车辆识别效果

天以及在摄像头灵敏度下降时表现出色,夜间行车则可以侦测到大灯照射之外的车辆;缺点是视场角小,覆盖范围比视觉传感器小。

基于视觉传感器的车辆识别效果如图 5-20 所示。基于视觉传感器的车辆识别是指利用摄像头获取主车周围的环境信息,用图像处理或人工智能等技术检测和识别获取环境信息中的车辆。识别的车辆可以是运动的,也可以是静止的。

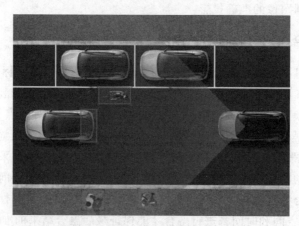

图 5-20　视觉传感器的车辆识别效果

基于激光雷达的车辆识别效果如图 5-21 所示。多线束激光雷达通过扫描主车周围环境的三维模型,运用相关算法比对上一帧和下一帧环境的变化,可以较为容易地探测出周围的车辆,并与其他传感器配合,可以对车辆进行精确定位。

彩图 5-21

图 5-21　激光雷达的车辆识别效果

由于激光雷达价格昂贵,自动驾驶级别较低的智能网联汽车不需要使用激光雷达,因此基于激光雷达的车辆识别主要用于无人驾驶汽车。

5.2.3　行人识别

行人识别可以采用视觉传感器、毫米波雷达和激光雷达,其中最常用的是视觉传感器。行人识别研究分为两类:基于运动的方法和基于人体形状的方法。第一类方法考虑了时间维度的信息,试图检测行人运动的周期性特征;第二类方法没有利用图像序列中的特点,而是分析人体形状信息。

运动模式,尤其是步态周期模式,是区分行人和其他运动物体的一个重要信息。例如,有研究者使用最大熵算法来研究行人运动所引发的图像强度变化。他们利用运动过程分解得到的时间频率和空间频率信息,进行模型的匹配。也有研究者使用时频分析和 Hamming 窗的短时傅里叶变换来得到行走周期的变化信息。还有研究者使用自适应时间延迟神经网络算法从输入的图像序列中提取局部时空特征。与使用全局特征的方法不同,该方法在低计算量、低存储需求的情况下,可以取得更好的识别效果。

基于人体形状的识别方法不仅可以识别运动行人,也可以识别静态行人。该类方法的主要困难是光照变化、衣服变化、姿态变化和遮挡情况下的行人识别问题。

下面介绍一种基于梯度方向直方图(Histograms of Oriented Gradient,HOG)特征和支持向量机分类器(Support Vector Machine,SVM)统计分类的行人检测方法,流程如图 5-22 所示。首先将图片进行多尺度缩放,用滑动窗口扫描缩放后的图片,计算每个检测窗口的 HOG 特征,然后将此 HOG 特征作为 SVM 的输入向量,并由训练好的 SVM 分类器进行分类,保存所有检测窗口并将检测窗口合并,得到最终检测结果。

如图 5-23 所示,在行人检测中,特征的选择占据核心位置。行人的特征描述有很多种,如可以根据行人不同的宽和高的比例、行人的对称性等选取行人边缘特征,也可以根据行人人体轮廓、梯度或灰度特征、肤色特征、衣服的纹理等各种不同的特征来表征行人。本书中,选取行人特征提取中应用比较广泛的 HOG 来表示人体边缘轮廓信息的方法。

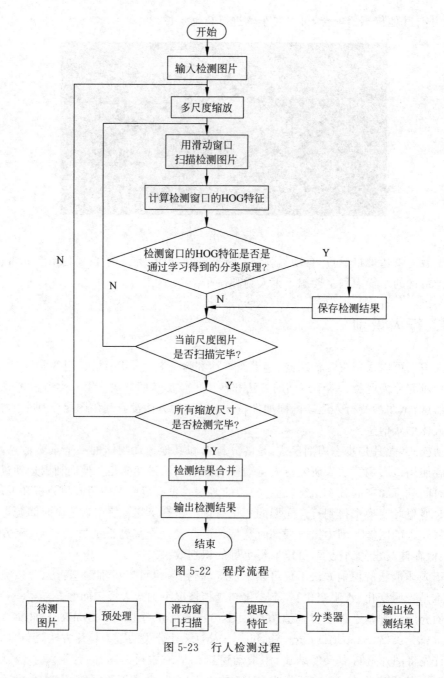

图 5-22 程序流程

图 5-23 行人检测过程

1. 边缘特征提取

在实际图像处理问题中,图像的边缘也是作为图像的一种基本特征,被经常用到较高层次的特征描述中进行图像识别。把边缘定义为在采集图像中亮度(灰度)有明显的变化的像素点的集合,即图像中拥有大的梯度的点组成的子集。

一般将边缘分为两类:阶跃性边缘和屋顶状边缘。阶跃性边缘一般在阶跃的两边的灰度值呈现明显阶梯性的变化;屋顶状边缘则位于灰度增加与减少的交界处,可以利用灰度的导数来刻画边缘点的变化。

边缘提取可以通过边缘算子找到图像中可能的边缘点,再把这些点连接起来形成封闭边界。边缘提取要保留图像中拥有大的梯度的点,对于亮度(灰度)变化剧烈的区域,最直观的方法就是微分法,利用灰度的导数来刻画边缘点的变化;从信号处理的频域角度来看,这些边缘像素点的信息属于高频信号区域,也可以用高通滤波器,即保留高频信号。而噪声也属于高频信号,所以在图像处理时要先对输入图像进行消除噪声的处理。最常使用的物体边缘检测方法有差分边缘检测、边缘检测算子、梯度边缘检测等。具体流程如图 5-24 所示。

边缘提取是由边缘检测算子来实现的。边缘检测常用的算法有坎尼(Canny)算法、索贝尔(Sobel)算法、Robert 算法、拉普拉斯(Laplace)算法、Prewit 算法、Krisch 算法等。

通过 Canny 算法选定的边缘定位更准确、可靠性更高、有效性良好。其检测效果如图 5-25 所示。

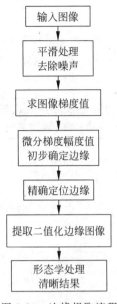

图 5-24 边缘提取流程

图 5-25 经过 Canny 算法处理的效果

2. 行人感兴趣区域划分

感兴趣区域(Region of Interests,ROIs)即在机器视觉的图像处理中,从被处理的图像以圆、方框、不规则多边形等方式勾勒出需要处理的区域。进行感兴趣区域划分的目的主要是提高检测速度,具体有四种不同的方法,如表 5-1 所示。

表 5-1 感兴趣区域划分方法对比

序号	方 法	原 理	优 点	缺 点
1	基于运动的方法	通过检测运动区域进行分割	受行人姿态的影响较小	检测不到静止行人
2	基于距离的方法	通过检测目标到汽车的距离进行分割	受行人姿态、颜色和光照影响较小	需要额外的测距设备,增加了系统的造价和复杂性

续表

序号	方法	原理	优点	缺点
3	基于图像特征的方法	通过分析图像上的一些典型的行人特征进行分割	可以对得到的图像数据直接操作	很难定义出比较健壮且易于检测的特征边缘
4	基于摄像机参数的方法	通过摄像机的几何关系确定搜索区域	可以只对感兴趣的区域进行处理	需要对系统参数进行标定,受车辆振动的影响

3. HOG 特征

HOG 特征是一种用来进行物体检测的特征描述子,广泛应用于计算机视觉和图像处理中。

在行人检测中,HOG 特征描述了图像局部区域的梯度强度和梯度方向的分布情况,该分布情况能对局部对象的外观和形状进行很好的表征。结合 SVM 分类器的检测原理的应用已经获得了极大的成功。HOG 特征的提取算法流程如图 5-26 所示。

4. 行人识别分类器

在行人检测过程中,分类器的优劣是实现整个行人检测系统的决定性因素。现在基本的分类器有 SVM、级联分类器、神经网络等各种不同的分类器。其中 SVM 作为一种二类分类模型,是定义在特征空间上的间隔最大的线性分类器,SVM 的算法源于学习理论中的 VC 维理论(Vapnik-Chervonenkis Dimension)以及结构风险最小原理,它可以依据有限数量的样本信息创建一个模型,使此模型既有较好的学习能力又有相对低的复杂性,从而获得最好的推广能力。

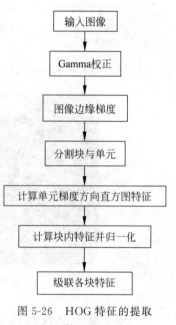

图 5-26 HOG 特征的提取算法流程

5. 分类器检测

在经过分类器训练以后,要在图像中找到包含待检测行人的区域,并用矩形框将其显示出来。分类器要以几个不同大小的窗口进行几次扫描,而且每次都要对其中的重叠区域进行扫描检测。为检测整幅图像,可移动图像中的搜索窗口,对每个位置进行检测以确定可能出现的目标。为检索出大小不同的目标,将分类器设计成尺寸可改变的类型,为了检测图像中不知道大小的目标,扫描的程序往往需用不同比例的搜索窗口对图片进行多次扫描。行人检测结果如图 5-27 所示。

图 5-27 行人检测结果

5.2.4 交通标志识别

交通标志识别(Traffic Sign Recognition,TSR)能够在车辆行驶过程中对出现的道路交通标志信息进行采集和识别,及时向驾驶员做出指示或告警,也能够直接控制车辆进行操作,以保证交通通畅并预防事故的发生。道路交通标志作为重要的道路交通安全附属设施,可向驾驶员提供各种引导和约束信息,驾驶员实时地获取正确的交通标志信息,可保证行车安全。

交通标志识别首先要对交通标志分割。交通标志分割实际上需要快速从复杂的场景图像中获取可能是交通标志的感兴趣区域。然后采用模式识别的方法对感兴趣区域进行进一步辨识,定位其具体位置。当在试车环境中分割出交通标志信息的感兴趣区域后,需要采用一定的算法对其进行判别,以便确定它属于哪一种具体的交通标志。一般的判别方法包括模板匹配法、基于聚类分析法、基于形状分析法、基于神经网络分析法、基于支持向量机的方法。

交通标志可分为符号交通标志和文字交通标志。符号交通标志通常根据颜色和形状分类,它们往往具有醒目的颜色和固定的形状,这样设计是为了让司机在驾驶时容易注意到符号交通标志。因此符号交通标志检测方法主要分为基于颜色、基于形状、基于表象特征的符号交通标志检测方法。文字交通标志上的文本包含了精确、丰富的与交通状况有关的语义信息,因此文字交通标志文本检测在智能交通系统中扮演着重要的角色。虽然文字交通标志检测和识别领域取得了一定的进展,但远远没有达到文字交通标志检测和识别的准确性和实时性的要求,因此文字交通标志检测和识别仍是一个有待解决的问题。

下面介绍一种基于全卷积网络指导的符号交通标志检测与识别。

1. 符号交通标志检测

图 5-28 为符号交通标志检测和识别方法的具体实现过程。该方法主要分为两部分:一部分是在全卷积网络(FCN)和 EdgeBox 指导下的候选框提取阶段;另一部分是采用深

度卷积神经网络(Deep Convolutional Neural Network)进行符号交通标志分类的阶段。给定一幅场景图像,首先利用全卷积网络生成符号交通标志的大致区域图。然后,利用 EdgeBox 从大致的符号交通标志区域中提取符号交通标志的候选框。最后,通过训练好的神经网络分类器识别符号交通标志,消除误报,并通过非最大抑制(Non-Maximal Suppression,NMS)保留最优包围盒。

彩图 5-28

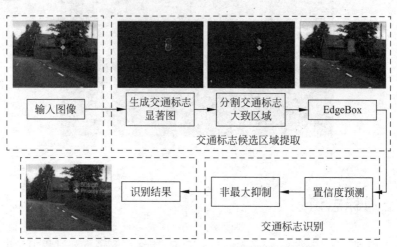

图 5-28 符号交通标志检测和识别方法的具体实现过程

与一般对象不同,符号交通标志在交通场景中总是出现在特定的位置,例如道路的两边。因此,不必从整幅图像中提取目标,而是利用全卷积网络寻找大致的符号交通标志区域,这样大大缩小了符号交通标志的搜索范围。图 5-29 展示了交通标志候选框的提取过程。因为在全卷积网络选出了大致符合交通标志区域的候选框,所以 EdgeBox 方法只需提取要较少的候选框数量,就可以达到较高的召回率。图 5-29(d)中的红色矩形框就是 EdgeBox 提取的符号交通标志候选框。

彩图 5-29

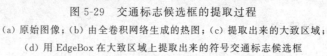

图 5-29 交通标志候选框的提取过程
(a)原始图像;(b)由全卷积网络生成的热图;(c)提取出来的大致区域;
(d)用 EdgeBox 在大致区域上提取出来的符号交通标志候选框

2. 符号交通标志识别

获得符号交通标志候选框之后，还要对符号交通标志候选框进行识别，区分不同类别的符号交通标志以及消除误报。符号交通标志识别的体系结构、训练过程和测试过程如下。

1) 体系结构

网络中，每个卷积层后面都是一个批归一化处理（Batch Normalization）层（这大大提高了收敛速度）、一个整流函数（Rectified Linear Unit，ReLU）层和一个步长为 2 的最大池化（Max-pooling）层，输入图像的大小是 64×64 像素。CNN 的设置细节如表 5-2 所示，其中 KS 为内核大小（Kernel Size），PS 为填充大小（Padding Size），NM 为特征图的数量，SS 为每个卷积层的步长（Stride Size），NN 是全卷积层的输出数。

表 5-2 用于符号交通标志识别的 CNN 的参数设置

层	设 置	层	设 置
卷积层 1	KS=5×5,PS=2,NM=64,SS=1	全连接层 5	NN=4096,DropOut
卷积层 2	KS=5×5,PS=2,NM=256,SS=1	全连接层 6	NN=4096,DropOut
卷积层 3	KS=3×3,PS=1,NM=384,SS=1	全连接层 7	NN=N
卷积层 4	KS=3×3,PS=1,NM=512,SS=1		

2) 重采样法训练

为了加大深度卷积神经网络的识别能力，采用重采样法（Bootstrapping）挖掘较难的负样本来训练深度卷积神经网络。由于场景的复杂性和多样性，符号交通标志容易受到光照、遮挡、噪声等因素的影响。在第一轮的训练中，使用所有的正样本并随机选择相同数量的负样本。在网络训练收敛后，利用该模型找到错误分类的样本，并将它们添加到训练集中，进一步优化网络。

3) 非最大抑制

在测试时，所有的符号交通标志候选框都由训练的深度卷积神经网络模型来分配。得分低的候选框被去除，并通过非最大抑制（Non-Maximum Suppression，NMS）保留符号交通标志候选框的局部最优候选框，作为符号交通标志检测和识别系统的最终输出。

智能网联汽车通过视觉传感器识别交通标志的效果如图 5-30 所示。

图 5-30 视觉传感器识别交通标志的效果

5.2.5 交通信号灯识别

交通信号灯的检测与识别是无人驾驶与辅助驾驶必不可少的一部分,其识别精度直接关乎智能驾驶的安全。一般而言,在实际的道路场景中采集的交通信号灯图像具有复杂的背景,且感兴趣的信号灯区域只占很少的一部分。国内外的众多研究者提出了相应的解决方案。总的来说,大多是基于传统的图像处理方法。目前也有用强学习能力的卷积神经网络去进行识别,但这类方法往往需要大量的训练样本避免过拟合的风险。截至目前,大多数方法都是在各种颜色空间中利用信号灯颜色的先验进行分割得到感兴趣区域,然后通过信号灯所特有的形状特征和角点特征等进行进一步的判定。

下面介绍一种基于颜色分割与特征匹配相结合的方法进行交通信号灯识别,主要分为如下三个步骤。

1. 颜色分割

为了消除噪声、光照等因素的干扰,首先对采集的图像进行直方图均衡化。即对每一个通道(R,G,B)的数据进行直方图均衡化,再合并为一个三通道图像。颜色特征是交通信号灯重要而显著的特征之一。要对交通信号灯进行颜色分割,首先要选择合适的色彩空间。RGB 色彩空间中的 R、G、B 这三个分量之间相关性较高,受光照影响较大,不利于颜色分割。因此,对 RGB 这三个通道数据进行归一化,即 $R=R/(R+G+B)$,$G=G/(R+G+B)$,$B=B/(R+G+B)$。然后,统计不同环境条件下拍摄的交通信号灯红色、绿色的 R、G、B 值,确定交通信号灯的颜色阈值。

2. 感兴趣区域提取

该步骤的主要目的为对分割的红色通道图像和绿色通道图像进行连通区域的标定,并提取区域的基本几何特征,如长度、宽度、长宽比、面积(即白色像素个数)。

3. 信号灯区域判定与识别

该步骤在前一步骤的基础上根据信号灯的特有特征过滤出真正的信号灯区域。其主要包括三部分:信号灯面积、信号灯形状和信号灯的黑色边框。

1)信号灯面积

可根据实际情况设定过滤面积过大或过小区域。

2)信号灯形状

形状特征是交通信号灯重要而显著的另一特征,尽管气候、道路环境等会对采集的交通信号灯产生不同程度的噪声、褪色及形变,但是交通信号灯的形状和几何尺寸不会发生太大的变化。对于圆形交通信号灯使用圆形度检测,过滤圆形度过低的区域,其中圆形度是指候选区域边缘接近圆形的程度。圆度 CircleMetric 的定义为潜在白色区域面积/外接矩形框面积。设置的阈值为 0.5,该值如果为 0.785,则为圆形。

3)信号灯的黑色边框

交通信号灯在形状上有一个显著的特征,即它的灯板是一个黑色矩形框。根据交通信号灯的设计规范，利用该特征可以将交通信号灯的范围提取出来。可采用 SVM 分类器进行识别。

（1）根据一些训练图像建立黑色边框正样本，即在工程中用鼠标框住黑色灯框，在该区域内提取颜色直方图；重复操作，得到正样本集；同样的道理，在训练图像中其他区域提取负样本集；最后在颜色直方图的特征空间中学习出分割超平面。

（2）在识别前加载训练好的 SVM 文件，而后在之前检测出的白色连通区域的上下位置提取一定大小的无重叠区域，在该区域内提取颜色直方图特征。

（3）根据该颜色直方图特征，根据训练的分割超平面预测其类别。

（4）如果是圆形，则白色区域可进一步判定为信号灯区域；如果不是圆形，则过滤掉该区域。

最终的识别效果如图 5-31 所示。

彩图 5-31

图 5-31　交通信号灯识别效果

如果在 redMat 中有筛选出的白色区域，则该信号灯为红灯；在 greenMat 中则为同样的道理。

基于 V2X 的交通信号灯识别效果如图 5-32 所示。如果能从车内预先知道前方交通信号灯状况，提醒驾驶员目前适合持续加速或者维持速度恒定，甚至可以预先减速，使行车更为顺畅，通行效率将大大提高。交通信号灯的自动识别是实现城市无人驾驶汽车行驶的关键，特别是在十字路口，可实现车路协同控制，提高通行效率。

图 5-32　基于 V2X 的交通信号灯识别效果

5.3 智能网联汽车路径规划及典型算法

路径规划是解决智能网联汽车如何达到行驶目标问题的上层模块，它依赖于智能网联汽车驾驶定制的高精度地图，与普通导航单纯提供指引的性质不同，智能网联汽车路径规划模块需要提供能够引导车辆正确驶向目的地的轨迹。路径规划主要分两个步骤：首先建立包含障碍区域与可行驶区域的环境模型，然后在环境模型中选择某种合适的算法，快速实时地搜索到可行路径。智能车辆路径规划技术的研究已经开展30多年，其研究方法主要是沿用了机器人研究领域关于路径规划方面的研究成果。其研究重点主要包括环境建模和路径搜索策略两个子问题。

路径规划模块需要根据局部环境感知、可用的全局车道路路径、相关交通规则，提供能够引导车辆驶向目的地的路径。路径规划方法可分为全局路径规划方法、局部路径规划方法和混合路径规划方法三种。

全局路径规划方法可以视为一种离线规划方法，根据获取的环境信息为车辆规划一条道路，规划路径的准确性取决于获取外部环境信息的准确性。全局路径规划方法通常会找到最优路径，但需要预先知道整个环境的准确信息和行驶目标。

局部路径规划方法是一种在线规划方法，主要考虑车辆当前的局部环境信息，使车辆在局部环境中能够安全行驶。局部路径规划方法依靠安装在车身上的传感器装置来获取局部信息，感知评判环境的实时变化，做出相应的路径规划决策。与全局路径规划方法相比，局部路径规划方法具有实时性。

混合路径规划方法的主要过程是先通过先验性的全局信息得出全局最优路径，指导车辆沿全局最优路径运行，某一时刻检测到局部视野中存在局部障碍物，判断其状态参数，计算相关的输入参数执行局部路径规划，局部路径规划执行中车辆远离全局最优路径，重新执行全局路径规划，反之回到全局最优路径上，继续运行。

图 5-33 是路径规划技术的一般架构。

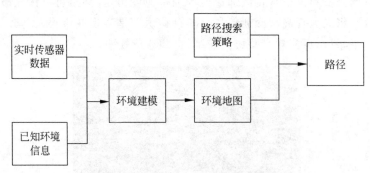

图 5-33　路径规划技术的一般架构

全局路径规划主要的算法有栅格法、可视图法、拓扑法等；局部路径规划常用的算法有遗传算法、人工势场法、强化学习、空间搜索法、层次法、Dijkstra算法、Lee算法、Floyd算法等。下面介绍几种常用的路径规划算法。

5.3.1 全局路径规划算法

1. 栅格法

栅格法是利用栅格单元来表示整个工作环境,并将自动驾驶连续工作环境离散为一系列网格单元。自动驾驶的整个工作环境分为两种网格:自由栅格和障碍栅格。自由栅格指的是某一栅格范围内不含任何障碍物。障碍栅格指的是这个栅格范围内存在障碍物,有时可能整个栅格内都布满障碍物。由于计算机处理信息的形式是二进制的,可能每个栅格分配一个累计值,称为 CV 值,它表示网格中存在障碍时的可信度。CV 值越高,障碍物出现的概率越高。一般来说,CV 值为 1 表示栅格是障碍栅格,CV 值为 0 表示栅格是自由栅格。在路径搜索中,自动驾驶只根据一定的搜索算法搜索自由空间,最终规划出从起点到目标点的最优路径。

目前栅格法主要用于环境建模,下面以自主配送车为例说明栅格法的思想。

自主配送车在基于行驶环境对行驶路径进行规划时,首先需将全局行驶环境转换为自主配送车计算机系统可识别的二维环境模型,即栅格环境模型。假设全局行驶环境中障碍物的位置和大小已知,且在自主配送车行驶过程中不会发生相对变化,利用栅格法将全局行驶环境栅格化,具体过程如下。

假设全局二维行驶环境水平方向的长度为 x_{max},水平竖直方向上的长度为 y_{max},每个单元栅格的边长为 a,不满一个单元栅格时按一个单元栅格进行处理,由此可将二维环境划分为一系列的单元栅格,单元栅格的总数可表示为

$$n = n_x \cdot n_y = \text{ceil}\left(\frac{x_{max}}{a}\right) \cdot \text{ceil}\left(\frac{y_{max}}{a}\right) \tag{5-1}$$

式中,n_x 为单元栅格列数,n_y 为单元栅格行数,ceil 为向上取整运算。对每一个单元栅格进行赋值,若第 i 个单元栅格为障碍栅格,则对障碍栅格 n_i 赋值为 1;若第 j 个单元栅格为自由栅格,则对自由栅格 n_j 赋值为 0。

在路径算法实现时,1 代表路径不可搜索,0 代表路径可搜索,由此可将全局行驶环境分解为许多具有二值信息的单元栅格。对这些二值单元栅格的标识主要有两种:一种是直角坐标法;另一种是序号法。下面以直角坐标法来标识。

在二维栅格环境模型上创建直角坐标系,以该二维栅格环境模型的左上角为坐标原点 O,以环境模型的水平方向为 x 轴,以环境模型的竖直方向为 y 轴,并令两坐标轴的单元长度均与单元栅格的边长成整数倍关系。在已创建的直角坐标系中,任意第 m 个单元栅格的位置 X_m 均可由对应的坐标 (x_m, y_m) 来确定,用 $M(x_m, y_m)$ 来代表直角坐标系下的栅格环境模型,则栅格环境的数学模型可表示为

$$M(x_m, y_m) = \{X_m \mid X_m = 0, X_m = 1, m \in N\} \tag{5-2}$$

式中,$X_m = 0$ 表示当前栅格为自由栅格,$X_m = 1$ 表示当前栅格为障碍栅格。直角坐标法栅格环境模型如图 5-34 所示,图中的各个坐标即是单元栅格的坐标。为了便于栅格环境模型的观测与分析,对存在障碍的单元栅格用黑色进行表示,自由栅格不做着色处理,因此障碍物的信息就可从栅格地图中准确描述。最后从初始位置开始进行探索,寻找能抵达目标位

置的无碰撞的最优路径。

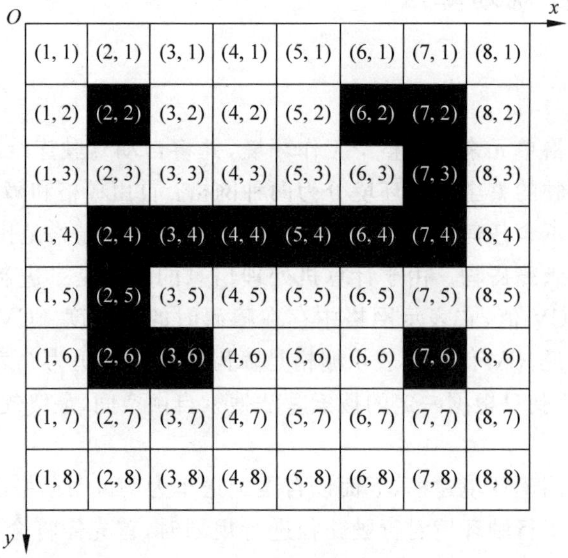

图 5-34 直角坐标法栅格环境模型

2. 可视图法

可视图法分别将车辆和障碍物假设为一个质点和近似多边形,用可视的线段将质点、目标点及多边形的各顶点进行有序的组合连接,即连线不能穿越障碍物多边形,将车辆路径规划问题转换为搜索起始点到目标点之间最短线段集合,常采用 A^* 算法或其改进算法搜索最短路径。由于搜索的路径是连接障碍物顶点的线段,车辆易与障碍物发生碰撞,因此当环境障碍物、特征信息量较多时,搜索路径的时间较长;同时,可视图法灵活性较差,对环境的适应性及实时性较差,不能保证所寻的路径是全局最优。

障碍物环境示意如图 5-35 所示,O_1、O_2 表示的封闭多边形分别代表两个障碍物,S、G 分别表示起始点和目标点。其对应的可视图如图 5-36 所示,由起始点、目标点与各障碍物顶点之间的可视直线构成。

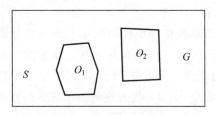

图 5-35 障碍物环境示意

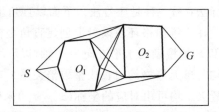

图 5-36 可视图

用可视图法规划避障路径主要在于构建可视图,而构建可视图的关键在于障碍物各顶点之间可见性的判断。判断时主要分为两种情况:同一障碍物各顶点之间可见性的判断以及不同障碍物之间顶点可见性的判断。

同一障碍物中,相邻顶点可见(通常不考虑凹多边形障碍物中不相邻顶点也有可能可见的情况),不相邻顶点不可见。

不同障碍物之间顶点可见性的判断则转换为判断顶点连线是否会与其他顶点连线相交的几何问题。如图 5-37 所示,V_1、V_2 分别是障碍物 O_1、O_2 的顶点,但 V_1 与 V_2 连线与障碍物其他顶点连线相交,故 V_1、V_2 之间不可见;而实线所示的 V_3 与 V_4 连线不与障碍物其他顶点连线相交,故 V_3、V_4 之间可见。

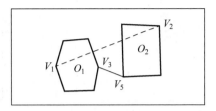

图 5-37 可见性判断示意图

3. 拓扑法

拓扑法是将自动驾驶工作空间分隔为具有拓扑特征的子空间,建立拓扑网络,在拓扑网络上找到从起始点到目标点的拓扑路径,最后从拓扑路径中找到几何路径。

拓扑方法的优点是无论环境多么复杂,都能找到无障碍路径;缺点是建立拓扑网络的过程比较复杂,计算量很大。

当障碍物数量增加或障碍物位置发生变化时,修改原有拓扑网络是非常困难的,通常用于基于静态矢量地图的导航路径规划。

5.3.2 局部路径规划算法

1. 遗传算法

遗传算法是自动驾驶路径规划常用的算法,其用选择、复制、交叉和变异等操作,模拟自然界生物遗传及进化过程而提出的一种自适应全局优化概率搜索算法。遗传算法是一种迭代算法,由于其具有较好的全局寻优能力和并行计算特性,是目前机器人路径规划研究中应用较成熟的一种方法。其将初始集经过选择、复制、交叉和变异等操作不断迭代计算获得新的解集,并依据个体的适应度,遵循自然界"适者生存"和"优胜劣汰"的原则,引导生物搜索过程向"最适应环境"的个体(最优路径)逼近,并最终收敛到最优解(最优路径)或次优解(近似最优路径)

在遗传算法的路径规划中,初始种群是随机产生的。为了避免陷入局部极值点,种群数量必须达到一定的规模。然而,种群数量增大会导致搜索空间增大、删除冗余个体的能力较差等问题,会严重影响路径规划的速度。

遗传算法具有以下特点:不会产生无效的路径,但在复杂的环境中,很难创建链接图。此外,遗传算法计算效率低,计算时间长,在遗传进化过程中需要大量的存储空间。遗传算法流程如图 5-38 所示。

采用遗传算法设计求解路线问题。

在农村物流运作中,要同时兼顾送货和取货,即包括前向物流和逆向物流,可以将农村物流问题进行高度抽象,建立相应的数学模型:假设某一农村物流中心为周围有 N 个村落节点提供取送货服务,物流中心拥有 k 辆车,单辆车最大载重量为 Q。现需要派出 M 辆车,完成对各个村落节点的送货和取货任务。物流中心的车辆启用成本为 β,单位运输距离成本为 α。要求求出完成目标任务最佳车辆派送方案及路径规划,使得车辆启用和行驶总消耗最小。

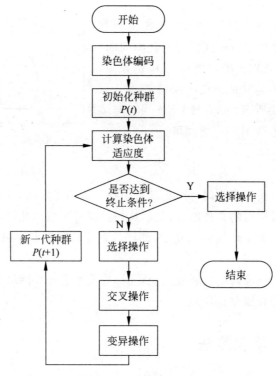

图 5-38 遗传算法流程

对货物进行配送和回收的过程中,耗费的成本主要包括车辆的启用费用和行驶消耗。实际操作中,参与配送车辆数量越多,所耗费车辆成本越多,启用成本一般可以认为是固定常数;行驶成本可以车辆行驶总距离来计算,或者总距离乘以单位距离成本得出,两者本质是一致的,即尽量满足所有车辆行驶总距离最小。建立的配送数学模型的目标就是要在综合考虑启用成本和行驶成本的基础上,达到总成本最小。首先对相关的参量进行定义。

U:包括配送中心在内的所有节点集合,编号为 $i=0,1,2,\cdots,n$,其中 $i=0$ 为配送中心,其余为村落节点;

R:客户节点集合,满足 $U=R\cup\{0\}$;

C:各节点之间的距离,$C\in\{c_{ij}\}$,$i,j\in U$;

d_i:第 i 个村落节点送货量,$i\in R$;

p_i:第 i 个村落节点取货量,$i\in R$;

V:配送车辆集合,$V=\{k\}$,$k=1,2,\cdots,m$;

α:单位距离运输成本;

β:单辆车启用成本;

Q:车辆的最大载重量;

x_{ijk}:为 0 和 1,0 表示车辆 k 不直接服务村落节点 i 和 j,1 表示车辆 k 服务村落节点 i 和 j;

y_{ijk}:表示车辆 k 从村落 i 到村落 j 时的承重。

模型求解就是要尽量求解式(5-3)的最小值,即配送和取货成本最低。

$$\min F(i,j,k)=\alpha\sum_{i=0}^{n}\sum_{j=0}^{n}\sum_{k=1}^{m}c_{ij}x_{ijk}+\beta\sum_{k=0}^{m}\sum_{j=0}^{n}x_{0jk} \tag{5-3}$$

第 j 个村落节点,必须要被服务,且只能被访问一次,则有

$$\sum_{k=0}^{m}\sum_{i=0}^{n}x_{ijk}=1 \quad i,j \in R, 1 \leqslant j \leqslant n, i \neq j \tag{5-4}$$

车辆在任意村落的承载都不能超其额定载重限制,则有

$$y_{ijk} \leqslant Q_{ijk} \quad i,j \in R, k \in V, i \neq j \tag{5-5}$$

车辆从配送中心出发时,初始载重量为需要配送的所有村落节点货物需求总量,则有

$$\sum_{j=0}^{n}y_{0jk}=\sum_{i=0}^{n}\sum_{j=0}^{n}d_i x_{ijk} \quad i,j \in R, k \in V, i \neq j \tag{5-6}$$

车辆返回配送中心时,载重量为各个取货客户节点的取货量总和,则有

$$\sum_{j=0}^{n}y_{0jk}=\sum_{i=0}^{n}\sum_{j=0}^{n}p_i x_{ijk} \quad i,j \in R, k \in V, i \neq j \tag{5-7}$$

车辆进入某个村落节点后,取下相应的货物,再装上要运走的货物,离开该节点时,车上的货物重量应满足式(5-8):

$$\sum_{i=0}^{n}y_{ijk}+(p_i-d_i)\sum_{i=0}^{n}x_{ijk}=\sum_{i=0}^{n}y_{jik} \quad i,j \in R, k \in V, i \neq j \tag{5-8}$$

运输车辆每进行一次运输任务,将配送中心作为起始点出发时,完成此次送货的总重量不能超过车辆的额定载重,则有

$$\sum_{j=0}^{n}y_{0jk} \leqslant Q x_{ijk} \quad i,j \in R, k \in V, i \neq j \tag{5-9}$$

到达村落 j 的运输车辆 k 上的需要运送的货物总重量,不得超过车辆的额定载重量,则有

$$\sum_{i=0}^{n}y_{ijk} \leqslant Q x_{ijk} \quad i,j \in R, k \in V, i \neq j \tag{5-10}$$

车辆任何时候载重量必不得小于 0,则有

$$y_{ijk} \geqslant 0 \quad i,j \in R, k \in V, i \neq j \tag{5-11}$$

任何节点的取货量和送货量必须大于 0,且车辆的载重量必须大于 0,则有

$$p_i \geqslant 0, \quad d_i \geqslant 0, \quad Q \geqslant 0, \quad i \in R \tag{5-12}$$

1) 染色体编码

采用整数对基因进行编码,以便于对该模型进行求解,染色体主要由标志村落节点序号的自然数排列组成。如染色体{4,3,1,2,5},代表共有 5 个客户节点,按照 4、3、1、2、5 的顺序进行访问,当需要改变访问顺序时,只需要将染色体内的数字顺序先进行变换即可。采用村落节点序号进行编码,各村落节点序号仅出现一次,可避免重复访问的情况。

2) 种群初始化

扇形扫描法如图 5-39 所示。扫描法初始化 VRPSDP 种群的思路的具体流程是:

(1) 以配送中心为原点,原点与某配送点生成一条射线,并按顺时针方向转动。

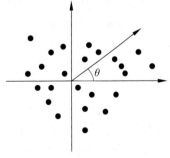

图 5-39 扇形扫描法示意图

(2) 射线转动形成的扇面包含的配送点满足所有约束条件后,构成一个客户子集。

(3) 按照一定的算法,将射线转动形成的各个节点子集进行序列化,形成各自的子路。

(4) 将射线的末位置作为新的初始位置,重复(2)和(3),直至形成包含所有客户节点的子路径序列。

(5) 将(1)中的射线初始位置偏移一定角度后,按照以上方法产生第二条包含所有节点的染色体。

(6) 按顺时针生成 $N/2$ 条染色体种群,然后按逆时针生成另外 $N/2$ 条染色体,以确保种群的多样性。

(7) 以物流中心为原点形成坐标系系统,随机选择一个村落节点与原点形成一条扫描线,作为初始位置。为了确保扫描生成的种群个体多样性,每个个体都是随机选择顺时针或逆时针方向为扫描转动方向。

(8) 扫描线按(7)确定的方向进行转动扫描,直到与原来位置形成的扇面内包含的村落节点满足指定约束条件,扇面内包含的村落节点构成一个客户分群。

(9) 将(8)形成的客户分群中的村落节点采取随机扰动插入算法逐个挑选出来,组成一个全新的个体基因段。首先选择客户分群中与配送中心距离最近的节点插入基因段,设定随机概率为 $P=0.5$,使用随机数生成器生成[0,1]的随机数 P_C,当 $P\_C>0.5$ 时,在客户分群剩余节点中选择与最后插入子路径节点距离最短的节点,插入基因段;当 $P\_C \leqslant 0.5$ 时,在客户分群剩余节点中选择与最后插入之间夹角最小的节点,插入基因段。重复操作直到所有客户分群节点都被选择完毕。

(10) 将(9)中扫描线的末位置作为新的初始扫描位置,重复(8)和(9),直至形成包含所有村落客户节点的基因段,并将这些基因段进行组合形成一个全新个体。

(11) 重复(7)、(8)、(9)中的操作,直到形成一个完整的初始种群。

3) 计算适应度

在 VRPSDP 数学模型中,要实现车辆规划配送成本最小的目标,一方面要尽量满足行驶时里程最小,另一方面也要尽量减少车辆的派遣数量。将染色体中各村落节点的送货和取货需求量进行累计计算,直到不满足一辆车的配送要求,这时需要重新派出一辆运输车辆进行剩下村落节点的取送任务,直到将所有村落节点配送完毕。统计需要派出车辆的数量和总的行驶距离,就可以计算出该染色体的适应度值大小。

4) 选择算子

采取多轮轮盘赌反复计算,统计多轮计算结果进行遗传选择。

(1) 设定种群规模为 M,采取前期设计好的适应度计算公式对种群中个体进行计算,并将结果进行归一化处理,运算结果即为每个个体在轮盘赌中被选中的概率。

(2) 将所有种群个体形成一个圆形的轮盘,个体所占轮盘面积与前面计算的个体被选中概率成正比。

(3) 转动轮盘 M 次,记录每一次所指向的个体,最后统计每个个体被挑中的次数,将被挑中次数最多的个体作为被选对象输出。如果有两个以上个体拥有相同选中次数,随机选择其中一个作为结果输出。

(4) 重复(1)、(2)、(3) M 次,最终选择生成一个全新的种群。

5) 交叉算子

(1) 有两个待交叉染色体 A={138457629}和 B={967128345},设定随机概率为 P,

采取随机数生成器随机成生成[0,1]的数字 P_C。当 P_C<P 时,对两个染色体进行交叉操作;当 P_C≥P 时,不进行交叉操作不交叉直接退出。交叉 P 值越大,算法的搜索能力就越强;P 值越小,对优良基因的保留就越好。在实际操作中可根据实际情况进行调整。

(2)采用随机数生成器随机生成两个染色体交叉起始 3 和结束位置 7,确定染色体 A 和染色体 B 的交叉段基因 a={13|8457|629}和 b={96|7128|345}。

(3)对照基因 b 中需要交叉的基因段|7128|,将基因 a 中相同的元素去掉得到 a1={34569},然后再将基因段|7128|随机加到 a1 前面或者后面,生成新的基因 a^b ={712834569}。

6)变异算子

(1)随机选取种群中某一个体{7 6 4 8 1 3 2 5},计算变异 p,如果 p>pm,直接返回不进行变异;如果 p≤pm,进行变异操作。

(2)采用随机数生成器生成变异起始点和结束点,如从位置 3 开始到位置 7 结束,标记出变异位置{7 6 | 4 8 1 | 3 2 5}。

(3)将需要进行的变异段{4 8 1}进行逆转,生成新基因段{1 8 4}。

(4)将新基因段{1 8 4}替换染色体中原有基因,最终生成新的染色体{7 6 1 8 4 3 2 5}。

2. 人工势场法

人工势场法路径规划是由 Khatib 提出的一种虚拟力法。它的基本思想是将汽车在周围环境中的运动,设计成一种抽象的人造引力场中的运动,目标点汽车产生"引力",障碍物对汽车产生"斥力",最后通过求合力来控制汽车的运动。应用势场法规划出来的路径一般比较平滑并且安全,但是这种方法存在局部最优点问题。

人工势场包括引力场和斥力场,其中目标点对物体产生引力,引导物体朝向其运动(这一点有点类似于 A^* 算法中的启发函数 h)。障碍物对物体产生斥力,避免物体与之发生碰撞。物体在路径上每一点所受的力等于这一点所有斥力和引力的合力。这里的关键是如何构建引力场和斥力场。下面以配送车自主避障为例分别讨论合势场:

$$U_{total}(X) = U_{att}(X) + U_{rep}(X) \tag{5-13}$$

式中,X 为自主配送车的当前位置,$U_{att}(X)$ 为引力势场,$U_{rep}(X)$ 为斥力势场。

则自主配送车在当前位置所受到的合力为

$$F_{total}(X) = -\nabla U_{total}(X) = F_{att}(X) + F_{rep}(X) \tag{5-14}$$

式中,引力 $F_{att}(X)$ 的方向为当前位置引力强度变化率最大的方向。自主配送车所受的合力如图 5-40 所示。

1)引力势场

目标点对自主配送车产生引力势能的大小与两者间的距离有关,两者间的距离越大时,自主配送车所受到的引力势能就越大,反之就越小;当两者间的距离缩小至零时,引力势能将会缩减至零,此时自主配送车到达目标点。自主配送车与目标点间的引力势场函数可用式(5-15)

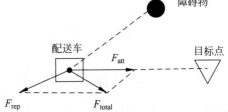

图 5-40 自主配送车所受合力

来表示：

$$U_{att}(X) = \frac{1}{2}k_{att}(X - X_g)^2 \qquad (5-15)$$

式中，k_{att} 为全局行驶环境中引力势场函数的增益因子，X_g 为目标点的位置。

由式(5-15)可知引力为引力势场在当前行驶位置的负梯度，则在当前位置自主配送车所受引力的函数表达式为

$$F_{att}(X) = -\nabla U_{att}(X) = k_{att}(X_g - X) \qquad (5-16)$$

式中，引力 $F_{att}(X)$ 的方向为当前位置引力强度变化率最大的方向。目标点在全局行驶环境中对自主配送车产生的引力势场如图 5-41 所示。

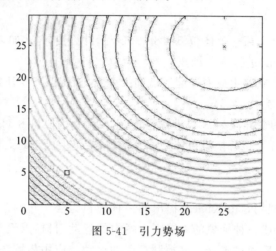

图 5-41 引力势场

2) 斥力势场

在二维行驶区域中，障碍物产生斥力势场，对自主配送车产生斥力作用。斥力势场的大小由自主配送车和障碍物之间的距离决定，自主配送车与障碍物的距离越小，斥力势场就会越强，此时自主配送车受到的斥力也就越大，反之就越小。自主配送车与障碍物间的斥力势场函数可用下式来表示：

$$U_{rep}(X) = \begin{cases} \frac{1}{2}k_{rep}\left(\frac{1}{\rho} - \frac{1}{\rho_0}\right)^2, & \rho \leqslant \rho_0 \\ 0, & \rho > \rho_0 \end{cases} \qquad (5-17)$$

式中，k_{rep} 为局部行驶环境中斥力势场函数的增益因子，ρ 为自主配送车在当前位置与障碍物之间的距离，ρ_0 为斥力势场影响范围的半径。

障碍物对自主配送车所产生的斥力的函数表达式为

$$F_{rep} = -\nabla U_{rep}(X) = \begin{cases} k_{rep}\left(\frac{1}{\rho} - \frac{1}{\rho_0}\right)\frac{1}{\rho^2}\frac{\partial \rho}{\partial X}, & \rho \leqslant \rho_0 \\ 0, & \rho > \rho_0 \end{cases} \qquad (5-18)$$

式中，F_{rep} 的方向为当前位置斥力强度变化率最大的方向，$\frac{\partial \rho}{\partial X} = \begin{pmatrix} \frac{\partial \rho}{\partial x} & \frac{\partial \rho}{\partial y} \end{pmatrix}^T$。障碍物在行驶环境中产生的斥力势场如图 5-42 所示。

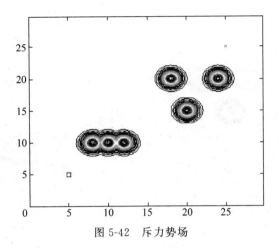

彩图 5-42

图 5-42　斥力势场

关于斥力势场影响半径 ρ_0 的确定，障碍物对自主配送车的斥力作用随两者间的距离增大而减弱，当两者间的距离大于 ρ_0 时，障碍物对自主配送车就不再施加斥力。在实际行驶环境中，为保证自主配送车不与障碍物发生碰撞，必须设置最小安全制动距离 $\rho_{\min}$，因此，斥力势场影响范围的最大半径 ρ_0 可由最小安全制动距离 $\rho_{\min}$ 来确定。最小安全距离 $\rho_{\min}$ 与自主配送车的行驶速度和减速能力有关，由牛顿运动学定律可得

$$\rho = \frac{v_{\max}^2}{2a_{\max}} \tag{5-19}$$

式中，$v_{\max}$ 为自主配送车的最大行驶速度，$a_{\max}$ 为自主配送车的最大减速度。

在实际行驶环境中，自主配送车往往会同时受到多个障碍物的斥力作用，在此种情况下，当多个障碍物对自主配送车共同起作用时，当前位置的斥力势场函数可通过单个斥力势场函数的叠加获得，此时合势场函数可表示为

$$U_{\text{total}}(X) = U_{\text{att}}(X) + \sum_{i=0}^{n} U_{\text{rep}_i}(X) \tag{5-20}$$

式中，n 为当前位置对自主配送车产生斥力作用的障碍物个数。

此时自主配送车受到的合力为

$$F_{\text{total}}(X) = F_{\text{att}}(X) + \sum_{i=0}^{n} F_{\text{rep}_i}(X) \tag{5-21}$$

引力势场与多个斥力势场在自主配送车行驶过程中产生合势场如图 5-43 所示。

当自主配送车处于多障碍物的行驶环境中时，其行驶方向由合斥力和引力共同决定，此时规划出的行驶路径如图 5-44 所示。

自主配送车在行驶过程中，其整体运动由斥力势场和引力势场共同决定，当其行驶位置发生变化时，其势场大小和行驶方向也将发生变化，故基于人工势场法的避障路径规划算法可较好地反映自主配送车行驶过程中的实时信息。但是，由于自主配送车的实际行驶环境较为复杂，在行驶过程中可能会出现合力为零的位置，即势场能零值点，这就有可能会导致自主配送车避障路径规划失败，故在采用人工势场法对避障路径规划算法进行设计时，需解决算法中的缺陷。

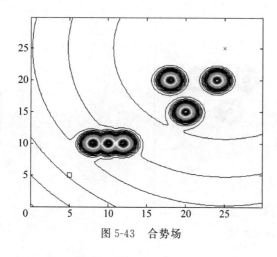
图 5-43　合势场

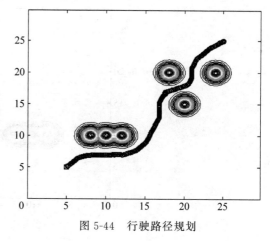
图 5-44　行驶路径规划

3. 强化学习

强化学习(Reinforcement Learning, RL)又称再励学习、评价学习或增强学习,是机器学习的范式和方法论之一,用于描述和解决智能体(Agent)在与环境的交互过程中通过学习策略以达成回报最大化或实现特定目标的问题。

强化学习的基本框架如图 5-45 所示。假设当前步数是 t,那么 s_t 是指智能体的当前状态,s_{t+1} 是指智能体下一时刻的状态,a_t 是指智能体的当前动作,r_t 是指智能体得到的即时奖赏值,r_{t-1} 是指上一时刻智能体得到的即时奖赏值。

强化学习有几个基本要素:MDP 五元组、策略、值函数和 Q 值函数。MDP 五元组的作用是将强化学习问题抽象成数学问题,以便于更好地进行计算。而策略、值函数和 Q 值函数的存在目的是通过计算找到此强化学习问题的解决方式。

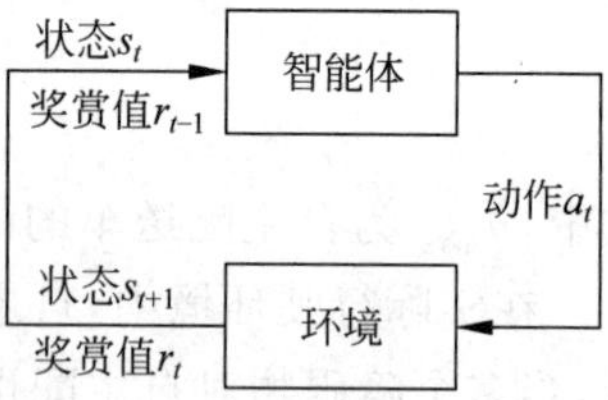

图 5-45　强化学习的基本框架

1) MDP

马尔可夫决策过程(Markov Decision Process, MDP)是指观察一个所有状态都满足马尔可夫性的随机过程,并按时间顺序依次做出决策。其中,马尔可夫是一个随机过程的未来状态,只与当前状态有关,与过去状态无关。

马尔可夫决策过程一般使用五元组 $(S, A, \boldsymbol{P}, R, \gamma)$ 来表示。其中,S 是智能体在所处环境下的状态空间,A 是智能体在所处环境下的动作空间。$\boldsymbol{P}$ 是状态转换概率矩阵,记录了智能体状态空间下的状态到其所有的下一个状态的概率。R 是一系列环境反馈给智能体的奖赏值,代表了每一个状态-动作对的价值。γ 是折扣因子,用于计算未来的奖赏值,$\gamma \in [0, 1]$。

图 5-46 是马尔可夫决策过程示意图。智能体从初始状态 s_1 开始,执行动作 a_1。智能体将根据 $\boldsymbol{P}$ 从初始状态 s_1 转变成状态 s_2,同时根据 R 得到环境给予的奖赏值 r_1。然后,智能体开始下一次动作选择,并得到相应的下一个状态和奖赏值。如此循环往复,智能体变成状态 s_{T-1},通过执行动作 a_{T-1} 得到终止状态 s_T 和奖赏值 r_{T-1}。

2) 策略

策略 $\pi = S \to A$ 反映了从状态空间 S 到动作空间 A 的映射关系。也就是说,如果智能体当前状态是 $s_t \in S$,那么它将根据策略 π 从所有的可选动作中选出下一个执行动作 $a_t \in A$。另一种策略是随机策略,策略 π 记录的是从一个状态映射到一个动作的概率。

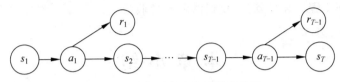

图 5-46 马尔可夫决策过程示意图

3) 值函数

值函数也称为状态值函数,用于计算一个状态的累计奖赏值,体现了未来状态的奖赏对于此刻状态的影响情况,也可以用来分析当前状态对于整个迭代过程是否有利。值函数可以用贝尔曼方程形式进行表示,公式如下:

$$V_\pi(s_t) = E[R_t + \gamma V_\pi(s_{t+1})] \tag{5-22}$$

式中,$V_\pi(s_t)$ 是指当前状态 s_t 下根据策略 π 行动后可以得到的未来奖赏。R_t 是指在当前状态 s_t 时,根据策略 π 行动后环境给予智能体的即时奖赏。γ 是折扣因子,$\gamma \in [0,1]$。如果折扣因子 $\gamma = 0$,那么值函数的更新只与当前获得的即时奖赏 R_t 有关;如果折扣因子 $\gamma = 1$,那么值函数的更新不仅与即时奖赏值 R_t 有关,还与以后获得的奖赏值有关。

4) Q 值函数

Q 值函数也称为状态-动作值函数,用于计算一个状态-动作对的累计奖赏值,体现了未来状态-动作对的奖赏对于此刻的影响情况,也可以用来分析状态-动作对在整个迭代过程中是否有利。Q 值函数可以用式(5-23)表示:

$$Q_\pi(s_t, a_t) = E[R_t + \gamma Q_\pi(s_{t+1}, a_{t+1})] \tag{5-23}$$

式中,$Q_\pi(s_t, a_t)$ 是指处于当前状态 s_t 和当前动作 a_t 时,智能体根据策略 π 行动后得到的未来奖赏。

根据 MDP 五元组的元素是否已知,将强化学习分为基于模型和无模型两类。若五元组中的元素全部已知,则此算法是基于模型的强化学习算法,包括策略迭代和值迭代算法。若 P 和 R 未知,则此算法是无模型的强化学习算法,包括了蒙特卡洛和时间差分算法。本书主要讲解基于模型的强化学习算法,无模型的强化学习算法学生可自行查阅资料学习。

(1) 策略迭代算法。

策略迭代算法是动态规划算法的应用。策略迭代算法和计算方式一相似,基本步骤如下:

第一步,初始化一个策略 π_0。

第二步,利用式(5-22)计算得到策略 π_0 的值函数 V_{π_0}。

第三步,对于每个状态 s_t,都选择能使值函数 $V_{\pi_0}(s_t)$ 最大化的动作,得到新的策略 π_1。

第四步,循环步骤一到步骤三,直到策略不再发生改变。

(2) 值迭代算法。

值迭代算法的本质也是动态规划思想的应用。将一个大策略分成很多个小策略,每一个小策略的目的是找到能使当前状态的值函数最大化的动作,最后将小策略的状态和动作组合在一起就是所需的最优策略。值迭代算法的基本步骤如下：

第一步，初始化参数。

第二步，依据式(5-22)，计算此次迭代过程中每一个状态 s_t 的值函数 $V_1(s_t)$。

第三步，进入下一个迭代过程。

第四步，循环步骤二和步骤三，直到值函数 V 收敛。

本 章 小 结

本章主要介绍了智能网联汽车环境感知与路径规划技术，主要包括各类车载传感器在典型场景下的识别过程以及在智能驾驶领域和辅助驾驶领域的应用，介绍了路径规划的概念及典型的路径规划算法。

思 考 题

1. 汽车自动驾驶环境感知的含义是什么？
2. 多传感器数据融合有哪几种结构形式？
3. 倒车辅助系统一般用到哪些传感器？其工作原理是怎样的？
4. 汽车自动驾驶全局路径规划和局部路径规划的含义及区别是什么？
5. 汽车自动驾驶路径规划有哪些特点？
6. 汽车自动驾驶路径规划的典型算法有哪些？

参 考 文 献

[1] 李克强.电动汽车工程手册第六卷：智能网联[M].北京：机械工业出版社，2018.
[2] 崔胜民，卞合善.智能网联汽车环境感知技术[M].北京：人民邮电出版社，2020.
[3] 李妙然，邹德伟.智能网联汽车技术概论[M].北京：机械工业出版社，2019.
[4] 刘娅.基于可视图法的避障路径生成及优化[D].昆明：昆明理工大学，2012.
[5] 豆祥忠.基于改进人工势场法和栅格法的自主配送车避障研究[D].西安：长安大学，2019.
[6] 李永定.基于遗传算法的车辆路径规划在农村物流中的应用[D].兰州：兰州大学，2016.
[7] 朱盈盈.交通标志检测与识别研究[D].武汉：华中科技大学，2018.
[8] 马媛.基于图像处理的车前行人检测及人车距离算法研究[D].西安：长安大学，2017.
[9] 李婷.基于强化学习的路径规划算法研究[D].长春：吉林大学，2020.
[10] 赵逸群.基于雷达和摄像头的前方车辆识别方法研究[D].长春：吉林大学，2019.
[11] 孙宁.基于多源信息融合的智能汽车环境感知技术研究[D].镇江：江苏大学，2018.

第 6 章

智能网联汽车关键驾驶技术及其应用

【本章教学要点】

知识要点	掌握程度	相关知识
什么是智能网联汽车的先进驾驶辅助系统（ADAS）；先进驾驶辅助系统的分类及功能	了解智能网联汽车驾驶辅助系统的定义、种类以及各个系统的作用	ADAS 的定义及其分类；不同类别 ADAS 的功能
前方碰撞预警系统、车道偏离预警系统、盲区监测系统、驾驶员疲劳监测系统的组成及其工作原理	了解前方碰撞预警系统、盲区监测系统及驾驶员疲劳监测系统的工作原理，重点掌握车道偏离预警系统的控制原理及其算法	四类自主预警类 ADAS 的定义、组成单元及其工作原理；车道偏离预警系统的常见算法
车道保持辅助系统、自动制动系统、自适应巡航控制系统及自动泊车辅助系统的组成及其工作原理	了解车道保持辅助系统及自动泊车辅助系统的工作原理，重点掌握自动制动系统及自适应巡航控制系统的组成及控制原理	四类自主控制类 ADAS 的定义、组成单元及其工作原理；常见的自动制动系统、自适应巡航控制系统及车道保持辅助系统的控制算法
自适应前照明系统、夜视辅助系统、平视显示系统、全景泊车系统的组成及其工作原理	了解四种控制系统的工作原理及其应用	四类视野类 ADAS 的定义
自主变道技术、交叉口通行协同控制技术的组成、定义及原理	了解两类自动驾驶技术的定义及其工作原理；掌握其常见算法	自主变道技术的实现及控制模型、交叉口通行协同控制技术的不同交叉口通行算法

先进驾驶辅助系统（ADAS）是利用安装于车上的各式各样的传感器，在第一时间收集车内外的环境数据，进行静态、动态物体的辨识、侦测与追踪等技术上的处理，从而能够让驾驶者在最短时间内察觉可能发生的危险，以引起注意和提高安全性的主动安全技术。

ADAS 采用的传感器主要有摄像头、雷达、激光和超声波等，可以探测光、热、压力或其他用于监测汽车状态的变量，通常位于车辆的前后保险杠、侧视镜、驾驶杆内部或者挡风玻璃上。早期的 ADAS 技术主要以被动式报警为主，当检测到车辆潜在危险时，会发出警报提醒驾驶者注意异常的车辆或道路情况。对于最新的 ADAS 技术来说，主动式干预也很常见。

ADAS 按照环境感知系统的不同可以分为自主式和网联式两种。自主式驾驶辅助系统基于车载传感器完成环境感知，依靠车载中央控制系统进行分析决策，技术较为成熟，已经装备多数量产车型。网联式辅助驾驶系统基于 V2X(Vehicle to Everything)通信完成环境感知，依靠云端大数据进行决策分析，暂时主要处于研发试验阶段，还未实装为量产车型上。自主式和网联式技术融合是智能网联汽车 ADAS 辅助系统的发展趋势，具体对比如

表 6-1 所示。

> 【小提示】
>
> 先进驾驶辅助系统（ADAS）与驾驶辅助（DA）系统不是同一个概念，先进驾驶辅助系统是智能网联汽车内辅助系统的统称，而驾驶辅助系统则是智能网联汽车按照智能化分级的一个等级。

表 6-1 先进辅助驾驶系统种类

先进驾驶辅助系统	自主式（采用传感器方案）	网联式（采用车辆互联方案）	技术融合式
示意图			
对比	1. 能充分模仿人类感官 2. 对于大众市场不够实用 3. 在城市交通网络中缺乏对周围环境 360°的足够测绘	1. 专用短程通信技术（DSRC）不能针对行人、自行车等实时工作 2. 基于 DSRC 的 V2I 技术需要大量的基础设施建设 3. V2V 需要高度的行销渗透，以可靠地传递市场价值	1. 强化对人感官的模仿 2. 可以降低对传感器的依赖，并降低对整个 V2I 投资的需求 3. 能够提供足够的功能冗余水平，以确保该技术的百分百实时运行

驾驶辅助系统也可以按照功能分类，主要分为自主预警类、自主控制类及视野改善类三种，具体的控制系统如表 6-2 所示。

表 6-2 智能网联汽车先进驾驶辅助系统

各驾驶辅助系统按功能分类的种类		功能介绍
自主预警类	前方碰撞预警系统	识别潜在危险，并通过提醒帮助驾驶员避免或减缓碰撞事故
	车道偏离预警系统	可能偏离道路时给予驾驶员提示，减少因偏离道路引发的交通事故
	盲区监测系统	监测盲区内行驶车辆或行人
	驾驶员疲劳预警系统	判断驾驶员的疲劳状态，进行报警提示或采取相应措施
自主控制类	车道保持辅助系统	修正即将越过车道标线的车辆，使车辆保持在当前行驶的车道内
	自动制动系统	当车辆与前方车辆处于危险距离时，主动产生制动效果让车辆减速或紧急停车，减少因距离过短而引发的交通事故
	自适应巡航控制系统	使车辆与前方车辆始终保持安全车距
	自动泊车辅助系统	自动将车辆泊入预定的位置
	自适应前照明系统	自动调节前照明灯的工作模式
视野改善类	夜视辅助系统	晚上使用热成像，呈现行人或动物
	平视显示系统	将汽车驾驶辅助信息、导航信息、ADAS、信息等以投影的方式呈现在视野正前方，方便驾驶员阅读
	全景泊车系统	360°全景提示

6.1 自主预警类驾驶辅助系统及其原理

6.1.1 前方碰撞预警系统

1. 前方碰撞预警系统的定义及其工作原理

1) 前方碰撞预警系统的定义及组成单元

前方碰撞预警(FCW)系统基于雷达或者视觉传感器接收到的前方车辆位置信息,实时监测本车与前方车辆的相对位置、方位及相对速度,并判断有无潜在碰撞危险,当判断可能存在碰撞危险时会通过在警示信号、警报或收紧安全带等方式来对驾驶员做出警告,但FCW系统不会采取行动。传统的FCW系统主要由信息采集单元、电子控制单元及人机交互单元组成,如图6-1所示。

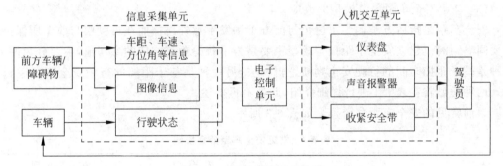

图 6-1 FCW 系统组成单元

(1) 信息采集单元。

信息采集单元主要利用毫米波雷达采集前方车辆或者障碍物的距离、速度及方位角信息;利用视觉传感器采集前方车辆或者障碍物的图像信息;利用自身车速传感器、加速度传感器采集自身运动信息。

(2) 电子控制单元。

电子控制单元主要对前方车辆或障碍物的图像信息和距离、速度等信息进行融合处理,确定障碍物的类型并结合本车运动信息判断是否存在碰撞风险,若存在风险则向人机交互单元发出预警指令。

(3) 人机交互单元。

人机交互单元主要接收来自电子控制单元传来的指令,根据预警程度进行相应的报警处理(仪表盘显示、警报声音、收紧安全带等)提醒驾驶员前方存在潜在碰撞危险。驾驶员做出适当的避撞措施并且系统判断碰撞风险消失后,警报就会停止。

2) 前方碰撞预警系统工作原理

FCW 系统主要根据电磁波反射原理,利用雷达对探测范围内的物体进行距离测量,并结合视觉传感器识别障碍物信息。并且 FCW 系统只针对本车行驶车道内的前方障碍物进行预警,对于邻近车道的障碍物只会进行识别与监测而不会进行预警处理。

根据 FCW 系统组成单元图容易看出，FCW 系统首先通过传感器获取前方道路信息并对前方车辆进行实时的识别和跟踪，如果有车辆被识别出来，则对前方车距进行测量，同时利用车速估计，根据安全车距预警模型判断追尾可能，一旦存在追尾危险，便根据预警规则及时给予驾驶员主动预警。

3）前方碰撞预警系统工作流程

FCW 系统工作流程主要分为前方车辆障碍物识别、前方车辆障碍物信息检测及根据规定的安全车距预警模型做出响应。

（1）前方车辆障碍物识别。

根据视觉传感器接收到的前方道路图像信息，分析获取道路上阴影部分的纹理特征、边缘特征及对称性特征并对其进行特征融合，随后系统判断图像阴影部分是否为车辆或者障碍物。

（2）前方车辆障碍物信息检测。

采用超声波传感器、毫米波雷达、激光雷达、视觉传感器等实现对前方车辆的运动及方位信息的实时检测和识别，距离检测传感器在行车的过程中不断获取目标障碍物的距离信息，并传输给电子控制单元进行处理。

（3）基于安全车距预警模型的响应。

安全车距是指后方车辆为了避免与前方车辆发生意外碰撞而在行驶中与前车所保持的必要间隔距离。建立安全车距预警模型主要是为了获得预警响应的参考值，主要分为两类：一种是基于碰撞时间的行驶安全判断逻辑算法，另一种是基于距离的行驶安全判断逻辑算法。两种模型将在表 6-4 进行详细介绍，此处不再赘述。

目前常见的安全车距预警模型如表 6-3 所示。

表 6-3 常见安全车距预警模型

模型	马自达模型	本田模型	伯克利模型
工作原理	在正常跟车行驶情况下，系统不工作；当发现前车减速时，开始向 FCW 系统发送信息；当前后车辆距离低于本车的制动距离时，系统向制动器发出指令，本车开始减速，最后与前车速度均减到 0 时，此时两车仍有一定的距离	设定了两段报警距离为报警距离和制动距离，采用两段式报警的方式，其对驾驶员的正常操作影响较小	也设置了两段报警距离：报警距离和制动距离。报警距离是沿用马自达模型的安全距离值来设定的，并假定前车和本车最大减速度相等，参数定义和取值与马自达模型相同
优缺点	该模型的本质是实时计算最小安全距离，从而对车速进行预警和控制	不能避免绝大多数的碰撞，只能减少碰撞的严重程度，报警系统可能会引起驾驶员的恐慌而导致失去操作的准确性；准确性较低，不能实时反映行车路面情况，对驾驶员主观因素考虑不够；该模型以试验数据为基础，样本点选取的合适与否对模型影响较大	该算法综合了马自达模型和本田模型的优点，建立了一个保守的报警距离和一个冒险的制动距离；制动报警启动时两车即将相撞，实际上该算法的制动报警只能减轻碰撞后果而不能避免追尾碰撞

2. FCW算法

FCW算法是为了能够在汽车存在潜在碰撞风险的情况下及时给予驾驶员碰撞风险提示,以避免驾驶员判断失误或走神而造成的碰撞事故,其算法的核心是行车过程中安全车距的设定与估计。安全车距参考值过大会导致系统频繁报警而影响驾驶舒适性并且干扰驾驶员的判断;安全车距参考值过小则可能会存在报警不及时或者驾驶员操作延时而导致潜在碰撞无法避免,FCW系统失去作用。在设定安全车距参考值的同时,也需要考虑前后车运动信息以及实时路况等不稳定因素带来的干扰。

FCW算法主要包括建立安全车距模型和预警分析两部分,如表6-4所示。

表6-4 基于时间或距离的两种行驶安全判断逻辑算法

安全车距模型	基于碰撞时间的行驶安全判断逻辑算法	基于距离的行驶安全判断逻辑算法
定义	计算从当前时刻起,两车若发生碰撞所需要花费的时间,将其与设定的安全时间阈值进行比较。若小于安全时间则采取预警或制动措施;反之则正常行驶	比较两车的实际距离与根据模型计算的安全距离,安全距离通常以车辆当前车速为基础进行确定,一般应大于或等于本车能够在碰撞之前刹停且不发生碰撞的距离
应用现状	该算法时间阈值固定,距离阈值根据车速实时调整,但由于两车的可能碰撞时间是根据车速与车距计算的,而两车车速难以保证稳定,因此该算法应用较少	已发展较为成熟,应用较多

1) 建立安全车距模型

下面将主要介绍典型安全距离模型中的马自达模型、本田模型、伯克利模型及全工况模型。

(1) 马自达模型。

该模型的主要设计思路是在正常跟车行驶工况下系统不工作;当前方车辆减速且两车车距小于系统的安全车距时,系统会向驾驶员发出警示;若发出指令后驾驶员没有采取措施,系统便会启动紧急制动装置以避免发生碰撞事故。该模型的本质是实时计算最小安全距离,从而对车速进行预警和控制。报警距离为

$$D_W = \frac{1}{2}\left[\frac{v_1^2}{a_1} - \frac{(v_1+v_{\rm rel})^2}{a_2}\right] + v_1\tau_0 + v_{\rm rel}\tau_1 + D_0 \quad (6-1)$$

式中,D_W为报警距离;v_1为本车车速;$v_{\rm rel}$为相对车速;a_1为本车减速度,一般取$6{\rm m/s^2}$;a_2为前车减速度,一般取$8{\rm m/s^2}$;τ_0为驾驶员反应时间,一般取$0.15{\rm s}$;τ_1为系统延迟时间,一般取$0.6{\rm s}$;D_0为刹车距离,一般取$5{\rm m}$。

经过大量实验表明该系统有足够的可靠性,目前已经具备3个主要功能:①通过扫描激光雷达对行车环境进行监测;②判定车辆追尾的可能性;③采用自动制动装置对车辆进行紧急控制。

(2) 本田模型。

本田模型采用两段式的报警方式,分别为报警距离和制动距离。报警距离的设定建立在实验数据的基础上,表达式为

$$D_W = 6.2 - 2.2(v_2 - v_1) \tag{6-2}$$

$$D_b = \begin{cases} -v_{\text{rel}}\tau_2 + \tau_1\tau_2 a_1 - 0.5a_1\tau_1^2, & \dfrac{v_2}{a_2} \geqslant \tau_2 \\ v_1\tau_2 - 0.5a_1(\tau_2 - \tau_1)^2 - \dfrac{v_2^2}{2a_2}, & \dfrac{v_2}{a_2} < \tau_2 \end{cases} \tag{6-3}$$

式中,D_b 为紧急制动距离;v_2 为前车车速;a_1 为本车减速度,一般取 7.8m/s^2;a_2 为前车减速度,一般取 7.8m/s^2;τ_1 为系统延迟时间,一般取 0.5s;τ_2 为制动时间,一般取 1.5s。

本田设定的两段式报警方式降低了对驾驶员操作的影响,但是该模型不可以避免大多数的碰撞,只能减轻碰撞的程度。且该模型的准确性较低,没有实时地反映路况信息,对驾驶员主观因素考虑不足。此外,由于该模型建立在实验数据基础上,因此数据样本点的选取对其准确影响很大。

(3) 伯克利模型。

伯克利模型参考了马自达的安全距离设定,沿用了本田的两段式报警距离预警,并假定两车最大减速度相等,即 $a_1 = a_2 = 6\text{m/s}^2$,其他参数设定均参考马自达模型,报警距离为

$$D_W = \frac{1}{2}\left[\frac{v_1^2}{a_1} - \frac{(v_1 + v_{\text{rel}})^2}{a_2}\right] + v_1\tau_0 + v_{\text{rel}}\tau_1 + D_0 \tag{6-4}$$

制动距离报警是在两车相撞前的时刻报警,该算法的主要目标是减轻碰撞给驾驶员带来的损伤,制动距离为

$$D_b = -v_{\text{rel}}\tau_2 + 0.5a_1\tau_2^2 \tag{6-5}$$

该算法保留了马自达模型和本田模型的优点,设定了一个保守的报警距离和一个冒险的制动距离。保守的报警距离会尽早地给驾驶员一个危险提示,而冒险的制动距离则是用来降低报警对驾驶员行车带来的干扰。由于在制动报警启动时,车辆即将相撞,因此该系统模型只能降低碰撞带来的损害,而无法避免碰撞。

(4) 全工况模型。

全工况模型是在经典模型基础上改良的模型,考虑了所有可能的追尾工况,适用性较强。图 6-2 是本车与前车的相对位置示意图。其中,X_1 为本车行驶距离;X_2 为前车行驶距离;D_0 为刹车前车距。

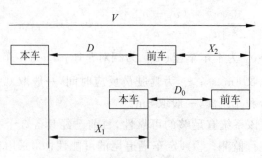

图 6-2 本车与前车相对位置示意图

防碰撞报警距离为

$$D_W = X_1 + D_0 - X_2 \tag{6-6}$$

① 前车静止或为障碍物工况。

当前车处于静止状态时,即 $X_2=0$,X_1 则为本车由初始速度减速到停止滑行的距离。报警距离为

$$D_W = v_1(t_h + t_a + t_s) + \frac{v_1^2}{2a_1} + D_0 \tag{6-7}$$

式中,t_h 为驾驶员反应时间;t_a 为制动协调时间;t_s 为制动减速度增长时间。

② 前车为匀速或加速工况。

在前车匀速或加速工况时,本车车速必须大于前车车速才有可能发生碰撞。因此,两车的最危险时刻是本车的速度减小至与前车车速相等时,如图 6-3 所示。如果两车在车速相等时没有发生碰撞,则在前车匀速及加速工况下都不可能发生相撞,因此这两种工况可以以匀速工况为参考来设定模型。从开始制动到完全停止,本车行驶距离为

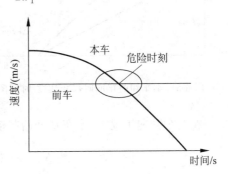

图 6-3 前车匀速运动时速度-时间图

$$X_1 = v_1\left(t_h + t_a + \frac{t_s}{2}\right) + \frac{v_1^2 - v_2^2}{2a_1} \tag{6-8}$$

前车行驶距离为

$$X_2 = v_1\left(t_h + t_a + \frac{t_s}{2}\right) + \frac{v_2(v_1 - v_2)}{a_1} \tag{6-9}$$

报警距离为

$$D_W = v_{\text{rel}}\left(t_h + t_a + \frac{t_s}{2}\right) + \frac{v_1^2 - v_2^2}{2a_1} - v_2\frac{v_{\text{rel}}}{a_1} + D_0 \tag{6-10}$$

③ 前车减速工况。

前车减速工况可以分为三种情况:前车先停止,本车后停止;本车和前车同时停止;本车先停止,前车后停止。

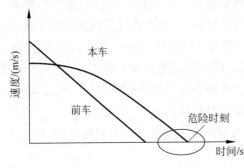

图 6-4 前车先停止,本车后停止速度-时间图

a. 前车先停止,本车后停止:该工况下,两车最危险时刻为本车停止时刻,如图 6-4 所示。

b. 本车和前车同时停止:该工况下,两车间的最危险时刻为两车停止的时刻,如图 6-5 所示。

c. 本车先停止,前车后停止:该工况下,两车间最危险的时刻为本车车速到与前车车速相同的时刻,如图 6-6 所示。为简化计算且保证安全的情况下,将最危险时刻定位前车停止时刻。

在这三种工况下,前车均制动至停止,本车也从某一车速采取制动至停止。可以将以上三种工况的计算方法简化为同一种。

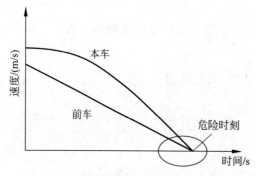
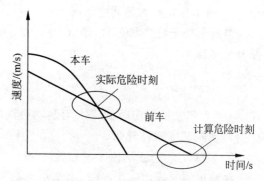

图 6-5 本车和前车同时停止速度-时间图　　图 6-6 本车先停止,前车后停止时的速度-时间图

在前车减速工况下,本车从开始制动到完全停下行驶的距离为

$$X_1 = v_1\left(t_h + t_a + \frac{t_s}{2}\right) + \frac{v_1^2}{2a_1} \tag{6-11}$$

前车行驶的距离为

$$X_2 = \frac{v_2^2}{2a_2} + \frac{v_2}{2}t_s \tag{6-12}$$

报警距离为

$$D_W = v_1(t_h + t_a) + v_{\text{rel}}\frac{t_s}{2} + \frac{v_1^2}{2a_1} - \frac{v_2^2}{2a_2} + D_0 \tag{6-13}$$

a_1、a_2 值的确定。a_1、a_2 值的大小对防撞报警距离的计算有很大影响。汽车制动减速度随轮胎类型、车辆的装载情况和路面附着条件的不同而不同。在实际的行车过程中前车为主动制动,后车为被动制动,后车制动的减速度一般会大于前车制动的减速度。制动减速度主要取决于路面的附着系数,为了简化计算,同一路面上前后行驶的两车的减速度均按最大制动减速度选取,且取相同的值。在干燥沥青/水泥路面,a_1、a_2 取 6.0m/s^2;在潮湿沥青水泥路面,a_1、a_2 取 5.0m/s^2;在冰雪路面,a_1、a_2 取 3.0m/s^2。

t_1、t_a、t_s 值的确定。t_1 是驾驶员反应时间,驾驶员反应时间的准确性对系统模型非常重要。若反应时间选取过长,则提醒报警距离的计算值偏大,会造成过多的虚报警使驾驶员对提示系统产生厌烦感;若反应时间选取过短,则会导致系统的安全保障能力下降,不能完全避免事故的发生。由于驾驶员个体年龄、性别、情绪和反应能力等生理及心理素质因人而异、因时而异,再加上车速、目标物的大小和状态等多种外在因素的影响,驾驶员反应时间是一个很不确定的值。大量实验资料表明,驾驶员反应时间一般为 $0.6\sim1.0\text{s}$。

t_a 是制动协调时间,与车辆采取的制动结构及制动方式有关。针对液压制动,取 0.1s。

t_s 是制动减速度增长时间,通常取 0.2s。

刹停距离 D_0 的确定。为了保证绝对安全,本车从采取制动至完全停车后,两车之间应保持一定的距离。该值选取得越大,系统的虚报率越高;选取得越小,系统的安全保障能力越小,一般取 $2\sim5\text{m}$。

2) 预警过程分析

前向碰撞预警功能主要用于潜在碰撞危险的提醒。为了减少驾驶员在驾驶过程中对频繁预警的忽视和厌烦，通常会设计多级不同形式的预警，以表示不同的危险程度。前向碰撞预警过程只是发送信息，并没有对车辆的制动系统进行自动控制。但是当某个时刻安全预警已经来不及，再不制动就可能造成碰撞时，车辆通常会设计自动紧急制动功能，在本田模型和伯克利模型中均有体现，该动作可以最大限度地减少碰撞损失和保护驾乘人员。同时，为了降低自动紧急刹车触发的频率，D_0 值一般设计得较小，而此时的紧急制动减速度一般较大，对驾乘人员形成较大冲击力。所以，自动紧急刹车不适合于速度过快的情形，高车速的自动防撞系统一般交由自动转向系统来实现。为了实现不同级别的预警和紧急刹车，通常设计一个无量纲的预警算法，即

$$\omega = \frac{D - D_b}{D_W - D_b} \tag{6-14}$$

其中，ω 为警告变量，用于表征本车前向不同程度的危险情况。图 6-7 是 FCW 系统总体的预警判断过程。

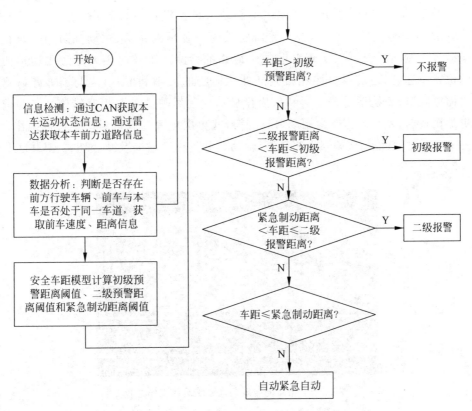

图 6-7　FCW 系统总体的预警判断过程

完成警告变量计算后，引入一个 0～1 的值 m，作为不同形式预警的分界点，该值可以根据驾驶员自身情况进行人为划分。当 $w \geqslant 1$ 时，表示车辆处于十分安全的距离；当 $m < w < 1$ 时，表示车辆处于危险之中，但危险程度不大，无须紧急制动，此时报警形式可以采用仪表盘或抬头显示区域警报灯闪烁；当 $0 < w < m$ 时，表示车辆处于危险之中且危险程度很大，但无须紧急制动，需要驾驶员尽快完成制动操作，此时的预警方式可以采用频率较高、声音较

大的警报声；当 $w<0$ 时，表示车辆处于极度危险状态，再不制动就会有碰撞危险，同时系统监测驾驶员有无制动动作，若无，则启动自动紧急制动。

3. FCW 系统应用

前向碰撞预警系统能够在车距过小时主动发出报警信息，能够较好地避免由于跟车距离过小而发生的车辆追尾。在目前应用中，搭载有前向碰撞预警系统的车型较多，并通常与辅助刹车系统共同工作，以免在预警不及时或预警未被驾驶员采纳的情况下发生追尾碰撞，提高行车的安全性和舒适性。

对于汽车防撞系统的研究，最早起源于日本，并且在 1999 年，本田、丰田和日产三大整车企业便开始开发自己的前向碰撞预警系统。其中，最早在车上装配该系统的是美版本田雅阁，当初称为碰撞缓解制动系统（Collision Mitigation Brake System，CMBS），并一直在本田产品中沿用至今。

经过近 20 年的发展，本田的碰撞缓解制动系统已经在新雅阁、思域、锋范、URV、新CRV 等大部分车型配置中装配，并将系统定义为一种预测碰撞、主动预防的安全技术系统。碰撞缓解制动系统可以实现对前方障碍物的检测。工作时主要通过雷达检测出障碍物的位置及速度，通过单目照相机判断此障碍物的大小和形状，当与前方障碍物可能发生碰撞危险时，系统通过警示音和仪表盘显示提醒驾驶员采取规避措施。当与前方障碍物更加接近时，系统实施轻微制动，以体感形式再次提醒驾驶员对车辆进行操作。当车辆进一步接近时，系统会实施强力制动，以辅助驾驶员规避碰撞及减轻伤害，具体工作过程如图 6-8 所示。

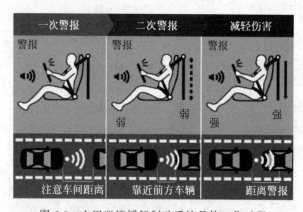

图 6-8 本田碰撞缓解制动系统具体工作过程

在国产品牌车型中，前向碰撞预警系统也开始逐渐应用。吉利汽车将其称为城市预碰撞安全系统，目前已经在帝豪 GL、帝豪 GS、博越、博瑞等部分车型配置中搭载。该系统主要通过前保险杠下方的中距离毫米波雷达扫描前方路面，如图 6-9 所示。当前方车辆突然刹车或减速而驾驶员并未及时做出反应的情况下，城市预碰撞安全系统会主动提醒驾驶员刹车或自动进行刹车以避免碰撞发生。同时，在刹车过程中系统会监测刹车力与前车距离的关系，在刹车不足的情况下进行辅助刹车，最大限度上避免碰撞发生。

图 6-9　吉利城市碰撞安全预警系统

6.1.2　车道偏离预警系统

1. 车道偏离预警系统的定义及其常见算法

1）车道偏离预警系统的定义及组成单元

通过传感器获取前方道路信息（主要是道路辅助线），结合车辆自身的行驶状态以及预警时间等相关参数，判断汽车是否有偏离当前所处车道的趋势；如果车辆即将发生偏离，并且在驾驶员没有开转向灯的情况下，则通过视觉、听觉或触觉的方式向驾驶员发出警报。图 6-10 是车道偏离预警示意图。

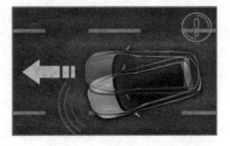

图 6-10　车道偏离预警示意图

传统的车道偏离预警（LDW）系统组成单元与 FCW 系统类似，主要由信息采集单元、电子控制单元及人机交互单元组成，但是 LDW 信息采集单元所要采取的道路信息则与 FCW 系统有所不同，如图 6-11 所示。

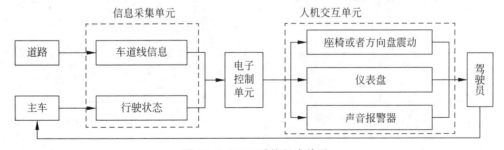

图 6-11　LDW 系统组成单元

2）LDW 系统的工作原理

车道偏离预警系统主要由 HUD（抬头显示器）、摄像头、控制器以及传感器组成，当车道偏离且系统开启时，摄像头（一般安置在车身侧面或后视镜位置）会时刻采集行驶车道的标识线，通过图像处理获得汽车在当前车道中的位置参数，当检测到汽车偏离车道时，传感器会及时收集车辆数据和驾驶员的操作状态,之后由控制器发出警报信号,整个过程大约在 0.5s 内完成,为驾驶者提供了更多的反应时间。而如果驾驶者打开转向灯,正常进行变线行驶,那么车道偏离预警系统不会做出任何提示。

在不同汽车品牌的车道偏离预警系统中,除称呼不同外,其提醒驾驶员的方式、方法都有本质的区别。有些车型会在仪表盘中亮起预警灯,并在车内发出鸣音来提醒驾驶员。但当遇到杂乱的环境(如开车窗、后方车辆长时间鸣笛)时,就会听不清提示音,造成安全隐患。就此问题,一些品牌车型进行了改进,它们的车道偏离预警系统以方向盘振动的形式警示驾驶员,相比提示音方式更为安全可靠。此外,一些品牌的车型还采用了座椅振动的提醒方式,还有少数品牌车型采用自动改变汽车转向的方式。

3) 常见 LDW 算法

LDW 算法是一种通过传感器检测车道线,并结合汽车位置信息和状态信息得到汽车与车道线间相对位置关系并对偏离状态进行判断的控制算法。

目前 LDW 算法主要有汽车当前位置算法(CCP)、汽车跨道时间算法(TLC)、预瞄偏移量差异算法(FOD)、瞬时侧向位移算法、横向速度算法、边缘分布函数算法、预瞄轨迹偏离算法和路边振动带算法等,其中 CCP 算法、TLC 算法和 FOD 算法应用较为广泛。

(1) CCP 算法。

根据汽车在所行驶的车道中的当前位置信息来判断偏离车道的程度,即通过车道线检测算法计算出汽车外侧与车道线的距离信息来判断是否预警。CCP 算法示意图如图 6-12 所示。

$$L_r = \frac{d}{2} - \left(\frac{b}{2} - L_t\right) \tag{6-15}$$

$$L_l = \frac{d}{2} - \left(\frac{b}{2} + L_t\right) \tag{6-16}$$

当 $L_r > 0$ 且 $L_l > 0$ 时,表明汽车保持在预定的行驶车道内,LDW 系统不需要报警;当 $L_r < 0$ 或者 $L_l < 0$ 时,表明汽车偏离车道,LDW 系统会对司机发出警报提示。

(2) TLC 算法。

根据汽车当前状态,预测未来汽车轨迹,计算出汽车跨越两侧车道线所需时间,利用该时间与设置的阈值进行对比,判断出汽车的偏离状态。TLC 算法示意图如图 6-13 所示。

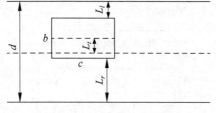

图 6-12 CCP 算法示意图

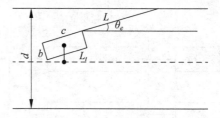

图 6-13 TLC 算法示意图

$$L = \frac{\frac{d}{2} - L_t - \frac{b}{2}}{\sin\theta_e} \tag{6-17}$$

$$t = \frac{L}{v} \tag{6-18}$$

设 TLC 算法中确定的阈值为 T,当 $t \leq T$ 时,表示汽车驶出安全区域,LDW 系统会对驾驶员发出警报。

(3) FOD 算法。

在实际车道标线处向外扩展一条虚拟车道标线,该虚拟标线是根据驾驶员在自然转向时的偏离习惯而设计的,目的是降低误报率。

若驾驶员没有这种偏离习惯,则可将虚拟车道标线(见图 6-14)与真实车道标线重合,如图 6-15 所示。

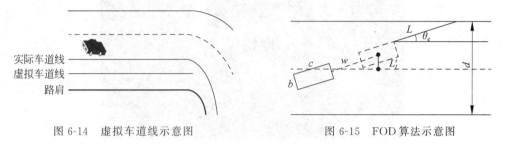

图 6-14　虚拟车道线示意图　　　　图 6-15　FOD 算法示意图

$$L'_t = v * t * \sin\theta_e + L_t \tag{6-19}$$

$$L_d = \frac{d}{2} - L'_t - \frac{b}{2} \tag{6-20}$$

假设预瞄位置偏移量阈值为 D,当 $L_d \leqslant D$ 时,表示汽车驶出预定的道路,LDW 系统应向驾驶员发出警报。FOD 算法的中心思想是根据汽车未来几秒的运动状态判断是否发出车道偏离预警,因此其误报率较低,能给驾驶员留出足够的时间采取适当的措施来避免车辆驶出车道。

2. LDW 系统的应用

车道偏离预警系统最初仅装配在较为高档的汽车中,但随着技术的发展,开始逐渐在普通车型上安装。但车型不同,其开启的方式也不相同,有些可以在行车全程开启,有些需要手动开启,有些则需要在车速达到一定条件后才可以启动。

日系车中车道偏离预警系统的装车率较高。丰田推出的 Toyota Safety Sense 智行安全系统(规避碰撞辅助套装)中便包含车道偏离预警系统,在新推出的卡罗拉、凯美瑞等部分车型中均有配备。该系统主要使用位于驾驶室顶部的视觉传感器对车道线信息进行提取,当出现车道偏离现象时会发出警报,如图 6-16 所示。

图 6-16　丰田车道偏离预警系统

福特的新蒙迪欧中也配备有车道偏离预警系统,该系统在每次启动后便会自动开启,驾驶员也可以选择手动关闭或者再次开启。当驾驶员未在开启转向灯的情况下被系统识别出汽车有偏离车道线的可能时,会在仪表盘发出提醒。新蒙迪欧的车道偏离预警系统手动关闭和再次开启按钮,如图 6-17 所示。

图 6-17　新蒙迪欧的车道偏离预警系统手动关闭和再次开启按钮

国产车中也逐渐开始配备车道偏离预警系统。例如吉利旗下的部分博越车型配备有车道偏离预警系统。其系统在行车途中默认开启,也可以在中控屏幕中点击进行开启或关闭操作,并可以设置三种报警距离。视觉传感器安装在挡风玻璃的后方,并实时监测前方车道线,但汽车出现非主动偏航时便会及时地提醒驾驶员以避免碰撞。如图 6-18 所示。

图 6-18　吉利博越汽车车道偏离预警系统

车道偏离预警系统作为一项能够有效地规避碰撞事故的先进驾驶辅助技术,已经逐渐在大部分车型中开始实装。未来随着传感器技术和智能算法的发展,车道偏离预警系统必定会在智能网联汽车中得到普遍应用。

6.1.3　盲区监测系统

1. 盲区监测系统的定义及组成单元

1) 盲区监测系统的定义

盲区监测(BSD)系统也称汽车并线辅助(LCA)系统,是通过摄像头、毫米波雷达等车载传感器检测视野盲区内有无来车,在左右两个后视镜内或其他地方提醒驾驶员后方安全范围内有无来车,从而消除视线盲区,提高行车安全性。

汽车视野盲区主要有前盲区、A柱盲区、后盲区和后视镜盲区,其中,最容易引发交通事故的是A柱盲区和后视镜盲区。A柱盲区及后视镜盲区如图6-19所示。

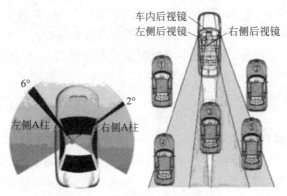

图6-19　A柱盲区和后视镜盲区

2) BSD系统应具备的功能

(1) 当有车辆或行人进入驾驶员视野盲区时,盲区监测系统应给予驾驶员提醒。

(2) 盲区监测系统应在驾驶员进行换道操作时对其进行辅助,监测其他车道上快速接近的后方来车,当驾驶员因对驾驶环境误判而可能做出危险的驾驶行为时,盲区监测系统应发出警报。

(3) 理想状态下,在任何路况、天气和交通环境下,盲区监测系统都能正常工作。

3) BSD系统的组成单元

BSD系统主要由感知单元、电子控制单元和执行单元等组成,如图6-20所示。

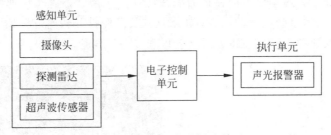

图6-20　BSD系统的组成单元

(1) 感知单元。

感知单元目前使用的传感器主要是摄像头、探测雷达、超声波传感器。感知单元的主要作用是检测汽车后方视野盲区中是否有行人、自行车以及其他车辆,将感知的信息传送给电子控制单元,便于后期进行信息判断及处理。

(2) 电子控制单元。

电子控制单元的主要作用是将感知单元的信息进行处理及判断,将信号输出给执行单元。

(3) 执行单元。

执行单元主要由声光报警器组成。执行单元的主要作用是执行电子控制单元的指令。

声光报警器主要包括显示装置和报警装置。如果检测到后方存在危险,那么显示装置就会在后视镜上显示碰撞危险图标并闪烁提示,报警装置会发出报警声来提示驾驶员。

4) BSD 系统的工作原理

当汽车速度大于某一阈值时,盲区监测系统自动启动,如果监测范围内有车辆或行人,就会被信息采集单元监测到,计算出目标的距离、速度等信息,并将采集到的信息传递给电子控制单元;电子控制单元根据收到的信息判断进入监测范围内的车辆或行人是否对本车造成威胁,如果存在安全隐患,则通过声光报警器提醒驾驶员,并根据危险程度、驾驶员的反应提供不同的预警方式。

2. BSD 系统应用

盲区监测系统能够有效避免行车安全隐患,提高车辆的驾驶安全性,许多汽车厂商都已推出各自的盲区监测系统,最初这些系统只用于较少的高端车型(如宝马 7 系、奥迪 A8 等)。随着盲区监测技术的不断发展与成熟,其成本逐渐降低,现已经在中低端车型中慢慢普及。

不同的汽车厂商所配备的盲区监测系统各具特色,命名方式也各不相同,但其基本原理大致相同。

1) 奥迪侧向辅助系统

奥迪侧向辅助系统如图 6-21 所示。它采用 24GHz 的毫米波雷达,安装在后保险杠的左右两侧,从外观上不易察觉。奥迪的第一代侧向辅助系统所用的雷达监测范围在 50m 以内,而最新一代的雷达监测系统范围已经扩大到 70~100m,系统有更充裕的时间来告知驾驶员周围的车辆信息,提高了信息的准确性和实时性。该探测系统在车速大于 30km/h 的情况下自动启动,既适用于高速公路和主干道,也可用于城市工况,可以监测车后区域,在并线时提醒驾驶员注意旁边车道可能存在的潜在危险。如果后方有车快速驶来,位于外后视镜框架上的 LED 显示器会被自动点亮;如果驾驶员已经打开转向灯开始并线,而此时后方旁边车道有汽车快速驶来,则 LED 显示器会以强光提醒驾驶员。

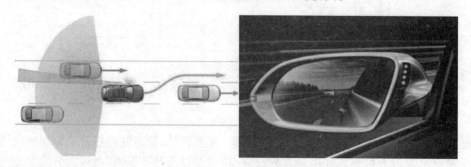

图 6-21 奥迪侧向辅助系统

2) 沃尔沃盲点信息系统

沃尔沃公司从 2005 年起就率先在 VC70、V70、S60 等车型上安装了盲区监测系统,并取名为盲点信息系统(BLIS),此后沃尔沃的全系车型都相继采用这套系统。

沃尔沃的盲点信息系统的环境感知传感器采用的是安装在外后视镜根部的摄像头,对距离 3m 宽、9.5m 长的一个扇形盲区进行 25 帧/秒的图像扫描,如图 6-22 所示。如果有速度大于10km/h且与车辆本身速度差在20～70km/h的移动物体进入该盲区，系统就会对比每帧图像，当系统认定目标正在进一步接近时，A柱上的警示灯就会亮起以提醒驾驶员。盲点信息监测范围如图6-23所示。

图 6-22 沃尔沃盲区传感器的安装位置

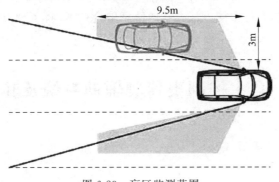

图 6-23 盲区监测范围

沃尔沃盲点信息系统也存在缺陷，由于基于可见光成像系统采集图像，当能见度极差，如大雾或者暴风雪天气下，系统便会无法工作，不过此时盲点信息系统也会对驾驶员有一定的提示。同时，如果处于安全或者是通过集市等拥挤路段时，也可以采取手动关闭盲点信息系统。

6.1.4 驾驶员疲劳预警系统

1. 驾驶员疲劳预警系统的定义

驾驶员疲劳预警系统(DFMS)是指驾驶员精神状态下滑或进入浅层睡眠时，系统会依据驾驶员精神状态指数分别给出语音提示、振动提醒、电脉冲警示等，警告驾驶员已经进入疲劳状态，需要休息。其作用就是监视并提醒驾驶员自身的疲劳状态，减少驾驶员疲劳驾驶的潜在危害。

2. DFMS 的组成单元

信息采集单元：主要利用传感器采集驾驶员信息和汽车行驶信息。驾驶员信息包括驾驶员的面部特征、眼部信号、头部运动性等；汽车行驶信息包括转向盘转角、行驶速度、行驶轨迹等。这些信息的采集取决于系统的设计。

电子控制单元(ECU)：ECU 接收信息采集单元传送的信号，进行运算分析，判断驾驶员疲劳状态；如果经计算分析发现驾驶员处于一定的疲劳状态，则向预警显示单元发出信号。

预警显示单元：根据 ECU 传递的信息，通过语音提示、振动提醒、电脉冲警示等方式对驾驶员疲劳进行预警。

3. 驾驶员疲劳检测方法

基于驾驶员生理信号的检测方法：脑电、心电、肌电、脉搏、呼吸信号等来判断驾驶员疲劳状态。

基于驾驶员生理反应特征的检测方法：眼睛特征、视线方向、嘴部状态、头部位置等来判断驾驶员疲劳状态。

基于汽车行驶状态的检测方法：转向盘、行驶速度、车道偏离等来判断驾驶员疲劳状态。

基于多特征信息融合的检测方法：依据信息融合技术，将多种方法相结合是理想的检测方法。

6.2 自主控制类驾驶辅助系统及其原理

6.2.1 车道保持辅助系统

1. 车道保持辅助系统的定义及组成单元

1) 车道保持辅助系统的定义

车道保持辅助(LKA)系统能够主动检测汽车行驶时的横向偏移，对转向和制动系统进行协调控制，实现主动对车道偏离现象进行纠正，使汽车保持在预定的车道上行驶，从而减轻驾驶员负担。该系统用于辅助驾驶员将车辆保持在车道线内行驶，是一项在车道偏离预警功能上发展而来的横向运动控制功能。

2) 车道保持辅助系统的组成单元

车道保持辅助系统主要由信息采集单元、电子控制单元和执行单元等组成，如图 6-24 所示。在系统工作期间，驾驶员将会接收车道偏离的报警信息，并选择对转向系统和制动系统中的一项或多项动作进行控制，也可交由系统完全控制。系统中所有的信息均以数字信号的形式传递，通过汽车总线技术实现。

(1) 信息采集单元。

信息采集单元在车道保持辅助系统中的功能与车道偏离预警系统的功能相似，主要通过传感器采集车道信息和汽车自身行驶信息并发给电子控制单元。

(2) 电子控制单元。

电子控制单元主要通过特定的算法对信息进行处理，并判断是否做出车道偏离修正的

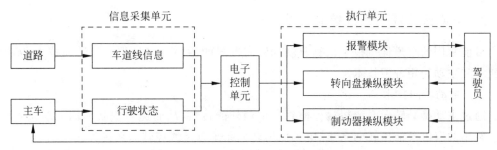

图 6-24 车道保持辅助系统的组成单元

相应操作。该单元的性能直接影响车道偏离修正的及时性,因此在选择中央处理器和设计控制算法时,需要着重考虑其运算能力和运算速度。

（3）执行单元。

执行单元主要由报警模块、转向盘操纵模块及制动器操纵模块组成。其中报警模块与车道偏离预警系统类似,通过转向盘或者座椅振动、仪表显示、声音报警中的一种或者多种形式实现。转向盘操纵模块和制动器操纵模块是车道保持辅助系统中特有的,主要实现横向运动和纵向运动的协同控制,并保证汽车在 LKA 工作期间具有正常的行驶稳定性。

3）车道保持辅助系统的工作原理

车道保持辅助系统可以在行车的全程或速度达到某一阈值后开启,并可以手动关闭,实时保持汽车的行驶轨迹。当系统正常工作时,信息采集单元通过车载传感器采集车速、转向盘转角信息,随后电子控制单元对信息进行处理,比较汽车和车道线的相对位置,判断汽车是否偏离行驶车道。当汽车行驶可能偏离车道线时,发出报警信号；当汽车距离偏离侧车道线小于一定阈值或已经有车轮偏离出车道线时,根据系统识别的偏离程度来对转向盘操纵模块及制动器操纵模块进行控制,施加操舵力和制动力,使汽车稳定地回到正常轨道。若驾驶员打开转向灯,正常进行变线行驶,则系统不会做出任何提示。

车道保持辅助系统的工作过程如图 6-25 所示,将不同时刻的汽车行驶照片重叠后可以看出,图中后面起第二个车影已偏离行驶轨道,于是系统发出警报信号,第三个车影和第四个车影是系统主动进行车道偏离纠正的过程,在第五个车影时,汽车已经重新位于正确的行驶路线上,车道保持辅助系统完成了一个完整的工作周期。

图 6-25 车道保持辅助系统的工作过程

2. 车道保持辅助系统控制算法

目前常用的车道保持技术根据驱动和转向方式的不同可以分为主动转向技术、差动制动技术和主动转矩分配技术。

（1）主动转向技术。

通过主动操纵转向系统机构使前轮产生额外的转角，从而达到控制车辆运动轨迹的目的。常用的有电子液压转向系统、电动助力转向系统以及线控转向系统等。

（2）差动制动技术。

通过车辆制动系统对左右轮分别进行制动力分配实现差动制动，利用产生的附加横摆力矩控制车辆回归正确的行驶路径。

（3）主动转矩分配技术。

在全轮驱动的车辆上根据差动力矩分配方法使分配到各个车轮上的驱动力矩不同，通过控制车辆的横摆运动完成对车辆运动轨迹的控制。

在三种不同车道保持控制技术中，主动转向技术是通过转向轮直接实现汽车航向角的变化，需要计算转向系统产生的辅助转矩；差动制动技术和主动转矩分配技术的控制目标也是实现汽车航向角的变换，需要以此为基础计算不同车轮的制动或驱动力矩。三种转向的控制目标相同，原理相似，但是控制对象不同，因此差动制动转向和主动转矩分配转向的控制算法在主动转向控制算法的基础上加以修改即可。下面主要以主动转向技术中的电动助力转向为基础，介绍基于 T-S 模糊模型的 H_∞ 控制算法以及前馈补偿模糊控制算法。

1）基于 T-S 模糊模型的 H_∞ 控制算法

基于 T-S 模糊模型的 H_∞ 控制算法主要是根据车辆相对于车道线位置参数得到常规的辅助转矩。在建立实际的模糊模型时，不能忽略系统不确定性的干扰，所设计的控制系统不仅是二次稳定，而且必须要有一定的抑制干扰的能力，这就是鲁棒 H_∞ 控制问题。

基于 T-S 模糊模型的 H_∞ 控制主要包括以下工作环节：①提出问题。定义模糊控制系统的模糊变量及模糊规则数目，根据模糊变量划分非线性系统的子系统，并在此基础上建立基于模糊变量的模糊系统模型。②分析系统稳定性。通过 Lyapunov 函数对非线性系统 H_∞ 控制问题进行稳定性判断。③设计状态反馈控制器。根据并行分布方法，对系统的各个子系统分别设计局部控制器，然后在局部控制器的控制下分析全局稳定性，从而由局部状态反馈控制器加权组成全局系统的状态反馈 H_∞ 控制器。

（1）基于 T-S 的人-车-路系统模糊模型。

人-车-路闭环系统考虑车辆在行驶过程中纵向车速非线性变化，因此可以将人-车-路系统定义为非线性系统，可用 T-S 模型描述为

$$R^i: \text{if } z_1(t) \text{ is } M_{i1} \text{ and} \cdots z_p(t) \text{ is } M_{ip}$$
$$\text{then } \dot{x}_d(t) = \boldsymbol{A}_{di}x_d(t) + \boldsymbol{B}_{di}u_d(t) + \boldsymbol{H}_{di}$$
$$y_d(t) = \boldsymbol{C}_{di}x_d(t), \quad i = 1, 2, \cdots, r \tag{6-21}$$

式中，R^i 为模糊系统的第 i 条规则；$z(t) = [z_1(t) \quad z_2(t) \quad \cdots \quad z_p(t)]$ 为人-车-路闭环系统的模糊变量；$M_{i1} \cdots M_{ip}$ 为模糊集合；$u_d(t)$ 为系统的输入；$x_d(t)$ 为系统的状态变量；$y_d(t)$ 为系统的输出；$\boldsymbol{A}_{di}$、$\boldsymbol{B}_{di}$、$\boldsymbol{H}_{di}$、$\boldsymbol{C}_{di}$ 为模糊系统的第 i 个子系统对应的状态矩阵。

给定状态参数和输入的人-车-路闭环系统的 T-S 模糊模型为

$$\begin{cases} \dot{x}_d(t) = \dfrac{\sum\limits_{i=1}^{r} \omega_{di}[z(t)][\boldsymbol{A}_{di}x_d(t) + \boldsymbol{B}_{di}u_d(t) + \boldsymbol{H}_{di}]}{\sum\limits_{i=1}^{r} \omega_{di}[z(t)]} \\ y_d(t) = \dfrac{\sum\limits_{i=1}^{r} \omega_{di}[z(t)]\boldsymbol{C}_{di}x_d(t)}{\sum\limits_{i=1}^{r} \omega_{di}[z(t)]} \end{cases} \quad (6\text{-}22)$$

式中，$\omega_{di}[z(t)] = \prod\limits_{j=1}^{p} M_{ij}[z(t)] = \prod\limits_{j=1}^{p} M_{ij}[v_x(t)]$ 为第 i 条规则的相对有效程度，其值为与其相关联的隶属函数的乘积。记为

$$h_i[z(t)] = \dfrac{\omega_{di}[z(t)]}{\sum\limits_{i=1}^{r} \omega_{di}[z(t)]} \quad (6\text{-}23)$$

则建立的人-车-路闭环系统的 T-S 模糊模型为

$$\begin{cases} \dot{x}_d(t) = \sum\limits_{i=1}^{r} h_i[z(t)][\boldsymbol{A}_{di}x_d(t) + \boldsymbol{B}_{di}u_d(t) + \boldsymbol{H}_{di}] \\ y_d(t) = \sum\limits_{i=1}^{r} h_i[z(t)]\boldsymbol{C}_{di}x_d(t) \end{cases} \quad (6\text{-}24)$$

（2）基于 T-S 模糊模型的 H_∞ 控制器设计。

基于 T-S 模糊模型的 H_∞ 控制器的输出为车道保持控制所期望的辅助转矩。根据人-车-路闭环系统的 T-S 模糊模型，采用并行分配补偿方法，对子系统设计一个局部的 H_∞ 状态反馈控制器，即

$$u_{di}(t) = -K_i x_d(t), \quad i = 1, 2, \cdots, 5 \quad (6\text{-}25)$$

式中，K_i 为第 i 个局部子系统的 H_∞ 状态反馈控制器。

考虑到非线性系统存在外部干扰 ρ 时，H_∞ 控制方法应使干扰对系统的影响最小，因此对于给定的标量 $\gamma > 0$，应使性能指标 $G(s)$ 满足以下条件：

$$\|G(s)\|_m = \dfrac{\|y\|_2}{\|\rho\|_2} < \gamma \quad (6\text{-}26)$$

性能指标的范数越小，则表示扰动对系统的干扰最小。传统的 H_∞ 状态反馈控制器设计的必要条件是存在正定矩阵 $\boldsymbol{X}$ 和矩阵 $\boldsymbol{M}$ 满足以下条件。

$$\begin{bmatrix} \boldsymbol{A}_v \boldsymbol{X} + \boldsymbol{B}_v \boldsymbol{M} + (\boldsymbol{A}_v \boldsymbol{X} + \boldsymbol{B}_v \boldsymbol{M})^T & \boldsymbol{H}_v & \boldsymbol{C}_v \boldsymbol{X}^T \\ \boldsymbol{H}_v^T & -\boldsymbol{I} & 0 \\ \boldsymbol{C}_v \boldsymbol{X} & 0 & -\gamma^2 \boldsymbol{I} \end{bmatrix} \leqslant 0 \quad (6\text{-}27)$$

式中，$\boldsymbol{A}_v$、$\boldsymbol{B}_v$、$\boldsymbol{C}_v$、$\boldsymbol{H}_v$ 为参考车路系统状态矩阵。

利用 LMIS 矩阵不等式可得车路系统的反馈控制器为

$$K_V = \mathbf{MX}^{-1} \tag{6-28}$$

在求系统的各个局部状态反馈控制器时,同样利用 LMIS 约束获得目标函数的最优解,得到使系统稳定的反馈增益 K_i 和相应的最小扰动抑制度 γ。满足式(6-28)的必要条件是存在正定矩阵 $\mathbf{X}$,使得下式成立:

$$\min: \gamma^2$$
$$\mathbf{X}, \mathbf{M}_1, \mathbf{M}_2, \cdots, \mathbf{M}_r$$
$$\mathbf{X} > 0$$

$$\begin{bmatrix} \mathbf{XA}_{di}^{\mathrm{T}} + \mathbf{A}_{id}\mathbf{X} - (\mathbf{B}_{di}\mathbf{M}_i + \mathbf{M}_i^{\mathrm{T}}\mathbf{B}_{di}^{\mathrm{T}}) & \mathbf{XC}_{di}^{\mathrm{T}} & \mathbf{M}_i \\ \mathbf{C}_{di}\mathbf{X} & -\mathbf{Q} & 0 \\ \mathbf{M}_i^{\mathrm{T}} & 0 & -\gamma^2\mathbf{I} \end{bmatrix} \leqslant 0 \tag{6-29}$$

式中,$\mathbf{Q} = \mathbf{WTW}$,$\mathbf{W} > 0$ 为正定矩阵;$\mathbf{M}_i$ 为对应模糊规则 i 的模糊隶属度函数。

利用 MATLAB 中矩阵工具箱可得到各个子系统控制器参数为

$$K_i = \mathbf{M}_i\mathbf{X}^{-1} \tag{6-30}$$

在验证系统稳定性过程中,需要将得到的正定矩阵 $\mathbf{P} = \mathbf{X}^{-1}$ 代入构造的 Lyapunov 函数,得到

$$V = \mathbf{x}^{\mathrm{T}}\mathbf{Px} \tag{6-31}$$

根据 Schur 定理得到系统内部稳定的条件是 $\dot{V} < 0$,且有性能指标满足下式:

$$\|G(s)\|_\infty < \gamma \tag{6-32}$$

每个局部子系统控制器的输出为

$$u_{di}(t) = -K_i x_d(t) = -\mathbf{M}_i\mathbf{X}^{-1}x_d(t) \tag{6-33}$$

基于 T-S 模糊模型 H_∞ 控制器输出为

$$u_d(t) = -\sum_{i=1}^{5} h_i[z(t)]K_i x_d(t) \tag{6-34}$$

由于局部控制器反馈增益是在全局性能指标控制条件下确定的,因此在考虑全局系统控制时,只要确保各个局部子系统能够在其反馈增益 K 的控制下保持稳定,则全局的稳定性就可以得到保证。

2)前馈补偿模糊控制算法

车道保持主动转向的过程中存在各种阻力,因此在单一的反馈控制中无法使前轮转角达到期望值,并且由于控制的滞后影响,当干扰较大时,被控量影响较大,因此需要设计前馈控制,计算额外的补偿转矩。前馈控制主要基于不变性原理,在干扰发生而被控量未变时对控制量进行调节,从而补偿干扰对被控量的影响,能够及时地对干扰进行抑制。

(1)前馈补偿控制策略。

汽车在转向中受到的外部阻力主要与轮胎气压、车速、路面附着系数以及前轮转角大小有关,因此需要根据不同的影响因素计算相应的额外转矩。由于轮胎气压一般在正常范围内,故在算法设计过程中可以不对其进行考虑。根据影响车辆转向时外部阻力的车速、前轮转角和路面附着系数,可设计车道保持前馈补偿控制策略,如图 6-26 所示。

车道保持前馈补偿的控制过程为:传感器获取车辆的车速 v_x、前轮转角 δ_f 以及地面

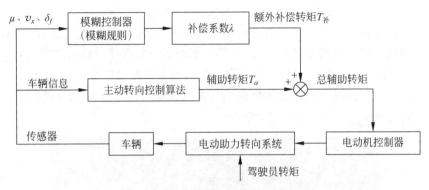

图 6-26 车道保持前馈补偿控制策略

附着系数 μ 等,根据这些因素对转向阻力的影响关系设计模糊规则,得到前馈补偿比例系数 λ,最后将根据主动转向控制算法计算得到的辅助转矩 T_a 和额外的补偿转矩 T 组成的总辅助转矩信号发送给 EPS 电动机控制器控制主动转向,从而降低外部阻力的影响以保证车辆始终在车道中心线附近行驶。

(2) 前馈补偿模糊控制器设计。

在车道保持主动控制中,前馈补偿模糊控制器的模糊规则为:路面附着系数较高、前轮转角较大时,应适当地增大额外补偿转矩;车速较快时,应减小额外补偿转矩。因此,模糊控制器的输入为路面附着系数 μ、前轮转角 δ_f 以及车速 v_x,输出为额外补偿转矩比例系数 λ。完成模糊子集设计后可以采用三角形隶属度函数,并建立模糊规则库进行计算。

3. 车道保持辅助系统应用实例

车道保持辅助系统目前已经在较多车型中装配,不仅提高了行车的安全性,防止开车过程中注意力不集中造成的车道偏离,也可以促使驾驶员形成主动变道时开启转向灯的习惯(无转向灯变道时,LKA 系统会发出警报甚至产生较大的转向阻力矩)。目前市场中日系车的 LKA 系统配置率较高,如日产、丰田、本田等产品。

本田汽车已经在雅阁、思域、CRV 等车型中配备 LKA 系统,如图 6-27 所示。本田的 LKA 系统主要通过单目摄像机识别车道两侧的行车线,并辅助施加转向盘操作,使车辆始终保持在车道中间行驶,大幅缓解高速行驶时的驾驶疲劳。

图 6-27 本田车道保持辅助系统

大众 CC 也搭载有车道保持辅助系统,如图 6-28 所示。其原理是通过紧贴在前挡风玻璃上的数字式灰度摄像头实时拍摄前方道路上的左右车道线,对其进行监控。拍摄到的图像由计算机转换为信息数据并进行处理,分析汽车是否行驶在车道线的中间,若车辆的偏移量超出允许值,便会向电动助力转向系统 EPS 发出改变转向动作指令,加以干预纠正,汽车便会自动回到两条车道线中间来。如果遇到弯度较大的弯道且车道线清晰,汽车也会自动沿着弯道转弯行驶。

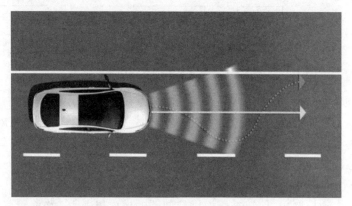

图 6-28 大众 CC 车道保持辅助系统

福特的部分车型中也有车道保持辅助系统,如图 6-29 所示。该系统主要采用 Gentex 公司出品的多功能摄影系统,核心架构为 Mobileye 公司的 EyeQ 视讯处理器。该处理器可以处理摄像头收集的信息,实现车道侦测、车辆侦测、行人侦测、大灯控制等功能。

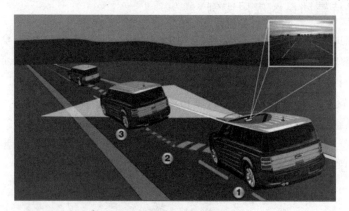

图 6-29 福特汽车车道保持辅助系统

6.2.2 自动制动系统

1. 自动制动系统的定义及组成单元

1) 自动制动系统的定义及组成

自动制动(Autonomous Emergency Braking,AEB)系统:可以预知潜在的碰撞危险并及时通知驾驶员,而且在必要的情况下,此系统会自动控制制动踏板完成制动操作,以避免或减轻碰撞伤害。

自动制动系统是一种汽车主动安全技术，主要由信息感知单元、电子控制单元、执行单元组成，如图 6-30 所示。

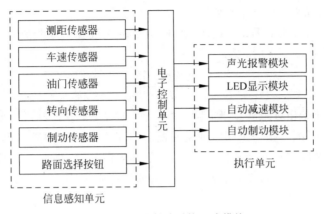

图 6-30　自动制动系统组成模块

2）自动制动系统的工作原理

自动制动系统采用雷达测出与前车或者障碍物的距离，然后利用数据分析模块将测出的距离与报警距离、安全距离进行比较，小于报警距离时就进行报警提示，而小于安全距离时即使在驾驶员没有来得及踩制动踏板的情况下，自动制动系统也会启动，使汽车自动制动，从而为安全出行保驾护航。自动制动系统的工作流程如图 6-31 所示。

2. 自动制动系统的算法

自动制动系统算法的制定主要有三种方法。第一种方法是基于车辆间的相对运动关系，通过获得的车辆状态信息评估前方碰撞威胁，如 Knipling 建立了两个简单的运动学关系方程，用于对车辆行驶过程中危险情况进行描述，并将其作为基本预警策略。日本马自达公

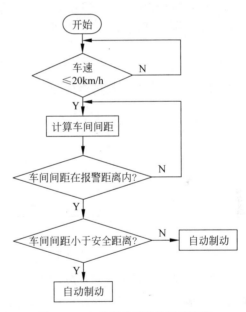

图 6-31　自动制动系统的工作流程

司 Doi 等开发了一种车辆前方碰撞预警系统，该系统是根据对车辆的运动学关系分析来确定紧急情况下的安全制动距离。第二种方法是利用人的认知行为作为车辆安全行驶状态判断指标，如 Hayward 根据驾驶员在开车过程中难以准确知道前车运动状态，却可以实现对行车危险的准确判断和评估的这种行为，提出了早期的认知行为模型。Gibson 和 Lee 利用人对碰撞发生时间的预测和判断，而不是基于距离和撞上前车的时间，制定出汽车防碰撞预警策略。第三种方法是利用驾驶员试验数据统计或拟合出的参数及曲线，建立安全车距与车速、加速度等状态量之间的数值模型，以此作为车辆安全行驶状态判断指标。如美国密歇根大学设计了一种 IC-CFOT 数据库，建立了控制算法性能评估方法，从统计学角度比较了

几种追尾报警算法的性能,进而用于对其的改进和参数优化。

1) 安全状态判断

在制定 AEB 算法时首先应该判断车辆当前状态下的危险情况,一般有两种方法:一种为基于车距的判断方法;另一种为基于时距的判断方法。

基于车距的判断方法如 Berkeley 模型,模型中定义报警安全距离 d_w 和制动安全距离 d_b,定义危险系数为

$$\varepsilon = \frac{d - d_b}{d_w - d_b} \qquad (6\text{-}35)$$

式中,d 为自车和前车相对距离。当危险系数 $\varepsilon>1$ 即 $d>d_b$ 时,则说明此时自车处于安全状态;当 $1>\varepsilon>0$ 即 $d_w>d>d_b$ 时,则说明此时自车有和前车碰撞的可能,需要启动预警功能,提醒驾驶员及时制动避免碰撞的发生。当 $0>\varepsilon$ 即 $d_b>d$ 时,则说明此时自车必须要制动来避免碰撞发生,此时自动紧急制动系统需要快速介入,主动制动避免碰撞的发生或者降低碰撞时自车速度,减少伤害。

而对于基于时距的判断方法,则定义基于时间的指标 TTC,能够定量地反映出在紧急情况下驾驶员及制动系统需要在该时间内完成制动操作,避免碰撞发生,如图 6-32 所示。定义时间指标阈值 TTC_1、TTC_2。在行车过程中,当计算出来的时间指标 TTC 小于 TTC_2 时采取报警策略,时间指标 TTC 小于 TTC_1 采取制动动作。

$$TTC = \frac{d_r}{v_r} \qquad (6\text{-}36)$$

式中,d_r 为主车与目标物的纵向相对距离;v_r 为主车与目标物的纵向相对速度。

图 6-32 TTC 表征本车的安全状态

雷达定义相对速度为目标物的纵向速度减去主车的纵向速度。d_r 和 v_r 可直接从环境感知系统输出读取。基于车距的判断方法,定义了危险系数 ε 来判断自车的运行状态,其能够定性地判断,但是不能定量地确定报警或者制动的时刻。时间指标 TTC 能够定量地表征此时的行驶工况以及留给驾驶员及制动系统的操作时间,所以用 TTC 来表征危险状态,并且确定报警时刻和制动时刻更为有效。所以,仿真采用基于 TTC 的方法,判断自车危险状况,并且作为分级制动策略的阈值门限。

2) AEB 算法制定

制定 AEB 算法时,不能简单地将区分制动区域的 TTC 设为一个定值常数,因为这会造成高速制动过晚、低速制动过早的问题,单一的 TTC 阈值很难兼顾高速和低速等不同的工况。因此,以车速、TTC、期望减速度三个参数对 AEB 算法进行制定。对于车速,分为三种工况:车速小于 20km/h 的为低速行驶工况;车速在 20~50km/h 的为中速行驶工况;

车速大于50km/h的为高速行驶工况。对于TTC,设置三个TTC阈值以对应三个不同的车速区间。对于期望减速度,针对不同的车速区间制定了$-4m/s^2$、$-6m/s^2$、$-8m/s^2$三个不同的期望减速度。分级控制策略如图6-33所示。当主车以较高的车速(大于50km/h)行驶时,主车刹停的时间较长,为了避免与前车或行人的碰撞,此时希望AEB系统能够较早地介入,因此将TTC设为一个相对较大的值(TTC=1.8s);当主车以较低的车速(小于20km/h)行驶时,主车刹停的时间较短,为了防止AEB制动停车距离过大,此时希望AEB系统能够较晚地介入,因此将TTC设为一个相对较小的值(TTC=1s);当主车以中等速度(介于20~50km/h)行驶时,TTC则不能过大也不能太小,因此将TTC设为一个介于高速和低速之间的值(TTC=1.6s)。AEB系统按照先部分制动再全力制动的策略,将高速区域(大于50km/h)内AEB的期望减速度设为一个较小值($-4m/s^2$),当车速由于制动逐渐减低到低速区域(小于20km/h)后开始全力制动($-8m/s^2$)。

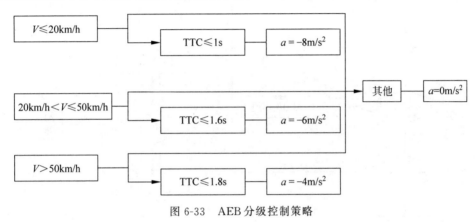

图6-33 AEB分级控制策略

3) FCW算法制定

FCW系统控制策略按照C-NCAP测试评价方法制定。C-NCAP中关于FCW的测试方法为:当FCW报警信号出发后1.2s,施加一个$-4m/s^2$的制动减速度,直到车辆停止或碰撞发生。因此,FCW报警信号发生的时间一定得保证驾驶员在收到信号后以一定的反应时间施加制动到车辆停止。定义FCW报警发生时间为TTW,其计算公式如下:

$$\text{TTW} = -\frac{v_r}{4} + 1.2 \quad (6-37)$$

式中,v_r为主车与目标物的相对纵向车速;TTW为当前相对车速下,主车在1.2s的延迟后以$-4m/s^2$的减速度制动到与目标物相对速度为0的时间。

因此,FCW报警信号的触发条件为:当TTC>TTW时不报警,当TTC<TTW时报警。

4) AEB功能逻辑制定

AEB算法是AEB系统对车辆行驶安全状态的判断及报警与制动的控制,而AEB的功能逻辑实际上是指对AEB系统激活、启动以及退出的逻辑判断,一个好的AEB系统功能逻辑能够减少或避免AEB系统的误作用,并尽可能地不干扰驾驶员的正常驾驶。此处设定的AEB系统功能逻辑如图6-34所示。从图中可以看出,当相对车速小于0时,此时主车速度小于目标车速度,AEB系统不激活;只有当相对车速大于0且节气门开度小于30%时,AEB系统才会激活。这是考虑当节气门开度大于30%时,说明驾驶员有很强的加速行驶主观意图,这时 AEB 系统不介入。当 AEB 激活后则按照制定的控制算法基于不同的 TTC 做出不同的反应,一旦 AEB 制动介入,则必须将车辆制动到与前车相对速度一致,AEB 系统才能退出。而当 AEB 退出后,则需要将车辆加速到 8km/h 以上才能再次激活 AEB 系统,这避免了 AEB 系统在刹停本车后不断连续施加制动的情况。

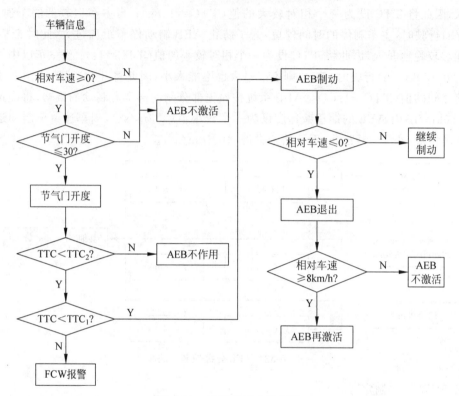

图 6-34　AEB 系统功能逻辑

6.2.3　自适应巡航控制系统

1. 自适应巡航控制系统的定义及工作原理

1) 自适应巡航控制系统的定义

自适应巡航控制(ACC)系统:在汽车行驶过程中,车距传感器持续扫描汽车前方道路,同时轮速传感器采集车速信号。当前汽车与前方车辆之间的距离小于或大于安全车距时,ACC 系统的控制单元通过与制动系统、发动机控制系统协调动作,改变制动力矩和发动机输出功率,对汽车行驶速度进行控制,使汽车始终保持安全车距行驶以避免追尾事故的发生,同时提高通行效率;若前方没有可监测车辆,汽车则按设定的车速巡航行驶。ACC 系统如图 6-35 所示。

对于电动汽车,发动机更换为驱动电机,通过改变制动力矩和驱动电机的输出功率来控制电动汽车的行驶速度。ACC 系统在控制汽车时,通常会将制动减速度限制在不影响舒适度的范围,当需要提高减速力度时,ACC 系统会对驾驶员发出预警信号来提醒驾驶员采取

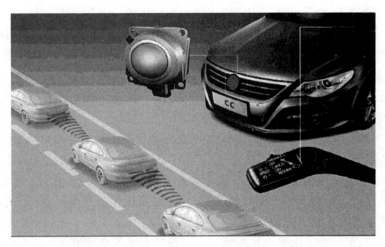

图 6-35 汽车 ACC 系统

人为制动的操作。当汽车与被监测车辆的车距达到安全车距时,ACC 系统会控制汽车按照设定车速行驶。

2) 自适应巡航控制系统组成部分

(1) 燃油汽车 ACC 系统的组成部分。

燃油车 ACC 系统主要由信息感知单元、电子控制单元、执行单元及人机交互界面等组成,如图 6-36 所示。

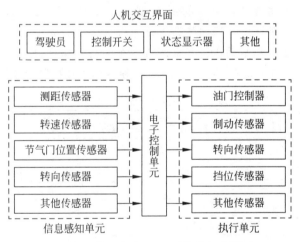

图 6-36 燃油汽车 ACC 系统的组成单元

信息感知单元:主要用于向电子控制单元提供 ACC 系统所需要的各种信息,主要由测距传感器、转速传感器、节气门位置传感器、转向传感器、制动踏板传感器等组成。测距传感器用于获取主车与前方目标车辆之间的距离信号,一般使用激光雷达或毫米波雷达,也有使用视频传感器;转速传感器用于获取实时车速信号,一般使用霍尔式转速传感器;节气门位置传感器用于获取节气门开度信号;转向传感器用于获取汽车转向信号;制动踏板传感器用于获取制动踏板动作信号。

电子控制单元:根据驾驶员设定的安全车距及车速,结合信息感知单元传送来的信息确定主车的行驶状态,决策出汽车的控制策略,并输出油门开度和制动压力信号给执行单元。例如,当主车与前方目标车辆之间的距离小于设定的安全车距时,电子控制单元计算实际车距和安全车距之差及相对速度的大小,选择减速方式,或者通过报警器向驾驶员发出报警,提醒驾驶员采取相应的措施。

执行单元:主要执行电子控制单元发出的指令,实现主车速度和加速度的调整。该单元包括油门控制器、制动控制器、转向控制器和挡位控制器等。油门控制器用于调整节气门的开度,使汽车做加速、减速及定速行驶;制动控制器用于控制制动力矩或紧急情况下的制动;转向控制器用于控制汽车的行驶方向;挡位控制器用于控制汽车变速器的挡位。

人机交互界面:用于驾驶员设定系统参数及系统状态信息的显示等。驾驶员可通过设置在仪表盘或转向盘上的人机界面启动或清除 ACC 系统控制指令。启动 ACC 系统时,要设定主车与前方目标车辆之间的安全车距以及在巡航状态下的车速,否则 ACC 系统将自动设置为默认值,但所设定的安全车距不可小于设定车速下交通法规所规定的安全车距。

(2) 电动汽车 ACC 系统的组成部分。

电动汽车主要由电动机、电动机控制器、蓄电池、电池管理系统、整车控制器、再生制动控制器、辅助系统等组成。相对于燃油汽车,由电动机系统取代发动机系统,增加了蓄电池系统、再生制动系统等。

电动汽车 ACC 系统由信息感知单元、电子控制单元、执行单元和人机交互界面等组成,如图 6-37 所示。电动汽车相对于燃油汽车,其 ACC 系统的信息感知单元没有节气门位置传感器,执行单元没有油门控制器和挡位控制器,相应地增加了电动机控制器和再生制动控制器。信息感知单元将传感器测量的距离、速度和加速度等信号输入到电子控制单元;电子控制单元对主车行驶环境及运动状态进行分析、计算、决策,输出转矩和制动压力信号;执行单元通过控制电动机和制动执行器来调节主车的行驶速度,用于执行电子控制单元的指令;人机交互界面为驾驶员对系统的运行进行观察和干预控制提供操作界面。

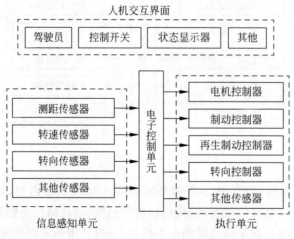

图 6-37 电动汽车 ACC 系统的组成单元

3) 自适应巡航控制系统的工作原理

(1) 燃油汽车 ACC 系统的工作原理

燃油汽车 ACC 系统的工作原理如图 6-38 所示。驾驶员启动 ACC 系统后,汽车在行驶过程中扫描汽车前方道路,同时轮速传感器采集车速信号。如果主车前方没有车辆或与前方目标车辆距离很远且速度很快时,控制模式选择模块就会激活巡航控制模式,ACC系统将根据驾驶员设定的车速和轮速传感器采集的本车速度自动调节加速踏板等,使得主车达到设定的车速并巡航行驶;如果目标车辆存在且离主车较近或速度很慢,控制模式选择模块就会激活跟随控制模式,ACC系统将根据驾驶员设定的安全车距和轮速传感器采集的本车速度计算出期望车距,并与车距传感器采集的实际距离比较,自动调节制动压力和油门开度等使得汽车以一个安全车距稳定地跟随前方目标车辆行驶。同时,ACC系统会把汽车目前的一些状态参数显示在人机界面上,方便驾驶员的判断。另外,ACC系统也装有紧急报警系统,在ACC系统无法避免碰撞时及时警告驾驶员并由驾驶员处理紧急状况。

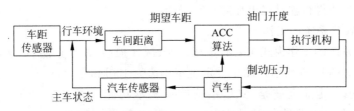

图 6-38　燃油汽车 ACC 系统的工作原理

（2）电动汽车 ACC 系统的工作原理

电动汽车 ACC 系统的工作原理如图 6-39 所示。它与燃油汽车 ACC 系统工作原理基本相同,唯一的区别是燃油汽车控制的是油门开度,调节发动机输出转矩;电动汽车控制的是电动机转矩,调节电动机的输出转矩,而且增加了再生制动控制。

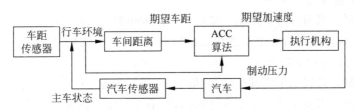

图 6-39　电动汽车 ACC 系统的工作原理

4）自适应巡航控制系统的作用与工作模式

（1）自适应巡航控制系统的作用。

汽车 ACC 系统通过对汽车纵向运动进行自动控制,以减轻驾驶员的劳动强度,保障行车安全,并为驾驶员提供辅助支持。汽车 ACC 系统具有以下作用。

① 汽车 ACC 系统可以自动控制车速,但在任何时候驾驶员都可以主动进行加速或制动。当驾驶员对巡航控制状态下的汽车进行制动后,ACC 系统就会终止巡航控制;当驾驶员对巡航控制状态下的汽车进行加速,加速停止后,ACC 系统会按照原来设定的速度进行巡航控制。

② 通过测距传感器的反馈信号,ACC 系统可以根据目标车辆的移动速度判断道路情况并控制汽车的行驶状态;通过反馈式加速踏板感知的驾驶员施加在踏板上的力,ACC 系统可以决定是否执行巡航控制,以减轻驾驶员的疲劳。

③ 汽车 ACC 系统分为基本型和全速型。基本型 ACC 一般在车速大于 30km/h 时才

会起作用,而当汽车车速降低到30km/h以下时,就需要驾驶员进行操作。全速型ACC在车速低于30km/h直至汽车静止时一样可以适用,在低速行驶时仍能保持与前车的距离,并能对汽车进行制动直至其处于静止状态。如果前车在几秒内再次制动,装备有停走型ACC系统的汽车将自动跟随启动。如果停留时间较长,驾驶员只需要通过简单的操作(如轻踩油门踏板)就可以再次进入ACC模式。通过这种方式,即使在道路拥挤时,ACC系统也能进行辅助驾驶。

④ 汽车ACC系统使汽车的编队更加轻松。ACC系统可以设定自动跟踪的汽车,当主车跟随前方目标车辆行驶时,ACC系统可以将主车车速设定为与目标车辆相同的车速,同时保持安全车距,而且这个安全车距可以通过转向盘上的设置按钮进行选择。

⑤ 带辅助转向功能的ACC系统不仅可以使汽车自动与前方目标车辆保持一定车距,还能够自动转向,使得行驶过程更加舒适和安全。

(2) 汽车ACC系统的工作模式。

汽车ACC系统的工作模式主要有定速巡航、减速控制、跟随控制、加速控制、停车控制以及启动控制,如图6-40所示。图中设定主车车速为100km/h,目标车辆车速为80km/h。

① 定速巡航。定速巡航是ACC系统的最基本功能。当主车前方无目标车辆行驶时,主车将处于普通的巡航行驶状态,ACC系统按照设定的车速对汽车进行定速巡航控制。

② 减速控制。当主车前方有目标车辆,且目标车辆的行驶速度小于主车当前车速时,ACC系统将会控制主车使其减速,确保主车与目标车辆之间的距离为设定的安全车距。

③ 跟随控制。当ACC系统将主车车速减至设定的车速之后采用跟随控制,与前方目标车辆以相同车速行驶。

④ 加速控制。当前方的目标车辆加速行驶或发生移线,或当主车移线行驶使得前方又无车辆行驶时,ACC系统将对主车进行加速控制,使得主车恢复到设定的车速。恢复至设定车速后再对汽车进行巡航控制。

⑤ 停车控制。若目标车辆减速停车,则ACC系统会控制主车完成停车。

⑥ 启动控制。当主车处于停车等待状态,且前方目标车辆突然启动时,主车也将启动,与目标车辆保持一致。

当驾驶员参与汽车驾驶后,ACC系统自动退出对汽车的控制。

2. 自适应巡航控制系统动力学模型

自适应巡航控制系统的动力学模型根据汽车发动机的种类分为燃油式和电动式。

1) 燃油汽车ACC系统动力学模型

燃油汽车ACC系统动力学模型主要包括发动机模型、液力变矩器模型、自动变速器模型、汽车行驶模型及执行器模型等。

(1) 发动机模型。

发动机模型分为稳态模型和动态模型,其工作情况较为复杂,干扰因素较多,一般设计将发动机稳态输出转矩简化为节气门开度及转速的函数,即

$$M_s = f(\theta, n) \tag{6-38}$$

式中,M_s为发动机稳态输出转矩;θ为发动机节气门开度;n为发动机转速。

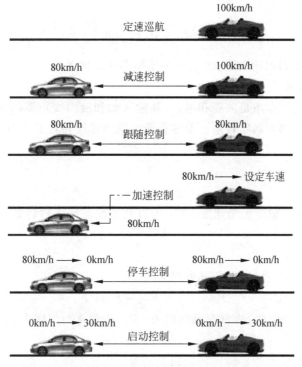

图 6-40 汽车 ACC 系统的工作模式

稳态模型一般采用试验数据建模,将发动机稳态试验获得的每个节气门开度下的输出转矩与转速数据用三次多项式拟合后得到发动机稳态输出转矩为

$$M_s = a_0 + a_1 n + a_2 n^2 + a_3 n^3 \tag{6-39}$$

式中,a_0、a_1、a_2、a_3 为拟合系数。

发动机节气门调节既与稳态特性有关,又和动态特性有关,所以应建立发动机的动态模型。一般将发动机的动态输出转矩简化为一阶线性模型,用传递函数表示为

$$M_e = \frac{M_s}{1 + st_e} \tag{6-40}$$

式中,M_e 为发动机动态输出转矩;t_e 为发动机响应滞后时间;s 为拉氏算子。

根据发动机到液力变矩器的力矩传递关系,可以得到发动机动态输出转矩与液力变矩器泵轮转矩之间的关系为

$$I_e \dot{\omega}_e = M_e - M_p \tag{6-41}$$

式中,I_e 为发动机转动部件和液力变矩器泵轮的有效转动惯量;ω_e 为发动机曲轴旋转角速度;M_p 为液力变矩器泵轮转速。

(2)液力变矩器模型。

液力变矩器一般安装在发动机和自动变速器之间,主要由泵轮、涡轮和导轮组成,以液压油为工作介质,起到传递转矩、变矩、变速以及离合的作用。液力变矩器的泵轮转矩为

$$M_p = K_{tc} \left(\frac{\omega_t}{\omega_p} \right) \omega_p^2 \tag{6-42}$$

式中,K_{tc} 为液力变矩器容量系数;ω_t 为液力变矩器涡轮角速度;ω_p 为液力变矩器泵轮角速度。

液力变矩器涡轮转矩为

$$M_t = M_p \tau \left(\frac{\omega_t}{\omega_p}\right) \tag{6-43}$$

式中，M_t 为液力变矩器涡轮转矩；τ 为液力变矩器转矩比系数。

(3) 自动变速器模型。

自动变速器的主要作用是减速和增矩，其输入轴和液力变矩器的涡轮相连接。其转速和转矩分别为涡轮转速和涡轮转矩。变速器输出轴角速度和转矩分别为

$$\omega_0 = \frac{\omega_t}{i_g} \tag{6-44}$$

$$M_0 = M_t i_g \tag{6-45}$$

式中，ω_0 为自动变速器输出轴角速度；M_0 为自动变速器输出轴转矩；i_g 为自动变速器挡位传动比。

(4) 汽车行驶模型。

汽车平坦路面巡航行驶时的行驶方程为

$$F_t = F_f + F_w + F_j + F_b \tag{6-46}$$

式中，F_t 为汽车驱动力；F_f 为汽车滚动阻力；F_w 为汽车空气阻力；F_j 为汽车加速阻力；F_b 为汽车制动阻力。

汽车驱动力与自动变速器输出转矩的关系为

$$F_t = \frac{M_0 i_0 \eta_t}{R} \tag{6-47}$$

式中，i_0 为主减速器传动比；η_t 为传动系效率；R 为车轮半径。

汽车滚动阻力为

$$F_f = mgf \tag{6-48}$$

式中，m 为汽车质量；F 为滚动阻力系数。

汽车空气阻力为

$$F_w = \frac{C_D A u^2}{21.15} \tag{6-49}$$

式中，C_D 为空气阻力系数；A 为汽车迎风面积；u 为汽车行驶车速。

汽车加速阻力为

$$F_j = \delta m \dot{u} \tag{6-50}$$

式中，δ 为汽车旋转质量换算系数。

汽车制动力为

$$F_b = K_b p_b \tag{6-51}$$

式中，K_b 为制动压力比例系数；p_b 为制动压力。

由上式可得到燃油汽车的行驶减速度为

$$\dot{u} = \frac{1}{\delta m} \left(\frac{M_0 i_0 \eta_t}{R} - K_b p_b - mgf - \frac{C_D A u^2}{21.15}\right) \tag{6-52}$$

(5) 执行器模型。

执行器模型包括节气门执行器模型和制动执行器模型，输入量分别是期望的节气门开

度和期望的制动压力,输出量是实际的节气门开度和制动压力。

节气门执行器与发动机节气门相连,为了实现对节气门快速、准确地跟踪控制,节气门执行器采用脉宽调制(PWM)信号控制的直流电动机驱动机构。节气门控制器、直流电动机和节气门位置传感器组成闭环控制保证节气门的实际位置与期望位置一致,节气门执行器采用二阶振荡系统模型,即

$$\alpha_{es} = t_{a_1}\ddot{\alpha} + t_{a_2}\dot{\alpha} + a \tag{6-53}$$

式中,α_{es} 为期望的节气门开度;A 为实际节气门开度;t_{a_1}、t_{a_2} 为一阶、二阶振荡系统常数。

制动执行器由于受液压管路挤压膨胀和制动液体积变化的影响,制动系统存在一定的响应迟滞,可以采用一阶惯性系统模型,即

$$p_{es} = t_b \dot{p}_b + p_b \tag{6-54}$$

式中,p_{es} 为期望的制动压力;p_b 为实际制动压力;t_b 为一阶惯性系统常数。

2) 电动汽车 ACC 系统动力学模型

电动汽车的 ACC 动力学模型主要包括汽车行驶模型和驱动电机模型。

(1) 汽车行驶模型。

电动汽车行驶方程式和燃油汽车行驶方程式形式一样,只是驱动力表达式不一样。电动汽车驱动力为

$$F_t = \frac{T_t i_t}{R} \eta_t \tag{6-55}$$

式中,T_t 为电动机输出转矩;i_t 为传动系统总传动比;η_t 为传动系统机械效率;R 为车轮半径。

如果不考虑再生制动的影响,则电动汽车的减速度为

$$\dot{u} = \frac{1}{\delta m}\left(\frac{T_t i_t \eta_t}{R} - K_b p_b - mgf - \frac{C_D A u^2}{21.15}\right) \tag{6-56}$$

(2) 驱动电动机模型。

电动机是电动汽车的核心部件,乘用车一般使用感应电动机和永磁电动机,感应电动机因具有坚固性好、成本较低等优点而被广泛使用。以三相交流感应电动机为例,建立电动汽车驱动电动机模型。

三相交流感应电动机物理等效模型如图 6-41 所示,定子、转子均为相差 120°的三相对称绕组,转子定轴线分别为 A、B 和 C,定子动轴线分别为 a、b 和 c。向定子线圈通三相交流电,定子 A 相和转子 a 相的电阻分别为 R_s 和 R_r,转子逆时针旋转,角速度为 ω_{re},当转子转过角度为 θ_{re} 时,定子 A 相自感及其与转子 a 相互感分别为 L_s 和 M,转子 a 相自感及其与定子 A 相互感分别为 l_r 和 $M\cos\theta_{re}$。

用三相静止坐标系表示绕组磁链方程式为

$$[\psi] = \begin{bmatrix} \psi_s \\ \psi_r \end{bmatrix} = \begin{bmatrix} L_{ss} & L_{sr} \\ L_{rs} & L_{rr} \end{bmatrix} \begin{bmatrix} i_s \\ i_r \end{bmatrix} \tag{6-57}$$

式中,ψ 为绕组总磁链;ψ_s 为定子绕组总磁链;ψ_r 为转子绕组总磁链;L_{ss} 为定子绕组的自感;L_{rr} 为转子绕组的自感;L_{sr}、L_{rs} 为定子绕组、转子绕组的互感;i_s 为定子绕组总电流;i_r 为转子绕组总电流。

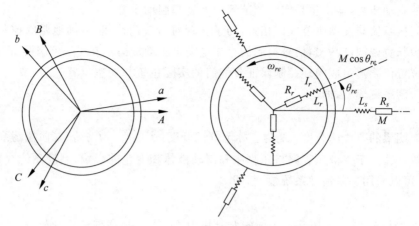

图 6-41 三相交流感应电动机物理等效模型

用三相静止坐标系表示电压方程为

$$\begin{bmatrix} u_s \\ u_r \end{bmatrix} = \begin{bmatrix} R_s & 0 \\ 0 & R_r \end{bmatrix} \begin{bmatrix} i_s \\ i_r \end{bmatrix} + \begin{bmatrix} L_{ss} & L_{sr} \\ L_{rs} & L_{rr} \end{bmatrix} \begin{bmatrix} \dfrac{di_s}{dt} \\ \dfrac{di_r}{dt} \end{bmatrix} + \begin{bmatrix} \dfrac{dL_{ss}}{d\theta_m} & \dfrac{dL_{sr}}{d\theta_m} \\ \dfrac{dL_{rs}}{d\theta_m} & \dfrac{dL_{rr}}{d\theta_m} \end{bmatrix} \begin{bmatrix} i_s \\ i_r \end{bmatrix} \omega_{re} \tag{6-58}$$

式中,u_s 为定子绕组总电压;u_r 为转子绕组总电压;R_s 为定子单相绕组的电阻;R_r 为转子单相绕组的电阻;θ 为转子机械转角;ω 为电机转子旋转角速度。

三相绕组储存的电磁能为

$$W = \frac{1}{2} \begin{bmatrix} i_s \\ i_r \end{bmatrix}^T \begin{bmatrix} L_{ss} & L_{sr} \\ L_{rs} & L_{rr} \end{bmatrix} \begin{bmatrix} i_s \\ i_r \end{bmatrix} \tag{6-59}$$

电磁转矩为

$$T = \frac{\partial W}{\partial \theta_m} = n_p \frac{\partial W}{\partial \theta} = \frac{1}{2} n_p \begin{bmatrix} i_s \\ i_r \end{bmatrix}^T \begin{bmatrix} 0 & \dfrac{\partial L}{\partial \theta} \\ \dfrac{\partial L_{rs}}{\partial \theta} & 0 \end{bmatrix} \begin{bmatrix} i_s \\ i_r \end{bmatrix} \tag{6-60}$$

式中,T 为电磁转矩;n_p 为感应电动机极对数。

三相交流感应电动机的运动方程为

$$T_e - T_L = \frac{J}{n_p} \frac{d\omega_{re}}{dx} + \frac{D}{n_p} \omega_{re} + \frac{K}{n_p} \theta_m \tag{6-61}$$

式中,T 为负载转矩;J 为整个系统的转动惯量;D 为阻转矩阻尼系数;K 为扭转弹性转矩系数。

当负载为恒定转速时,$D = K = 0$。

3. 自适应巡航系统控制技术

1) 汽车 ACC 系统控制方法

燃油汽车 ACC 系统控制方法如图 6-42 所示,分为双层控制:第一层根据雷达、车速和加速度传感器信号控制车速及加速度,获得期望车速和期望加速度信号;第二层接收第一层信号的输入,并对驱动系统和制动系统进行调节,输出节气门开度和制动压力指令,从而控制发动机和液压制动装置。

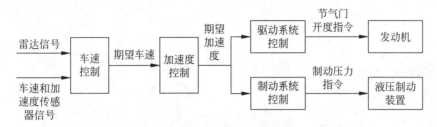

图 6-42 燃油汽车 ACC 系统控制方法

电动汽车 ACC 系统控制方法如图 6-43 所示,分为三层控制:第一层根据雷达和传感器信号控制加速度及转矩,获得期望加速度与期望转矩信号;第二层对第一层输出的期望转矩进行分配,获得期望电动机驱动转矩、期望电动机制动力矩和期望液压制动力矩;第三层接收第二层信号协调驱动系统和制动系统控制,输出电动机驱动转矩指令、电动机制动转矩指令和液压制动转矩指令,分别控制驱动电动机和液压制动装置。

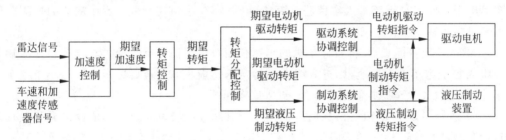

图 6-43 电动汽车 ACC 系统控制方法

2) 汽车 ACC 系统控制策略

汽车 ACC 系统是基于人车环境的闭环系统,需要合理的控制策略来保证基本功能的实现,驾驶员通过控制开关控制 ACC 系统的工作状态(开和关),设置车速(Speed)和车距(Distance)参数,并通过加速踏板和制动踏板对汽车纵向运动进行干预。汽车自适应巡航控制策略主要包括三个:定速巡航与跟车切换策略,以获得期望车速和期望加速度;包含制动力矩分配策略的驱动与制动切换策略,以获得期望驱动转矩和期望制动力矩;驾驶员主动干预控制策略。

电动汽车 ACC 系统控制策略结构原理如图 6-44 所示,图中 v_e 为期望车速;a_e 为期望加速度;T_e 为期望驱动转矩;T_z 为期望制动力矩。

(1) 定速巡航与跟车切换策略。

定速巡航模式是主车以 ACC 系统设定的车速为目标车速,达到设定车速后匀速行驶。跟车模式是主车随着目标车辆的运动状态而改变车速,从而保证与目标车辆保持着最佳的行车间距。自适应巡航就是汽车能根据行驶路况选择合适功能模式以保证行车安全,实现对汽车纵向运动的控制,最大限度地提高道路的利用率。定速巡航和跟车模式切换应遵守以下规则。

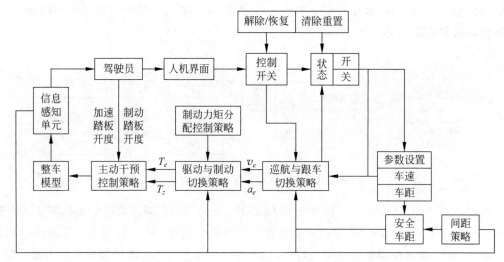

图 6-44 电动汽车 ACC 系统控制策略结构原理

① 汽车行驶,雷达进行探测,判断是否发现目标车辆。若在雷达的检测范围内没有目标车辆出现,则 ACC 系统进入定速巡航模式,以设定车速匀速行驶;若在雷达的检测范围内发现目标车辆,则进一步进行判断。

② 雷达发现目标车辆,将目标车辆的车速和相对车距信号反馈给主车。若目标车辆车速大于或等于主车设定车速,则进入或者保持定速巡航模式;若目标车辆车速小于主车设定车速,则结合安全车距控制主车车速,进入跟车模式。

③ 雷达始终处于工作状态,实时探测汽车行驶路况。若发现目标车辆驶离并且出现新的目标车辆,则将新的目标车辆的车速和相对距离信号反馈给主车,继续进行跟车;若发现目标车辆突然驶离且无新的目标车辆出现,则主车由跟车模式切换到定速巡航模式。

④ ACC 系统作为辅助系统必须遵循始终以驾驶员指令优先的原则,汽车行驶路况复杂,要时刻做好对突发事件做出快速响应的准备。若出现紧急制动、主动干预等强制性动作,则立刻退出 ACC 系统,等待激活指令。

(2) 驱动与制动切换策略。

电动汽车通常采用电动机再生制动为主、机械制动为辅的制动形式,在 ACC 系统激活状态时只需考虑中轻度和下长缓坡时的制动情况,由紧急制动系统完成紧急制动,再生制动时电动机输出负转矩,通过机械传动将制动力矩作用于车轮,实现电能转换为机械能,这部分机械能一部分变成热量消失,一部分通过传动装置反传给电动机,电动机充当发电动机对蓄电池充电,实现机械能向电能的转换。因此,电动机在产生制动力矩的同时会向蓄电池回馈能量。为了实现安全制动和高效回收制动能量的双重目标,需要制定合理的制动力矩分配策略。

驱动与制动之间的切换可以根据制动踏板开度和期望输出转矩来确定,只要制动踏板开度大于零,或者期望输出转矩小于零,则禁止一切驱动指令;当期望输出转矩增大到正值且制动踏板没有动作时,切换到驱动模式,避免切换时发生冲突,确保行车安全。

(3) 驾驶员主动干预策略。

任何安全辅助系统都必须遵循优先执行驾驶员操作的原则,当 ACC 系统处于工作状态时,可以通过踏板开度信号来判断驾驶员是否进行干预,同时根据路况控制电动机转速和踏板开度实时调节车速。

将踏板开度转换为 0～1 的数字信号,设踏板总行程为 1,对应踏板全开度,并设置门限值为 $|e|$。若期望制动踏板开度数字信号 A_1 与实际制动踏板开度数字信号 A_2 误差超出设定的误差范围,则 ACC 系统退出工作进入待命状态,由驾驶员决定接下来的指令;驾驶员也可以随时改变 ACC 系统的状态,重新激活 ACC 系统,并可以保留或重新设置参数,若处于误差范围内,进入第二个门限判断;若期望加速踏板开度和实际踏板制动开度数字信号 A_3、A_4 满足 $|A_3-A_4|>|e|$,则 ACC 系统进入待命状态,否则 ACC 系统处于激活状态,ACC 系统正常工作。

3) 定速巡航模糊自适应 PID 控制算法

模糊自适应 PID 控制能有效解决模糊控制中无法定义目标的问题,提高系统动态品质,也能够对 PID 控制过程中各参数进行自动调整,具有适应性好、控制精度高、灵活等优点。

(1) 模糊自适应 PID 控制原理。

模糊自适应 PID 控制是由二维模糊和传统 PID 控制算法共同实现的,以设定值与反馈值的误差及其误差变化率作为系统的输入,运用模糊推理,自动实现对 PID 参数的最佳调整。

模糊自适应 PID 控制原理如图 6-45 所示。其中,r_{in} 为输入的设定值,可以选取主车的设定车速;e 和 e_c 分别为车速的误差及误差变化率的精确值;E 和 E_c 分别为车速的误差及误差变化率的模糊值;K_p、K_i 和 K_d 分别为比例、积分及微分系数的模糊值;k_p、k_i 和 k_d 分别为比例、积分及微分系数的动态精确值;y_{out} 为输出的被控变量,是主车的期望车速。

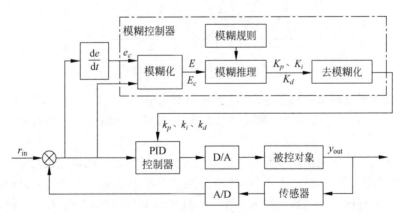

图 6-45 模糊自适应 PID 控制原理

(2) 量化比例因子和基本论域。

论域包括基本论域(即变量实际变化范围为精确值)和集合论域(即将基本论域模糊化的一个过程),设 e、e_c、k_p、k_i 和 k_d 对应的模糊子集论域表达形式均为 $(-n,-n+1,-n+2,\cdots,n-2,n-1,n)$。量化比例因子分别为

$$\begin{cases} k_E = \dfrac{n}{e} \\ k_{E_c} = \dfrac{n}{e_c} \\ k_P = \dfrac{n}{k_p} \\ k_I = \dfrac{n}{k_i} \\ k_D = \dfrac{n}{k_d} \end{cases} \quad (6\text{-}62)$$

可以取$[-120,120]$、$[-12,12]$作为e、e_c的基本论域；取$[0,0.2]$、$[0,0.2]$、$[0,0.03]$作为k_p、k_i、k_d的基本论域。

(3) 隶属函数和模糊控制规则表。

将论域划分成若干等级，划分等级越多，控制精度越高。对于变量E、E_c、K_p、K_i和K_d均设定为$\{NB,NM,NS,ZO,PS,PM,PB\}$，同时，对于输入变量取$n=6$，对于输出变量取$[0,1]$为模糊子集论域隶属函数用于描述模糊集合，采用具有良好对称性和光滑性的高斯函数作为隶属函数，变量的隶属函数曲线如图6-46所示。

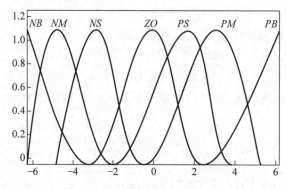

图6-46 系统变量隶属函数曲线

需要确定模糊控制规则用于推理，对于输出变量K_p、K_i和K_d为PID控制的调节参数，参数数值大小直接影响调节效果和动态性能，因此选取合适的调节参数是达到良好控制效果的关键。

比例系数K_p是决定控制强弱的关键，K_p变大，调节后的响应速度变快，稳态误差变小，但是超调量随之变大，易产生振荡，使动态性能及系统的稳定性变差；积分系数K_i以消除系统偏差为目标，具有滞后性，K_i用于小幅度调节，调节效果与K_p类似；微分系数K_d起到抑制K_p、K_i的作用，K_d变大，超调量变小，有利于提高动态性能，维持稳定性。

根据K_p、K_i和K_d作用的特点建立以下相应规则。

① 当E趋于正大或负大时，需要快速减小偏差，应增大K_p，此时调节幅度变大，减小K_i与K_d可避免超调量过大和出现瞬态微分过饱和现象，以提高系统的稳定性和动态。

② 当E和E_c趋于正中或负中时，为了继续减小稳态误差同时减小超调量，消除振荡，应增大K_i同时减小K_p；为了抑制K_p的控制强度，加快减小超调量，应增大K_d。

③ 当 E 趋于正小或负小时，系统偏差较小，但为了进一步减小稳态误差，提高系统的稳定性和抗干扰能力，应该减小 K_d，适当增大 K_p 和 K_i。

④ 当 E 和 E_c 趋于零时，容易产生游车现象，降低汽车行驶的舒适性，系统存在一定的稳态误差，适当地增大 K_p，减小 K_i，取消微分作用。

静态误差和超调量是实际控制过程中主要考虑的因素，在控制的各个阶段，根据不同的误差和误差变化率来确定比例系数，从而决定比例、积分和微分的作用强弱。对 K_p、K_i 和 K_d 制定的相应的控制规则分别如表 6-5、表 6-6 和表 6-7 所示。

表 6-5　K_p 模糊控制规则表

K_p　E　E_c	NB	NM	NS	ZO	PS	PM	PB
NB	PB	PB	PM	PM	PS	ZO	ZO
NM	PB	PB	PM	PS	PS	ZO	NS
NS	PM	PM	PM	PS	ZO	NS	NS
ZO	PM	PM	PS	ZO	NS	NM	NM
PS	PS	PS	ZO	NS	NS	NM	NM
PM	PS	ZO	NS	NM	NM	NM	NB
PB	ZO	ZO	NM	NM	NM	NB	NB

表 6-6　K_i 模糊控制规则表

K_p　E　E_c	NB	NM	NS	ZO	PS	PM	PB
NB	NB	NB	NM	NM	NS	ZO	ZO
NM	NB	NB	NM	NS	NS	ZO	ZO
NS	NB	NM	NS	NS	ZO	PS	PS
ZO	NM	NM	NS	ZO	PS	PM	PM
PS	NM	NS	ZO	PS	PS	PM	PB
PM	ZO	ZO	PS	PS	PM	PB	PB
PB	ZO	ZO	PS	PM	PM	PB	PB

表 6-7　K_i 模糊控制规则表

K_p　E　E_c	NB	NM	NS	ZO	PS	PM	PB
NB	PS	NS	NB	NB	NB	NM	PS
NM	PS	NS	NB	NM	NM	NS	ZO
NS	ZO	NS	NM	NM	NS	NS	ZO
ZO	ZO	NS	NS	NS	NS	NS	ZO
PS	ZO	ZO	ZO	ZO	ZO	ZO	ZO
PM	PB	PS	PS	PS	PS	PS	PB
PB	PB	PM	PM	PM	PS	PS	PB

4）跟车模式模型预测控制算法

模型预测控制（MPC）算法是一种基于预测模型的控制算法，其利用滚动优化的方法以局部最优解代替全局最优解，并充分利用实际控制状态进行反馈校正，来增强控制过程的鲁棒性。它不需要十分精确的数学模型，而且优化算法和约束可以自行设计，具有较好的动态控制效果和广泛的应用前景。

（1）模型预测控制原理。

模型预测控制主要包括预测模型、滚动优化、在线校正和参考轨迹，其原理如图 6-47 所示。预测模型输入和输出分别为 $u(k)$ 和 $y_m(k+i)$，它是根据当前状态信息及输入，计算被控系统未来的状态和输出，可以是状态方程、响应函数或传递函数；滚动优化是通过优化算法选取一定的优化指标获得最优的被控对象输入，它是在有限时域内的反复在线滚动优化。根据前文智能网联汽车自适应巡航控制技术及约束条件，计算满足约束条件的最优值作为被控量；在线校正是为了消除真实系统与预测模型的失配或环境干扰导致的控制偏差，对产生的偏差进行补偿，同时作为反馈，为下一个采样时刻的滚动优化提供数据，进行新的优化；参考轨迹输入和输出分别为 $s(k)$、$y(k)$、$y_d(k+i)$，它是预期的控制目标，是一条平滑、缓和的期望曲线。

通过滚动优化和在线校正可以克服被控系统的非线性及不确定性，提高系统的稳定性和鲁棒性。模型预测控制的基本思想是求解一个最优化的问题来获得最优的控制序列控制未来的行为。

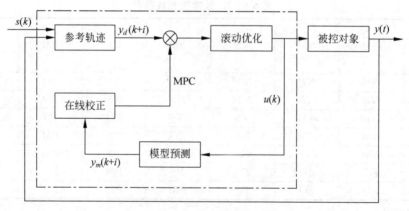

图 6-47　模型预测控制原理图

（2）模型预测。

选取主车加速度作为系统控制变量，相对车距、相对车速和主车车速作为系统输入变量，即

$$\begin{cases} u(k) = a_h(k) \\ \boldsymbol{x}(k) = [d_r(k) \quad v_r(k) \quad v_h(k)]^T \end{cases} \quad (6\text{-}63)$$

式中，$u(k)$ 为系统控制变量；$a_h(k)$ 为主车加速度；$\boldsymbol{x}(k)$ 为系统输入变量；$d_r(k)$ 为主车与目标车辆之间的相对车距；$v_r(k)$ 为主车与目标车辆之间的相对车速；$v_h(k)$ 为主车车速；k 为自然数。

为简化预测模型，假设目标车辆的加速度为零，主车与目标车辆之间相对加速度为

$$a_r(k) = -a_h(k) \tag{6-64}$$

$k+1$ 时刻的相对车距、相对车速和主车车速分别为

$$\begin{cases} d_r(k+1) = d_r(k) + v_r(k)T_s - \frac{1}{2}a_h(k)T_s^2 \\ v_r(k+1) = v_r(k) - a_h(k)T_s \\ v_h(k+1) = v_h(k) + a_h(k)T_s \end{cases} \tag{6-65}$$

因为输入变量可测,采样时间为 T,所以主车 $k+1$ 时刻的预测模型为

$$\begin{cases} \boldsymbol{x}(k+1) = \boldsymbol{A}\boldsymbol{x}(k) + \boldsymbol{B}u(k) \\ \boldsymbol{y}(k) = \boldsymbol{C}\boldsymbol{x}(k) \end{cases} \tag{6-66}$$

式中,$\boldsymbol{x}(k+1) = [d_r(k+1) \quad v_r(k+1) \quad v_h(k+1)]^T$;$\boldsymbol{y}(k) = [d_r(k) \quad v_r(k) \quad v_h(k)]^T$。

$$\boldsymbol{A} = \begin{pmatrix} 1 & T_s & 0 \\ & 1 & 0 \\ & & 1 \end{pmatrix}; \quad \boldsymbol{B} = \begin{pmatrix} -\frac{1}{2}T_s^2 \\ -T_s \\ T_s \end{pmatrix}; \quad \boldsymbol{C} = \begin{pmatrix} 1 & & \\ & 1 & \\ & & 1 \end{pmatrix}; \quad k = 0, 1, 2, \cdots, n。$$

增量式预测模型以控制变量的变化率为系统输入,为了防止加速度变化过大,可以选取加速度的变化率作为系统的输入,提高系统的稳定性。加速度变化率表达式为

$$\Delta u(k) = u(k) - u(k-1) \tag{6-67}$$

将式(6-66)代入式(6-62)得

$$\begin{cases} u'(k) = u(k) - u(k-1) \\ \boldsymbol{x}'(k) = [d_r(k) \quad v_r(k) \quad v_h(k) \quad u(k-1)]^T \end{cases} \tag{6-68}$$

由此得到增量式预测模型为

$$\begin{cases} \boldsymbol{x}'(k+1) = \boldsymbol{A}\boldsymbol{x}'(k) + \boldsymbol{B}u'(k) \\ \boldsymbol{y}'(k) = \boldsymbol{C}\boldsymbol{x}'(k) \end{cases} \tag{6-69}$$

式中,$\boldsymbol{A} = \begin{pmatrix} 1 & T_s & 0 & -\frac{1}{2}T_s^2 \\ & 1 & 0 & -T_s \\ & & 1 & T_s \\ & & & 1 \end{pmatrix}$;$\boldsymbol{B} = \begin{pmatrix} -\frac{1}{2}T_s^2 \\ -T_s \\ T_s \\ 1 \end{pmatrix}$;$\boldsymbol{C} = \begin{pmatrix} 1 & & & \\ & 1 & & \\ & & 1 & \\ & & & 1 \end{pmatrix}$;$k = 0, 1, 2, \cdots, n$。

(3) 滚动优化。

自适应巡航控制需要在保证安全性和舒适性的前提下实现跟车功能,因此优化目标可以定为减小跟车误差,约束加速度及其变化率,抑制过大的振荡。

跟车误差的优化目标是在不影响安全性的前提下跟车误差尽可能的小,由于在建立期望相对车距函数时已经考虑了安全车距的问题,因此只需要对误差取极小值,表达式为

$$\begin{cases} J_v(k) = \min v_r(k) \\ \lim_{k \to \infty} v_r(k) = 0 \end{cases} \tag{6-70}$$

式中,$J_v(k)$ 为相对车速优化值。

加速度及其变化率在满足约束条件的情况下尽可能取极小值,即

$$\begin{cases} J_{a_h}(k) = \min a_h(k), & a_{h_{\min}}(k) \leqslant a_h(k) \leqslant a_{h_{\max}}(k) \\ J_{u'}(k) = \min u'(k), & u'_{\min}(k) \leqslant u'(k) \leqslant u'_{\max}(k) \end{cases} \tag{6-71}$$

式中,$J_{a_h}(k)$ 为主车加速度优化值;$J_{u'}(k)$ 为主车加速度变化率优化值;$a_{h_{\min}}(k)$ 为加速度最小值;$a_{h_{\max}}(k)$ 为加速度最大值;$u'_{\min}(k)$ 为加速度变化率最小值;$u'_{\max}(k)$ 为加速度变化率最大值。

对控制量和输出量进行约束后,在未来任意时刻,控制量的增量和输出量的预测值的每一次优化都需要满足优化条件,即

$$\begin{cases} u'_{\min}(k) \leqslant u'(k) = u'(k-1) + \Delta u'(k) \leqslant u'_{\max}(k) \\ y'_{\min}(k) \leqslant y'(k) = y'(k-1) + \Delta y'(k) \leqslant y'_{\max}(k) \end{cases} \tag{6-72}$$

式中,$u'_{\min}(k)$ 为控制变量的最小值;$u'_{\max}(k)$ 为控制变量的最大值;$y'_{\min}(k)$ 为输出变量的最小值;$y'_{\max}(k)$ 为输出变量的最大值。

二次型优化性能指标的向量形式为

$$\min_{u'(k)} J(k) = || \boldsymbol{X}'(k) ||^2_{\boldsymbol{Q}(k)} + || \boldsymbol{U}'(k) ||^2_{\boldsymbol{R}(k)} \tag{6-73}$$

式中,$\boldsymbol{X}'(k)$ 为输入变量的向量形式;$\boldsymbol{U}'(k)$ 为控制变量的向量形式;$\boldsymbol{Q}(k)$ 为误差权矩阵;$\boldsymbol{R}(k)$ 为控制权矩阵。

将跟车误差、相对车速与相对加速度作为优化问题的输入变量,即 $\boldsymbol{X}'(k) = [e_d(k) \quad v_r(k) \quad a_h(k-1)]^{\mathrm{T}}$;加速度变化率作为控制变量,即 $\boldsymbol{U}'(k) = u'(k)$;误差权矩阵为 $\boldsymbol{Q}(k) = \mathrm{diag}[q_{e_d}(k), q_{v_r}(k), q_{a_h}(k)]$;控制权矩阵为 $\boldsymbol{R}(k) = r(k)$,通过调节权矩阵中得加权系数,对跟车、安全和舒适性能进行平衡,达到最佳效果。

在满足变量约束的条件下,以有限控制量作为优化变量,对未来 N 个时刻在线求解数学规划问题,即转换为二次规划问题求解,得到具体优化方程为

$$\min_{u'(k)} J(k) = \sum_1^N [\boldsymbol{X}'^{\mathrm{T}}(k+1|k)\boldsymbol{Q}(k)\boldsymbol{X}'(k+1|k)] + \sum_0^N [\boldsymbol{u}'^{\mathrm{T}}(k+1|k)\boldsymbol{R}(k)\boldsymbol{u}'(k+1|k)] \tag{6-74}$$

约束条件为

$$\begin{cases} \boldsymbol{x}'(k+1) = \boldsymbol{A}\boldsymbol{x}'(k) + \boldsymbol{B}\boldsymbol{u}'(k) \\ \boldsymbol{y}'(k) = \boldsymbol{C}\boldsymbol{x}'(k) \end{cases} \\ u'_{\min}(k) \leqslant u'(k) \leqslant u'_{\max}(k) \\ y'_{\min}(k) \leqslant y'(k) \leqslant y'_{\max}(k) \tag{6-75}$$

式中,$k+1|k$ 为在 k 时刻,通过预测模型预测 $k+1$ 时刻控制系统的输出。

通常优化方程在某些时刻是无解的,因此需要添加松弛因子。转变后的方程为

$$\min_{u'(k)} J'(k) = \min_{u'(k)} J(k) + \rho \varepsilon^2 \tag{6-76}$$

式中,ε 为松弛因子;ρ 为待定系数。

同时还需要将优化方程转换为标准二次型才能进行求解,具体的转换方法可通过 MATLAB 中的 quadprog 函数实现。

(4) 在线校正。

在线校正是将输出的信号反馈到系统的输入进行实时校正,由于本系统整个过程是

闭环滚动的,系统的输出即为输入变量,并且可测,因此可以当作下一步预测和优化的基点。

外界不引入其他措施,通过状态的刷新实现预测向实际接近,即循环优化的过程中会产生一系列的控制变量增量来不断进行更新,因此每一次输入控制增量进行叠加后再作为系统的输入,每个周期如此反复以实现系统的校正。

4. 自适应巡航控制系统应用

ACC系统使汽车辅助驾驶技术达到的新的高度,驾驶员的大量任务可以由ACC系统代替执行,在很大程度上减轻的驾驶员的负担。目前,ACC系统主要应用于高端车型,但随着ACC技术的不断发展和成熟,一些中低档的汽车中也逐渐开始配备ACC系统。

沃尔沃汽车的ACC系统如图6-48所示,通过前挡风玻璃的摄像头以及隐藏在前格栅内的雷达来监测前方路况,在速度超过30km/h时,按下转向盘上的启动键就可以激活ACC系统。当前方存在车辆时会自动跟随前方车辆行驶,且不会超过设定速度。如果前方没有车辆,就按设定的速度行驶。

沃尔沃汽车的ACC系统具备以下功能。

(1) 在0~200km/h的车速范围内都可以实现自动跟车。

(2) 具备很强的前方车辆监控能力。当发现前方车辆转弯或者超车时,能够快速地捕捉到新的合适车辆进行跟车行驶。

(3) 如果有车辆插入主车与被跟随车辆之间,ACC系统会立即调节车速以保持主车与新的被跟随车辆之间的车距。

(4) 具备辅助超车功能。如果感觉前方车辆速度较慢,当驾驶员打转向灯进入到另一条车道准备超车时,ACC系统会使汽车做出瞬时的加速以快速完成超车。

长安新CS75也装配了ACC系统,只需要在开启功能之后进行简单的设定就可以在高速公路上行驶,甚至可以实现堵车时的"解放双脚"。长安新CS75的全速ACC系统可以通过语音进行速度限定,使汽车根据前方被跟随车辆的速度进行自我速度调节,始终控制在安全车距。图6-49是装备了ACC系统的长安新CS75汽车。

图6-48 沃尔沃汽车的ACC系统

图6-49 装备了ACC系统的长安新CS75汽车

未来的汽车ACC系统将会与ADAS中其他系统相互融合,形成智能电子控制系统,在卫星导航的指引下,利用环境感知技术和网络通信技术实现自动驾驶。

6.2.4 自动泊车辅助系统

1. 自动辅助泊车系统的定义及组成单元

对于许多驾驶员而言,顺列式泊车是一种痛苦的经历,大城市停车空间有限,将汽车驶入狭小的空间已成为一项必备技能。很少有不费一番周折就停好车的情况,停车可能导致交通阻塞、神经疲惫和保险杠被撞弯。

针对这一汽车应用情况而生的自动泊车辅助(PA)系统能利用车载传感器探测有效泊车空间,并辅助控制车辆完成泊车操作。该类系统减轻了驾驶员的操作负担,有效降低了泊车的事故率。图 6-50 是自动泊车示意图。

图 6-50 自动泊车示意图

自动泊车辅助系统主要由感知单元、中央控制器、转向执行机构及人机交互系统组成。

感知单元:感知环境信息和汽车自身运动状态信息。

中央控制器:对感知单元传输的信息进行分析判断。

转向执行机构:接收中央控制器发出的指令并执行。

人机交互系统：显示重要信息给驾驶员。

2. 自动辅助泊车系统的工作原理

自动泊车系统的工作原理流程如图6-51所示。通过车载传感器扫描汽车周围环境，通过对环境区域的分析和建模，搜索有效泊车位，当确定目标车位后，系统提示驾驶员停车并自动启动自动泊车程序。程序根据所获取的车位大小、位置信息，计算出泊车路径，然后自动操纵汽车泊车入位。

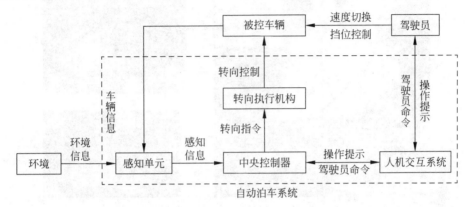

图 6-51 自动泊车系统的工作原理

自动泊车是比泊车辅助更智能的泊车技术。最常用的泊车辅助系统是倒车雷达系统，也有使用声呐传感器的系统，它们的作用就是在倒车时帮助司机"看见"后视镜里看不见的东西或者提醒司机后面存在物体。该系统可在车体后方摄像头拍摄的实时影像上合成通过车轮切角预测出的泊车路线。除影像外，还可通过声音向驾驶员发出指示应对纵向停车及横向停车时的各种情况。不过该系统没有转向、加速及刹车操作等辅助功能，因此驾驶员必须自己进行这些操作。而自动泊车则只需要按下自动泊车按键，汽车就会自动驶入对应车位。

6.3 视野改善类驾驶辅助系统及其原理

6.3.1 自适应前照明系统

在汽车行驶过程中，尤其是在夜晚或驾驶员视野情况较为恶劣的行车环境下，及时采用合适的前照灯灯光模式是非常有必要的。据汽车安全报告显示，自汽车发明供人们使用以来，乱用远光灯是造成夜晚汽车安全事故的主要原因之一。

1. 自适应前照明系统的定义及组成单元

自适应前照明（AF）系统：指汽车的前照灯能够根据汽车所处的环境条件，包括天气条件（干燥、潮湿、下雨、下雪、雾天）、道路条件（高速公路、弯曲的乡村道路、城镇道路）、周围照明情况（白天、黎明、公共照明、夜晚）以及自身的状态（载荷引起的倾斜、加减速引起的俯仰、转向、车速、离地高度),自动产生一种符合该环境条件的光束,以达到最佳照明效果的一种汽车前照灯系统。其既能满足驾驶员对道路照明的要求,轻松地看清道路状况,又能不对道路的其他使用者造成影响。

根据图 6-52 可以看出,汽车有无 AF 系统的前照灯照明效果差异十分明显。装备有 AF 系统的汽车由于前照灯会随着汽车转向而自动调整照明方向,在夜晚转弯时具有更好的有效驾驶员视野,能够充分减少视野盲区从而降低因视野不足引发的意外交通事故。

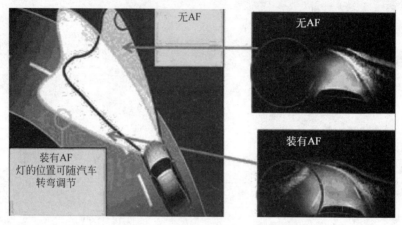

图 6-52 有无 AF 系统的驾驶员夜晚视野差异对比图

AF 系统组成主要由传感器单元、传输单元、控制单元以及执行单元四个单元组成,如图 6-53 所示。其中传感器单元主要由转向盘转角传感器、汽车速度传感器、环境光强传感器和车身高度传感器等传感器组成,用于采集汽车周围环境信息(天气、路面信息等)。传输单元主要由 CAN 总线与其他信息传输部件组成,用于分析和传输传感器单元采集到的环境信息。控制单元用于接收和处理传输单元的信息,然后将命令传达给执行单元。执行单元用于接收控制单元的命令并控制前照灯的工作模式。

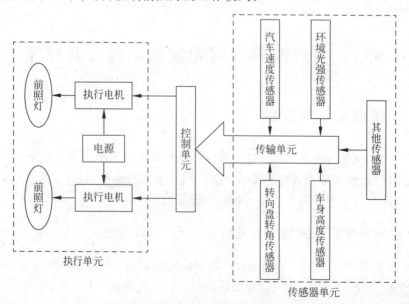

图 6-53 AF 系统组成单元

2. 自适应前照明系统的工作原理和工作流程

自适应前照明系统通过安装在车辆上的车速、姿态、转角、位置等传感器采集汽车动态信号参数，经过控制单元的分析判断和算法运算产生控制信号，执行单元控制前照明系统运转。

（1）系统通过开关器件获取功能开关信号，通过轮速传感器获取车速信号，通过转向盘转角传感器获取转角信号，通过车身高度传感器获取姿态信号等；经过算法判断，如果前照灯需要进行转动，系统会根据角度算法计算出需要转动的角度，通过控制单元输出控制信号，控制水平和垂直安装的步进电机转动，再通过机械传动机构实现前照灯转动，使照明光束始终与道路保持一致，驾驶员能够清楚地看到即将出现的弯道上的路况，以便及时采取预防或紧急避险措施。

（2）系统通过获取大灯开关器件信号和环境光强传感器的光照强度信号，对前照灯开关进行控制。系统会设置一个光照阈值，当光照强度小于阈值时，系统自动延时打开前照灯；当光照强度大于阈值时，系统自动延时关闭前照灯。

（3）系统在前照灯初始化置位时，通过获取霍尔位置传感器的位置信号，判断前照灯实际运行的角度与控制单元输出角度之间的误差，如果误差不大，通过角度 PD 调节算法对误差进行调节；如果误差过大，说明前照灯出现了故障，系统会产生故障报警信号提醒驾驶员前照灯出现故障。

（4）系统通过液晶显示装置实时显示系统的工作状态，包括车速状态、转向盘转角状态、车灯转角状态等。

3. 自适应前照明系统应用

自适应前照明系统主要有基础照明模式、弯道照明模式、城市道路照明模式、高速公路照明模式、乡村公路照明模式及恶劣天气照明模式六种不同的工作模式，应对与不同的行驶工况。

（1）基础照明模式。

汽车在行驶过程中，当道路状况及环境气候均处于正常状况时，前照明系统的工作模式相当于传统的汽车照明系统，其照明模式为基础照明模式，前照明系统不作任何调整，如图 6-54 所示。

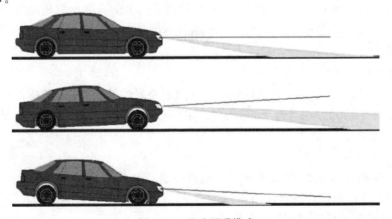

图 6-54　基础照明模式

(2) 弯道照明模式。

当汽车进入弯道时，转向盘转角和车速传感器采集数据，控制单元根据传感器采集的数据计算出车灯需要偏转的角度，驱动电机转动以使大灯转动，如图 6-55 所示。

图 6-55　弯道照明模式（左有 AFS、右无 AFS）

(3) 城市道路照明模式。

市区道路行车的特点是车速较低，车流量和人流量都很大，外界照明条件好，十字路口多，发生随机性事故的可能性较大。在这样的道路上行车要求视野清晰，防止眩光，如图 6-56 所示。

图 6-56　城市道路照明模式

(4) 高速公路照明模式。

汽车行驶在高速公路时，当车速传感器检测到车速大于 70km/h，并根据 GPS 判断其为高速行驶模式时，系统自动开启高速公路照明模式；汽车前照灯照射光线随着车速的增加在垂直方向上抬高，以使光线能够照射更远，保证驾驶员能够在安全车距之外发现前方的车辆，如图 6-57 所示。

(5) 乡村公路照明模式。

通过环境光强传感器、车速传感器和 GPS 判断外界行驶条件，决定是否开启乡村公路照明模式；在乡村公路照明模式下，系统增大左右前照灯的输出功率，增强光照亮度来补充照明，如图 6-58 所示。

(6) 恶劣天气照明模式。

AF 根据检测路面湿度、轮胎滑移以及雨量传感器判断系统状态为雨天模式，AF 驱动垂直调高电机，降低前照灯垂直输出角，并调节其照射强度，避免反射眩光在 60m 范围内对迎面行车驾驶员造成眩目，如图 6-59 所示。

图 6-57　高速公路照明模式

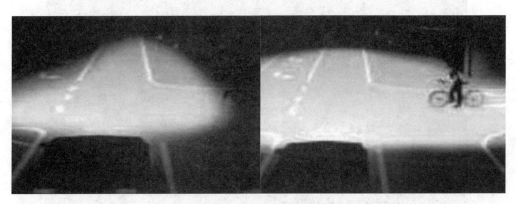

图 6-58　乡村道路照明模式

图 6-59　恶劣天气照明模式

6.3.2　夜视辅助系统

目前,越来越多的汽车厂家开始开发和使用车载夜视系统,但由于价格的原因,国外各大车厂只是在其顶级豪华车型中使用了车载夜视系统,如悍马 H2 SUT、宝马七系列轿车、奔驰全新 S 级轿车、凯迪拉克帝威、本田新里程等。但据专家预测,在不久的将来随着科技的发展和夜视系统生产成本的降低,车载夜视系统将会全面普及。汽车夜视系统作为预防夜间事故发生的一个有效的主动安全系统,已成为汽车主动安全应用领域的研究热点,可以这样说,汽车夜视系统是继安全气囊、汽车防抱死制动系统之后,具有更高使用价值的安全系统。

1. 夜视辅助系统的定义及其工作原理

1) 夜视辅助系统的定义

夜视辅助系统是一种利用红外成像技术辅助驾驶员在黑夜中看清道路、行人和障碍物等,减少事故发生,增强主动安全的系统。图 6-60 是有无夜视辅助系统下的照明差距对比。

图 6-60 有无夜视辅助系统下的照明差距对比(从上到下依次为 20m 外、50m 外、90m 外)

夜视辅助系统根据是否具备红外发射单元分为主动式和被动式两种,其中主动式的带有红外发射单元,而被动式的则没有红外发射单元。主动夜视辅助系统组成如图 6-61 所示。

图 6-61 主动夜视辅助系统组成

2) 夜视辅助系统的工作原理

(1) 主动夜视辅助系统。

该系统也就是所谓的近红外系统(Near Infrared System,NIS)。这套系统不依赖热源,而是通过使用照射系统和摄像机来识别红外反射波,并将识别后的数据以图像的形式传递给驾驶者。虽然这套系统也不会受到其他因素的影响,但它提供的信息较多,有可能会分散驾驶者的注意力。因为它利用自己发出的红外线光源主动工作,那些不发出热信号的物体也可以被发现。安装在前大灯组中的红外线灯可以将人的肉眼看不见的路面照亮。

其工作原理主要是通过大灯内两个特殊探照灯以人眼无法观察的红外线照射路面,前风挡内侧的红外摄像机捕捉红外反射信息,通过夜视系统控制单元对视频图像进行处理,然后显示到仪表盘上的显示屏上。

(2) 被动夜视辅助系统。

该系统也称为远红外系统(Far Infrared Ray,FIR)。任何物体都会散发热量,不同温度的物体散发的热量不同。人类、动物和行驶的车辆与周围环境相比散发的热量要多。被动夜视系统就能收集这些信息,然后转换为可视的图像,把本来在夜间看不清的物体清楚地呈现在眼前,增加夜间行车的安全性。

被动夜视辅助系统的工作原理:安装在前保险杠左侧的热成像摄像头可以探测到车辆前方的物体和行人的热辐射,并通过夜视系统控制单元将探测到的热量信息转换为影像并显示在车辆的显示屏上。

图 6-62 所示为主动夜视辅助系统与被动夜视辅助系统图像对比。根据图 6-62 可以看出,在主动夜视辅助系统作用下不发出热量的物体也可以看到,通过图像处理提高了清晰度并且道路标志清晰可见。而被动夜视辅助系统探测距离较远、道路标志很难看到甚至看不到,图像清晰度变化较大(取决于天气条件和时间段),图像与实际景象不完全相符,但是它有一个显著的优点就是不会受到逆向车道灯光的影响。

(a)   (b)

图 6-62 主动夜视辅助系统(a)与被动夜视辅助系统(b)图像对比

2. 夜视辅助系统应用

尽管目前夜视辅助系统的应用较其他 ADAS 技术已经非常完善,但仍然未普及于中低端车型。深圳智泰联创所研发的夜视辅助系统已经开始着手于中低端车型的夜视辅助系统配备,其安装位置与显示屏如图 6-63 所示。

图 6-63 夜视辅助系统设备安装位置与显示屏

夜视辅助系统具备一定的透雾、穿沙尘、浓烟、暴雨的能力。热红外感应温度和温差成像,无须任何光源,真正全黑夜视,完全防远光灯和强光眩目干扰、行人闪框提示和车辆闪框提示、提前发现隔离带和路边草树中的人和动物。当人眼不能完全确定前方路况和视线不足或不清时,车载热成像夜视仪在 50～200m 提前发现目标,做到提前注意和提前减速与刹车,及时防止意外情况发生。其主要具备以下几种功能。

(1) 防强光眩目干扰。车载热成像系统完全避免前方对向车辆的强光眩目干扰,视线不受影响,掌握实时路况,避免事故发生。

(2) 夜视距离远。热成像系统提供前方 360m 图像显示,全黑夜视是车灯可视距离的 2 倍以上,能有效提升预判距离和时间。

(3) 恶劣天气。车载热成像系统可在大雾、雾霾、沙尘、雨雪等恶劣天气条件下清晰成像,增加可视距离和能见度。

(4) 全天候应用。车载热成像系统可在全黑、弱光、强光、白天等环境中清晰成像,全天候应用,保障车辆行驶安全。

(5) 智能识别报警。智能识别前方行人和车辆闪框提示,智能判断输出图像和声音报警,让驾驶员从容应对各种突发情况。

(6) 易发现隐蔽物。对道路两边的草丛、树丛中的人和动物等隐蔽物进行探测和发现,可及时预判行人和动物突然横穿马路。

(7) 军工品质。严格按照 TS 16949 汽车电子行业标准设计和生产,性能稳定,耐高温,低温加热,防雨水,IP 67 防护等级。

如图 6-64 所示,从上到下依次分别为黑夜、眩光和浓雾情况下的有无夜视辅助系统的前方路况图像对比。

图 6-64　有无夜视辅助系统时的前方路况图像对比（从上到下依次是黑夜、眩光和浓雾情况）

6.3.3　汽车平视显示系统

1. 汽车平视显示系统的定义及其工作原理

1) 汽车平视显示系统的定义及组成

汽车平视显示（Head Up Display，HUD）系统也称抬头显示系统，它是利用光学反射原理，将汽车驾驶辅助信息、导航信息、检查控制信息以及 ADAS 信息等以投影方式显示在风挡玻璃上或约 2m 远的前方、发动机罩尖端的上方，在不影响驾驶员正常行驶的前提下方便驾驶员阅读信息。汽车平视显示系统工作示意图如图 6-65 所示。

图 6-65　汽车平视显示系统工作示意图

汽车平视显示系统主要由图像源、光学系统以及图像合成器三部分组成。

图像源：一般采用液晶显示屏，实现 HUD 系统的各种功能，并输出视频信号。

光学系统：将视频信号投射出去，并且可以调节大小、位置等参数。

图像合成器：一般将前风窗玻璃作为图像合成器，把外部景物信息和内部投影信息合成到一起。投射的图像在风窗玻璃上发生反射，以达到和前方路况信息叠加、融合的效果。

2）汽车平视显示系统的分类及其工作原理

（1）汽车平视显示系统的分类。

随着汽车市场的发展，汽车 HUD 也根据市场需求发展出了几种不同的类型，目前主要可分为挡风玻璃 HUD（Windshield HUD，WHUD）、组合型 IUD（Combiner HUD，CHUD）和直接反射式 HUD（Entry HUD，EHUD）。其中 WHUD 和 EHUD 是利用汽车前挡风玻璃把虚像光线反射到驾驶员眼睛中，CHUD 是利用一块透明玻璃板反射虚像到驾驶员眼睛中，透明玻璃板正对驾驶员放置于汽车前挡风玻璃与仪表台之间。其中，把虚像反射到驾驶员眼睛中的汽车前挡风玻璃或者透明玻璃板称为汽车 IUD 的组合器，其作用是使驾驶员能够同时看到虚像与车外环境。

（2）汽车平视显示系统的工作原理。

① WHUD。WHUD 利用汽车前挡风玻璃作为组合器将虚像光线反射到驾驶员眼睛中。如图 6-66 所示，驾驶员直接透过汽车前挡风玻璃观察虚像信息。汽车前挡风玻璃一般是不规则面形，参与反射成像时会引入像差，不同车型的前挡风玻璃面形也有差别，所以 WHUD 需要根据不同车型的前挡风玻璃面型设计特定的光路。WHUD 是集成在汽车仪表台内部的，但汽车仪表台内的空间有限，为了能够在汽车仪表台里面安装 HUD 系统，其光路结构要足够精简，同时还要矫正光路中产生的像差，目前 WHUD 光路中的反射镜多采用自由曲面。WHUD 光路设计难度较大，但与车身集成度高，显示效果好。WHUD 显示的虚像视距和面积等性能参数都有很大的设计空间，是今后汽车 HUD 的主要发展方向。

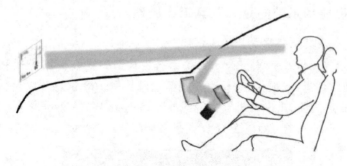

图 6-66　WHUD 的光学结构

② CHUD。CHUD 是 WHUD 的一种妥协版本，因为汽车前挡风玻璃是不规则的面形，参与成像时会引入复杂的像差。CHUD 不再利用汽车前挡风玻璃作为组合器，而是使用一块经过光学设计的透明玻璃板。CHUD 没有与汽车集成在一起，它的整套光学成像系统是独立的。如图 6-67 所示，光路中的组合器正对驾驶员眼睛，驾驶员透过这块透明玻璃板可以看到虚像内容。这种设计方法降低了光学设计难度，提高了显示效果，但由于仪表上方狭小的空间限制了透明玻璃板面积，因此 CHUD 的显示的虚像面积较小、视距较短。

CHUD 的机身一般是安装于汽车前挡风玻璃与仪表台之间,机身和组合器会对驾驶员的视野造成一定的阻碍,影响驾驶体验。

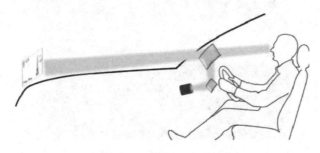

图 6-67　CHUD 的光学结构

③ EHUD。EHUD 是简化的 HUD 版本,如图 6-68 所示,一般是将一块段码式显示屏安装于汽车前挡风玻璃与仪表盘之间的仪表台上,显示屏面向汽车前挡风玻璃显示镜像图像,经过汽车前挡风玻璃反射到人眼中,人眼看到的是正向的虚像。EHUD 显示的虚像只经过汽车前挡风玻璃的一次简单反射,没有精密的光路设计,因此这种方式显示的虚像较为模糊,而且视距很短,通常不超过 0.3m。总体来说,EHUD 虚像视距短、成像不清晰、功能简单,长时间使用会加重驾驶员的眼部疲劳,造成额外的视觉负担。

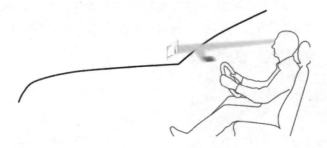

图 6-68　EHUD 的光学结构

2. 汽车平视显示系统应用

目前,前装市场的汽车 HUD 系统多采用 WHUD,其技术含量高,显示效果较好,但由于 WHUD 研发难度大,生产成本高,很多公司还处在研发阶段。下面是前装市场中研发汽车 HUD 具有代表性的几家公司。

BMW(宝马)公司研发的汽车 IUD 已经装配到了自家高端车系中,这也是目前市场上投入使用效果最好的产品。BWM 的汽车 HUD 采用的是 WHUD 技术,如图 6-69 所示,其显示内容主要是车速、警示符号和导航信息,而且不同信息会显示成不同颜色。传统的导航设备一般安装于中控台上,驾驶员需要侧头或者低头查看,容易导致安全隐患,而 BWM 汽车 HUD 的导航功能很好地解决了侧头、低头查看导航带来的问题。

目前 BWM 汽车 HUD 的成像的视距约为 2.5m,其虚像尺寸为 200mm×100mm。BMW 属于豪华汽车品牌,只有较为昂贵的高端车型才会配备汽车 HUD 系统,因此该 HUD 的普及程度较低。

彩图 6-69

图 6-69　BMW 汽车 HUD

美国通用公司是最早在汽车中配备 HUD 系统的汽车公司，其灵感来源于战斗机的抬头显示技术，目前通用旗下的高端品牌凯迪拉克部分车型装有 HUD 系统。如图 6-70 所示，凯迪拉克汽车 HUD 可将重要的驾驶信息投射到挡风玻璃上，投射内容为车速和行驶方向指引信息，画面与视线平行，使驾驶员在视线不离开路面的情况下获知行车信息。

吉利是中国本土品牌汽车公司，也是在国内最先宣布研发汽车 HUD 的公司。吉利博瑞车型中的汽车 HUD 系统如图 6-71 所示，该系统视距为 2m 左右，可以显示车速、警示符号等简单的仪表信息。吉利汽车 HUD 系统设计使用光敏传感器感知环境的光照强度，虚像亮度随环境光照的强弱改变。但其综合显示效果与 BMW 汽车 HUD 还有一定差距。

彩图 6-70

彩图 6-71

图 6-70　凯迪拉克汽车 HUD　　　　图 6-71　吉利博瑞车型中的汽车 HUD

6.3.4　全景泊车系统

随着图像和计算机视觉技术的快速发展，越来越多的技术被应用到汽车电子领域，传统的基于图像的倒车影像系统只在车尾安装摄像头，只能覆盖车尾周围有限的区域，而车辆周围和车头的盲区无疑增加了安全驾驶的隐患，在狭隘拥堵的市区和停车场容易出现碰撞和剐蹭事件。为扩大驾驶员视野，就必须能感知 360°全方位的环境，这就需要多个视觉传感器的相互协同配合作用，然后通过视频合成处理，形成全车周围的一整套的视频图像。就是有这类需求，全景视觉泊车辅助系统应运而生。

1. 全景泊车系统的定义及其工作原理

1) 全景泊车系统的定义及组成

传统的倒车可视系统由一个摄像头和一个显示器构成。当系统工作时，屏幕上会显示两条不会变化的标尺线，倒车时驾驶人员不能判断方向盘打多少度才不会碰到车后的物品。

智能轨迹倒车系统由专车专用摄像头、显示屏（DVD 主机的显示屏）、图像处理器组成。当驾驶人员操作汽车倒车时，显示屏上会动态的显示两条倒车引导线，代表后车轮的运行轨迹。随着方向盘转动，倒车引导线就随即转动。这样驾驶人员能判断出如果按照这个角度倒车下去，车辆是否会撞到车后的物体，如图 6-72 所示。

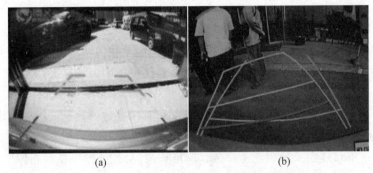

彩图 6-72

图 6-72 传统倒车可视系统(a)与智能轨迹倒车系统(b)

而驾驶装备了全景泊车系统的汽车，驾驶员不仅可以观测到后方的路况，判断该怎样倒车，还可以看见汽车左右的路面信息，对汽车四周的环境路况了如指掌，大大降低了倒车时发生意外事故的概率。全景泊车系统显示屏如图 6-73 所示。

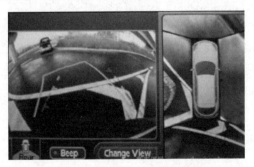

彩图 6-73

图 6-73 全景泊车系统显示屏

全景泊车系统的主要组成部分是车身周围分布的雷达探头以及视频传感器，分布位置如图 6-74 所示。

在车身四周安装摄像头，前方和后方的摄像头以同样的角度拍摄路面，保证了纵向视野的范围，前方摄像头安装在汽车前保险杠上方，车尾摄像头安装在后备箱下方；车身左右的摄像头均安装在后视镜下方，垂直拍摄地面，选择这个安装角度，车身左右的摄像头获取到的视频图像直接为俯视效果图，虽然牺牲了一定范围的视野广度，但是减少了视角转换的时间，保证了系统的时间性能，而且在实际泊车过程中，对车身左右视野范围并没有太大要求。四路视频图像转换为全景鸟瞰视频图像后显示在驾驶室中控台的显示屏上。

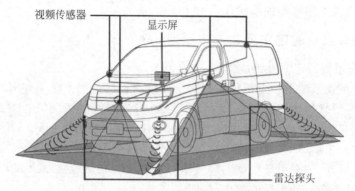

图 6-74 摄像头安装位置示意图

车身四角选装的车载测距雷达可以获取车身与障碍物之间的距离信息,后期通过信息融合技术将距离信息融合到全景鸟瞰图像中,同时利用车载雷达,在距离达到可能发生碰撞的危险值时,系统还可以提供预警功能,为驾驶员提供更加丰富的辅助信息。

针对夜间等低照度条件下的驾驶环境,本系统中加入了低照度图像增强功能,保证在不同照度环境下系统输出的全景视频图像的清晰度和对比度达到辅助泊车的要求。

2) 全景泊车系统的工作原理

全景泊车系统软件主要分为三个部分:视角转换、全景视图拼接和图像增强。

系统软件流程如图 6-75 所示。首先初始化系统的参数,设置摄像头水平方向和垂直方向视角、安装角度和安装高度等参数;然后获取车身四周的图像,将图像分为两组,即车身前方和后方的透视效果图与车身左方和右方的俯视效果图;根据设置好的参数使用图像逆投影变换算法将车身前方和后方的透视效果图转换为俯视效果的鸟瞰图;将车身周围图像全部转换为俯视效果图后,在相邻摄像头覆盖的公共区域内标定待拼接点;分别在两幅待拼接图像中确定拼接点的位置,并以此确定两幅图像的接缝;将车身周围图像两两进行拼接的各个参数生成全景图像拼接映射表保存,系统硬件通过查询此表完成全景图像的拼接生成一幅车身周围的全景图像;最后驾驶员可以根据车身周围亮度情况选择是否需要对全景图像进行图像增强处理,若需要进行图像增强处理,则输出增强处理后的全景鸟瞰视频图像。

2. 全景泊车系统应用

首款全景可视化的辅助泊车系统——环景监视系统(Around View Monitor,AVM),并且率先在日产 Elgrand(君爵)MPV 上安装此系统。AVM 系统由分别安装在车前、车尾、左右外后视镜的四个超广角摄像头、测距雷达和车内中央控制台组成。四个方向的超广角摄像头能够采集车身前后左右的实时画面,通过中央控制台的处理,将四个方向的视频图像合成为完整的 360°全景鸟瞰图并显示在中控台的屏幕上。AVM 系统的屏幕分为左右两个画面,如图 6-76(a)所示,在车辆倒车入停车位时,左边显示车身周围的全景鸟瞰图,右边可以选择显示车辆前方或者后方的视频图像,并且画面上会给出辅助停车线;如图 6-76(b)所示,在车辆进行侧位停车时,驾驶员可以切换视角,在屏幕左边显示车辆左前方视野(日本为左侧行驶),以掌握停车位前方车辆位置,在右侧屏幕显示车辆后方视野。同时,AVM 系

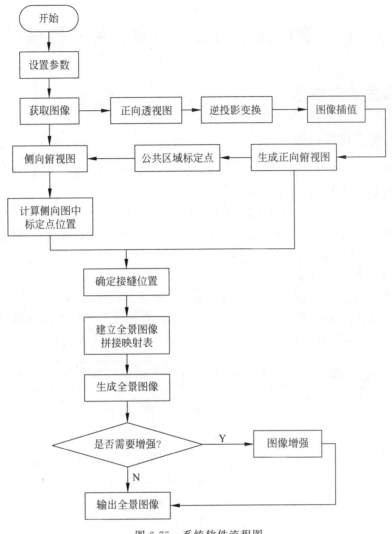

图 6-75 系统软件流程图

在车身四角安装的测距雷达所探测到的车辆与障碍物之间的距离也可以显示在屏幕上,并发出报警声音警示驾驶员。

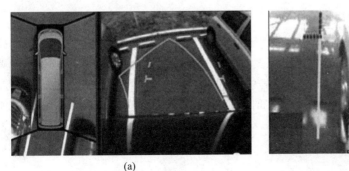
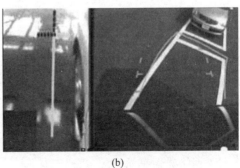

彩图 6-76

(a)   (b)

图 6-76 全景泊车系统应用

(a) 倒车入库图像;(b) 侧方位入库图像

6.4 自主变道技术与交叉口通行协同控制技术

6.4.1 自主变道技术

1. 自主变道技术概述

智能网联汽车自主变道技术是指车辆为满足自身驾驶要求,在没有驾驶员干预的情况下进行自主变换行驶道路的控制技术。

智能网联汽车通过 V2V 技术获取周围车辆的位置、速度、加速度等信息,具有更高的实时性和准确性。依据数据进行换道条件的判断,避免由于驾驶员对环境误判所引发的交通事故,大大提高车辆的安全性和通行效率。

1) 自主变道技术的组成

智能网联汽车自主换道技术主要涉及环境感知单元、网络通信单元、自主决策单元以及底层控制单元,它们之间的控制关系如图 6-77 所示。在智能网联条件下,车辆-道路-环境彼此之间形成了一个完整的工作系统。

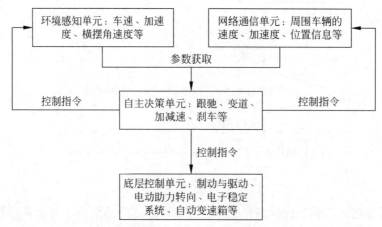

图 6-77 智能网联汽车自主变道技术构成

(1) 环境感知单元。

环境感知单元主要由车载传感器组成,用于检测自身和周围车辆的行驶状态。如车载惯性传感器可以获取车辆的横纵向加速度及偏航角度;车轮转向传感器可以获取车轮的偏转角度;GPS 可以获取车辆的位置、速度等信息;踏板位置传感器可以实时监测油门、刹车踏板的位置等。遍布于车身的传感器可以实时获取车辆的状态信息,通过 CAN 总线技术实现信息共享。周围车辆的信息可通过雷达、红外、视觉传感器等获取,如可通过雷达获取前导车和后随车的速度、距离等信息。

(2) 网络通信单元。

网络通信技术是智能网联汽车的核心技术,借助车联网技术,实现车辆与路侧设备的实时通信、信息交互与共享。一方面,向周围车辆、行人、路侧设备传递自身的速度、加速度、位置、驾驶决策等信息;另一方面,接收通信范围内其他车辆的速度、加速度、位置、驾驶决策等信息。智能网联汽车基于网联通信技术能够实时获取周围车辆和环境信息,识别驾驶环境的变化和危险情况,在实时、精确、全面获取信息的基础上,实现车辆的自主合理决策。

(3) 自主决策单元。

自主决策单元相当于智能网联车辆的"大脑",利用环境感知单元和网络通信单元获取的信息,做出满足自身驾驶需求并能够适应周围环境的驾驶决策。同时,自主决策单元还要制定与驾驶决策相匹配的车辆控制指令,传递给底层控制单元。根据设计好的算法和流程,决定车辆的行驶状态并发出指令。此外,智能网联汽车的自主决策单元还能够接收云端传来的控制指令,实现云端对道路车流量的协调控制。

(4) 底层控制单元。

底层控制单元主要包括驱动和制动、自动变速器、电动助力转向等,执行自主决策单元传递的控制指令。底层控制单元能够代替驾驶员的操作,实现车辆的自主加速、减速、刹车、转向、变道等操作,从而实现车辆的自动驾驶。

2) 自主变道技术的实现

智能网联汽车的自主变道主要分为变道意图的产生、变道时机的决策、变道轨迹的规划和变道轨迹的跟踪四个过程。智能网联汽车的自主变道功能逻辑如图 6-78 所示。

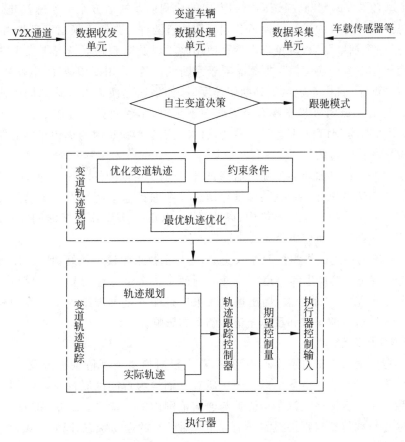

图 6-78 智能网联汽车自主变道功能逻辑

智能网联汽车通过环境感知单元和网络通信单元获取自身及周围车辆的位置、速度及加速度等信息,判断当前的行驶环境是否能够满足自身的变道需求,并自主决策采用跟驰模式还是进行自主变道。若自主决策结果为变道,则根据约束条件和已有的轨道规划模型,规划出一条满足安全性、舒适性和通行效率要求的最优变道轨迹。在变道过程中,轨迹跟踪模式实时比较规划轨迹与实际轨迹的偏差,对变道轨迹进行实时控制,保证车辆按照规划好的轨迹进行变道。

2. 自主变道决策模型

决策模型是智能网联汽车自主换道过程的基础和安全保障,只有在合适的时机换道,才能保证行驶安全和驾驶条件的通顺性。车辆需要根据环境信息、自身信息等进行自主换道决策,不仅要保证本车能够安全换道以满足自身的行驶需求,还要保证不影响后随车的正常行驶。

经过多年的发展,车辆换道模型的发展已较为完善,目前使用较多的换道模型有 Gipps、MITSIM、CORSIN、SITRAS 以及 MOBIL 等。Gipps 模型是最早被提出的换道模型,该模型认为换道过程为理性行为,是否换道取决于换道的安全性、可行性、障碍物的位置、专用车道的出现、当前车道和目标车道的相对速度优势等因素。MITSIM 模型将换道过程分为三个阶段:换道必要性的判断、换道间隙和方向的检测以及换道方案的实施。此外,MITSIM 模型首次将换道行为分为强制性换道和判断性换道两种。强制性换道定义为当车辆进入出口匝道、经过一个拥堵路段、避免进入禁止使用路段以及断头路等情况下发生的换道行为,基本上采用的是 Gipps 换道模型框架。对于判断性换道,采用期望速度,也就是在目标车前方有车辆的情况下,目标车辆达不到期望速度时,如果通过换道可以达到期望速度,便产生换道行为。但是 MITSIM 模型没有考虑间隙不足时,车辆间竞争合作下的减速让行行为。MOBIL 模型考虑到 MITSIM 模型的不足,引入换道车辆换道时与周边车辆的邻接关系,在动态过程中判断换道行为。

智能网联汽车一方面能够准确地监测自身当前的运动状态,另一方面能够实时获取通信范围内其他车辆的速度、加速度、位置等信息。考虑目标车辆与周围车辆的关系,将智能网联汽车的这一优势融入换道决策中,以改进的 MOBIL 模型作为智能网联汽车自主换道的决策模型。该模型具有以下特点。

(1) 以车辆的加速度作为模型输入变量,能与多数跟驰模型较好地配合使用。

(2) 将换道需求的产生和换道可行性判断两个决策部分整合到一个模型公式中,从换道安全和换道收益两方面考虑,提出换道决策应遵循的基本准则为安全准则和激励准则。考虑目标车辆换道对原车道和目标车道后随车的影响。

1) 模型情景设定

在构建智能网联汽车自主换道模型前,首先要对换道模型情景进行设定,图 6-79 所示为智能网联汽车自主换道情景示意。图中所有车辆均为智能网联汽车,且所有车道驾驶优先权都一致。每辆智能网联汽车均能够与通信范围内的车辆进行通信,即每辆智能网联汽车都可以通过车载传感器直接检测其前导车和后随车的运动状态,同时可以通过 V2V 通信技术实时获取通信范围内其他车辆的运动状态信息和驾驶决策信息,并实时向通信范围内的车辆发送自身的运动状态信息和驾驶决策信息。

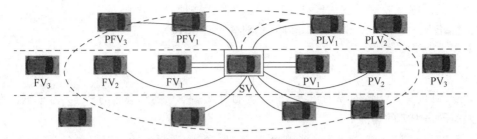

图 6-79 智能网联汽车自主换道情景示意

图 6-79 中矩形方框内的车辆为目标车辆,记为 SV(Subject Vehicle),目标车辆换道前的车道和换道后的车道分别简称为原车道及目标车道。目标车辆在原车道上的前导车记为 PV(Preceding Vehicle),后随车记为 FV(Following Vehicle);目标车道上的前导车记为 PLV(Putative Leading Vehicle),后随车记为 PFV(Putative Following Vehicle)。因此,原车道上的第一辆前导车记为 PV_1,第二辆前导车记为 PV_2,以此类推,沿车流行驶方向,目标车辆在原车道上的第 i 辆前导车记为 PV_i。同样,沿车流行驶方向,将目标车辆在目标车道上的第 i 辆前导车记为 PLV_i。同理,将目标车辆在原车道的第 i 辆后随车记为 FV_i,目标车道上的第 i 辆后随车记为 PFV_i。在下文中,也将 PV_1、FV_1、PLV_1、PFV_1 分别简称为原车道的前导车、原车道的后随车、目标车道的前导车、目标车道的后随车,并分别简记为 PV、FV、PLV、PFV。

2) 跟驰模型

所用的自主换道决策模型以加速度作为输入变量,根据换道前后目标车辆和前导车加速度的变化判断是否换道。因此,在建立决策模型前,需先确定一个合理的跟驰模型,以准确估计目标车辆换道后,目标车辆及目标车道上前导车的加速度。跟驰模型选用智能驾驶员模型,智能驾驶员模型不但考虑自由流状态下目标车辆的加速趋势,还考虑紧急情况下为防止碰撞事故发生的减速趋势,它是以统一的模型描述目标车不同状态下的跟驰特征。

智能驾驶员模型的表达式为

$$a_{SV} = f_{IDM}(v_{SV}, s_{SV}, \Delta v_{SV}) = a \left\{ 1 - \left(\frac{v_{SV}}{v_0}\right)^\delta - \left[\frac{s^*(v_{SV}, \Delta v_{SV})}{s_{SV}}\right]^2 \right\}_{max} \quad (6-77)$$

式中,a_{SV} 为目标车辆 SV 的加速度;v_{SV} 为目标车辆 SV 的速度;s_{SV} 为目标车辆 SV 与前导车的车间距;Δv_{SV} 为目标车辆 SV 与前导车的相对速度差值;δ 为加速度指数;v_0 为目标车辆 SV 的期望加速;$a_{max}[1-(v_{SV}/v_0)\delta]$ 为自由流的加速度;$a_{max}[s^*(v_{SV}, \Delta v_{SV})/s_{SV}]^2$ 为制动减速度,取决于车辆期望跟车距离 $s^*(v_{SV}, \Delta v_{SV})$ 与实际跟车距离 s_{SV}。

期望跟车距离可以表示为

$$s^*(v_{SV}, \Delta v_{SV}) = s_0 + v_{SV}T + \frac{v_{SV}\Delta v_{SV}}{2\sqrt{ab}} \quad (6-78)$$

式中,s_0 为静止时的安全距离;T 为安全车头时距;a 为加速度;b 为车辆的舒适减速度。

在式(6-78)等号右边,第一项静止安全距离 s_0 表示在交通拥挤、车辆低速缓行时的安全距离;第二项 $v_{SV}T$ 表示在稳定交通流状态下,车辆以恒定的安全车头距跟随前导车;第三项 $\dfrac{v_{SV}\Delta v_{SV}}{2\sqrt{ab}}$ 表示在不稳定交通流状态下,车辆实施制动策略,且将车辆的减速度控制在舒适减速度范围内。智能驾驶员模型可保证车辆的无碰撞安全驾驶。

目标车辆 SV 与其前导车的车间距、相对速度差分别为

$$\begin{cases} s_{SV} = \| x_{PV} - x_{SV} \| - l_{SV} \\ \Delta v_{SV} = v_{SV} - v_{PV} \end{cases} \tag{6-79}$$

式中,x_{PV} 为前导车 PV 的纵向位置;x_{SV} 为目标车辆 SV 的纵向位置;l_{SV} 为车辆的车长;v_{PV} 为前导车 PV 的速度。

已有文献表明,智能驾驶员模型的模拟结果与实际观测统计数据值吻合,能够很好地表示车辆从自由流到拥堵流状态下的交通流特征。

3) 安全准则模型

保证目标车辆和周围车辆的安全行驶是自主换道决策模型的首要任务,换道模型的安全准则就是监测目标车辆期望执行的换道行为是否会对自身、原车道和目标车道上的后随车的安全行驶产生负面影响。

安全准则模型采用可接受间隙模型法,其基本原理是判断目标车辆与目标车道上的前导车、后随车之间的间隙是否大于临界间隙。图 6-80 所示为变道场景,图中 d_1 是目标车辆与目标车道上后随车之间的临界间隙,d_2 是目标车辆与目标车道上前导车之间的临界间隙;d 是目标车辆换道的临界间隙。

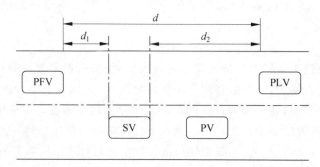

图 6-80 变道场景

临界间隙是保证目标车辆不与目标车道上的车辆发生碰撞的最小安全距离。其大小与目标车辆、目标车道上的前导车、目标车道上的后随车的速度有关,多数跟驰模型描述目标车辆的速度、目标车辆与前导车的间距 s、目标车辆与前导车的相对速度 ΔD_{SW} 三者之间的关系。

根据跟驰理论,车辆的加速度主要受其前导车的影响,基本不受其后随车的影响,故目标车辆换道后,其加速度受目标车道前导车 PLV 的影响,而目标车辆成为目标车道后随车 PFV 新的前导车,影响 PV 加速度的变化。因此,临界间隙需满足目标车辆按照自身需求换道后,不仅要保证自身加速度小于安全减速度,而且要保证目标车辆后随车 PFV 的加速度小于安全减速度。即目标车辆换道后,目标车辆、目标车道后随车 PV 的加速度应满足以下条件:

$$\tilde{a}_{SV} \geqslant - a_{safe} \tag{6-80}$$

$$\tilde{a}_{PFV} \geqslant - a_{safe} \tag{6-81}$$

式中,$\tilde{a}_{SV}$ 为目标车辆换道后目标车辆的加速度;$\tilde{a}_{PFV}$ 为目标车辆换道后目标车道上后随车 PFV 的加速度;a_{safe} 为最大安全减速度。

最大安全减速度的设定不仅要考虑车辆的安全性,还要考虑车辆速度变化对交通流产

生的影响以及乘客的舒适程度。综合考虑这些因素,最大安全减速度 a 的值可取 $2\mathrm{m/s^2}$。

4) 激励准则模型

激励准则是分析目标车辆换道行为的收益,判断目标车辆的换道行为能否使目标车辆获得更快的行驶速度或更自由的驾驶空间。在 MOB 激励准则中,不仅要分析换道行为对目标车辆自身驾驶环境的改善,而且要考虑目标车辆的换道行为对原车道和目标车道上后随车的影响。即目标车辆的换道总效益由目标车辆的收益和对原车道、目标车道上后随车的影响两部分构成。当换道总效益大于给定的阈值,且满足安全准则的约束条件时,目标车辆的驾驶决策为换道。激励准则模型为

$$u_{\mathrm{SV}} = \tilde{a}_{\mathrm{SV}} - a_{\mathrm{SV}} + p(\tilde{a}_{\mathrm{PFV}} - a_{\mathrm{PFV}} + \tilde{a}_{\mathrm{FV}} - a_{\mathrm{FV}}) > \Delta a_{\mathrm{TH}} \tag{6-82}$$

式中,u_{SV} 为目标车辆的换道总效益;$\tilde{a}_{\mathrm{SV}}$ 为目标车辆换道后的加速度;a_{SV} 为目标车辆当前的加速度;p 为礼让系数;$\tilde{a}_{\mathrm{PFV}}$ 为目标车道上换道后随车的加速度;a_{PFV} 为目标车道上后随车当前加速度;$\tilde{a}_{\mathrm{FV}}$ 为目标车辆换道后在原车道上后随车的加速度;a_{FV} 为原车道上后随车的当前加速度;Δa_{TH} 为换道效益阈值。

$\tilde{a}_{\mathrm{SV}} - a_{\mathrm{SV}}$ 表示目标车辆换道后目标车辆加速度的增量,即目标车辆通过换道获得的行驶环境的改善。$\tilde{a}_{\mathrm{PFV}} - a_{\mathrm{PFV}}$ 和 $\tilde{a}_{\mathrm{FV}} - a_{\mathrm{FV}}$ 分别表示目标车辆换道后目标车道上的后随车 PFV 和原车道上的后随车 FV 加速度的变化,即目标车辆的换道对目标车道、原车道上后随车的影响。礼让系数 p 反映车辆的礼让程度,若取 $p=0$ 时,表示车辆完全不礼让其他车辆,只考虑自身的行驶环境;若取 $0<p<1$,表示车辆既考虑自身的行驶环境,又会注意对后随车的影响;若取 $p>1$,表示完全利他主义的换道车辆,只要换道会引起交通流的恶化,就不执行换道。礼让系数 p 是影响换道率的重要因素。智能网联汽车能够实现实时的车-车通信,准确地获取通信范围内车辆的运动状况信息。为了减小目标车辆换道对道路交通流的影响,智能网联汽车的自主换道在制定激励准则时,可以考虑目标车辆的换道对原车道、目标车道上多辆后随车的影响,即目标车辆换道的总效益由目标车辆的收益和对原车道、目标车道上多辆后随车的影响两部分构成。激励准则模型为

$$u_{\mathrm{SV}} = \tilde{a}_{\mathrm{SV}} - a_{\mathrm{SV}} + p\left[\sum_{i=1}^{n}(\tilde{a}_{\mathrm{FV}_i} - a_{\mathrm{FV}_i}) + \sum_{j=1}^{n}(\tilde{a}_{\mathrm{PFV}_j} - a_{\mathrm{PFV}_j})\right] \tag{6-83}$$

式中,a_{FV_i} 为在原车道上第 i 辆后随车的加速度;$\tilde{a}_{\mathrm{FV}_i}$ 为目标车辆变道后,在原车道上第 i 辆后随车的加速度;a_{PFV_j} 为目标车道上第 j 辆后随车的加速度;$\tilde{a}_{\mathrm{PFV}_j}$ 为目标车辆变道后,目标车道上第 j 辆后随车的加速度。

对于智能网联汽车,礼让系数 p 可根据局部交通流管理与控制的需求,由云端控制中心决定。

智能网联汽车在满足安全准则的前提下,期望驾驶决策为变道的条件如下:

$$u_{\mathrm{SV}} > \Delta a_{\mathrm{TH}} \tag{6-84}$$

式中,Δa_{TH} 为一个给定的变道总效益阈值。

式(6-84)表示不允许变道总效益微小的变道决策。变道总效益阈值会抑制车辆随意的、频繁的变道行为。

5) 完整的自主变道决策模型

智能网联汽车通过自主换道的决策模型进行决策,判断是否换道。如果不存在同时满足安全准则和激励准则的目标车道,则目标车辆的期望驾驶决策为不换道。如果存在同时

满足安全准则和激励准则的候选目标车道,则目标车辆的期望驾驶决策为换道,并从中选择换道总效益最大的目标车道。完整的自主换道决策模型可以看作在换道安全准则和换道激励准则的约束下,目标车辆预期换道总效益最大化,则目标的最优化换道模型为

$$\begin{cases} u_{SV} = \tilde{a}_{SV} - a_{SV} + p\left[\sum_{i=1}^{n}(\tilde{a}_{FV_i} - a_{FV_i}) + \sum_{j=1}^{n}(\tilde{a}_{PFV_j} - a_{PFV_j})\right] \\ a_{SV} = a\left\{1 - \left(\frac{v_{SV}}{v_0}\right)^{\delta} - \left[\frac{s^*(v_{SV}, \Delta v_{SV})}{s_{SV}}\right]^2\right\}_{max} \\ \tilde{a}_{SV} \geqslant -a_{safe} \\ \tilde{a}_{PFV} \geqslant -a_{safe} \\ u_{SV} > \Delta a_{TH} \end{cases} \quad (6-85)$$

若最优化模型有解,则目标车辆的期望驾驶决策为换道,该最优解为相应目标车道的换道行为;若无最优解,则目标车辆的期望驾驶决策为不换道。

6.4.2 交叉口通行协同控制技术

智能网联汽车交叉口通行协同控制技术是一种以 V2X 技术为前提,在智能网联化的交叉口环境下,综合车载传感器获取的车辆行驶状态信息和智能路侧获取的交通流信息,协同控制车辆在交叉口行驶的技术,如图 6-81 所示。该技术涉及车辆系统动力学、交通规划、数据通信、协同控制等多方面知识,需要在交叉学科的环境下进行研究。与现有交叉口相比,其突出特点是交叉口实现网联化。网联化交叉口通行系统控制技术能够较好地提高交通运行的安全性和效率,减少汽车行驶的能耗,是解决城市交通拥堵问题的有效手段之一。

图 6-81 网联化交叉口协同控制技术

1. 交叉口通行协同控制系统的组成及其工作原理

1) 交叉口通行协同控制系统的组成

智能网联汽车交叉口通行协同控制系统主要由信息采集单元、信息交互单元、路侧控制

单元、车辆控制单元和车辆执行单元组成,如图 6-82 所示。在系统工作期间,车辆的自动紧急制动系统将同时开启,车辆控制单元需要在第一时间接收到车距信息,并做出是否紧急刹车的判断,防止由于信号传递不稳定或数据包丢失造成的交叉口事故。

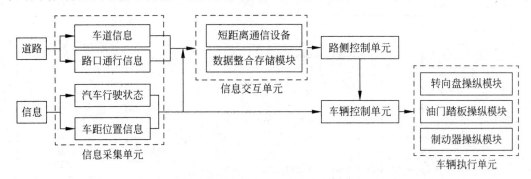

图 6-82 智能网联汽车交叉口通行协同控制系统组成

(1) 信息采集单元。

信息采集单元主要用于道路信息、汽车行驶信息和车距位置信息的采集。其中车道信息包括车道宽度、分布情况等,可以通过预设的数据直接与路侧控制单元交互。路口通行信息包括有无信号灯控制、信号灯相位时间、当前所在相位信号灯类型、车辆通行效率等,这些数据都要实时采集。此外,当前车辆的行驶速度、当前车辆的前后车距信息等也需要实时采集。这些数据将通过高速无线网络进入信息交互单元。

(2) 信息交互单元。

信息交互单元主要用于对信息进行处理和存储等,需要用到短距离通信技术(如DSRC),由于接收信息采集单元的数据量较大,因此需要对无关数据进行剔除,转换并压缩数据,传递给路侧控制单元。

(3) 路侧控制单元。

路侧控制单元是一个集中式的控制器,其运用预先设定的算法对来自信息交互单元的数据进行计算处理,以提高交叉口通行效率和降低车辆能耗,最终将计算完成的车辆控制方法传递给车辆控制单元。

(4) 车辆控制单元。

车辆控制单元一方面接收来自路侧控制单元的信息,控制车辆执行单元;另一方面直接接收来自信息采集单元的汽车行驶和车距位置信息,避免由于信息传递错误或延时造成车辆追尾事故,提高通行的安全性。

(5) 车辆执行单元。

车辆执行单元主要包括转向盘操纵模块、油门踏板操纵模块和制动器操纵模块,目的是实现汽车的横纵向控制。

2) 智能网联汽车交叉口通行协同控制的技术原理

智能网联汽车交叉口通行协同控制技术主要包括智能路侧控制器的集中式控制、车载控制器的分布式控制以及协同对车辆动力学的控制。假设 N 个智能网联汽车通过交叉口,其总体架构如图 6-83 所示。

根据总体架构可知,智能路侧通过设定好的交通信号配时和即将需要通过交叉口的车辆位置、速度信号，根据交通优化控制方式，对车辆通过时间进行集中控制，并转换为车辆的通行控制；车载传感器实时监测车距，对车辆通行进行控制并将数据实时传递给智能路侧控制单元；根据电动机的能耗经济性，采取最优的控制方式对车辆进行控制。

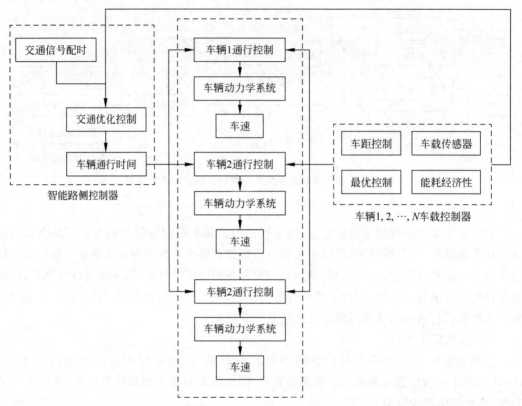

图 6-83　智能网联汽车交叉口通行协同控制技术总体架构

2. 交叉口通行协同控制技术

网联化交叉口实现智能化路侧装置与一定范围内行驶汽车的实时通信，交叉口的通行控制变得更加多样化，以协同理论为基础发展的协同控制方法将成为未来交叉口通行控制的趋势。在网联化交叉口通行协同控制方法中，根据路口的通行特点，主要可分为有信号灯控制的交叉口通行和无信号灯控制的交叉口通行。

1) 协同理论

协同理论(Synergetics)也称协同学或协和学，是 20 世纪 70 年代以来在多学科研究基础上逐渐形成和发展起来的一门新兴学科，是系统科学的重要分支理论。协同理论主要研究不同事物的共同特征及其协同机理，是近些年来获得发展并被广泛应用的综合性学科。

协同理论认为，千差万别的系统尽管其属性不同，但在整个环境中各个系统间存在着相互影响而又相互合作的关系。因此，系统能否发挥协同效应是由系统内部各子系统或组分的协同作用决定的，协同得好，系统的整体性功能就好。网联化交叉口通行控制需要考虑各方面的因素，涉及多学科的知识，体现出协同理论在系统控制中的重要性。在控制过程中，只有综合利用各学科知识，协同各个系统的工作，才能实现通行效率的最高化和能耗的最优化。

2) 有信号灯控制的交叉口通行

车辆在有信号灯控制的交叉口通行需要遵守信号灯规则,通行较为有序,可较好地解决交通冲突。但是路口的通行情况需要在车辆接近交叉口时才能获知,判断过迟会导致交叉口经常出现车辆猛加速、紧急刹车等现象,导致车辆在交叉口的行驶安全性下降,行驶能耗升高。采用 V2I 技术的信号灯控制的交叉口可以较早地判断车辆在交叉口的通行情况,实现车辆在一定限速范围内不停车通过路口或平稳减速刹停。有信号控制的交叉口通行主要可以分为交叉口集中式协同控制和车辆分布式协同控制。

(1) 交叉口集中式协同控制。

在信号灯控制的交叉口,集中式协同控制方法主要集中在基于 V2I 技术的交通信号优化控制。交通信号优化控制方法通过路侧智能装置与一定范围内行驶车辆的通信来获取交叉口车辆的行驶信息,对交通信号配时和相位进行实时优化及调整,以达到降低路口延误、车辆排队长度、停车次数或行驶能耗的目的。交通信号优化控制方法可分为基于经验公式的配时优化方法、基于车群通行的配时优化方法、基于优化模型的配时优化方法和基于人工智能的配时优化方法。

① 基于经验公式的配时优化方法。基于经验公式的配时优化方法主要是利用经验公式对宏观的交通数据(如交通流量、信号配时)等进行分析和计算,实现最小的交通延误。

目前,韦伯斯特(Webster)公式在配时优化计算中应用较为广泛,它是以车辆延误时间最小为目标来计算交通信号配时,其核心内容是计算最佳周期长度,即

$$C = \frac{1.5L + 5}{1 - Y} \tag{6-86}$$

式中,C 为最佳周期长度;L 为每个周期总损失时间;Y 为交叉口交通流量比。

每个周期总损失时间为

$$L = nl + \text{AR} \tag{6-87}$$

式中,n 为信号的相位数;l 为每个相位信号绿灯和黄灯的损失时间;AR 为每个周期中的红灯时间。

交叉口交通流量比为

$$Y = \sum_{i=1}^{n} y_i \tag{6-88}$$

式中,y_i 为各相信号临界车道的交通流量比。

临界车道指的是每个信号相位上交通量最大的那条车道。临界车道的交通流比等于该车道的交通流量与饱和交通流量之比。

由于经验公式计算存在偏差,通过现场试验调查后发现,韦伯斯特公式计算的结果通常比实际需要使用的周期长,因此可以根据实际情况进行调整。

目前,随着 V2X 技术的发展,交叉口的宏观交通数据获取变得更加便捷和准确,也提高了利用经验公式计算优化配时的精度。因此韦伯斯特方程对交通配时的优化性能有所提高,也出现了多种变体,其中一种形式为

$$C = \frac{1.5T + 5}{1 - \sum_n \dfrac{D_n}{L_n}} \tag{6-89}$$

式中，T 为每周期绿灯损失时间总和；D_n 为交通相位 n 的交通流密度；L_n 为交通相位 n 的排队长度。

各交通相位 i 的绿灯时长为

$$G_i = \left(1 - \frac{\dfrac{D_i}{L_i}}{\sum\limits_n \dfrac{D_n}{L_n}}\right)C \tag{6-90}$$

式中，G_i 为交通相位的绿灯时长；D 为交通相位 i 的交通流密度；L 为交通相位 i 的排队长度。

② 基于车群通行的配时优化方法。基于车群通行的配时优化方法是指将不同交通流向的车辆聚类为车群，再根据车群的行驶信息计算车群在交叉口通行所需的绿灯时间。交叉口车群的聚类方式主要有不同行驶方向的车辆聚类、排队或即将排队的车辆聚类、路口不同距离的车辆聚类等。

在车辆聚类的过程中，传统的方式是采用地感线圈对驶过的车辆进行计数，计数的结果在时间上存在滞后性。随着 V2I 技术的发展，可以采用无线通信的方式提高聚类过程的实时性和准确性。

当按照不同行驶方向的车辆进行聚类时，采用地感线圈的方式需要在对应相位的绿灯时间结束后完成，再通过交通信号控制器计算车群通过交叉口的时间，并将此时间分配给下一周期的绿灯相位；采用 V2I 技术则可以实时判断当前相位每辆车的通行情况，并实时改变绿灯相位。

当按照排队或即将排队的车辆进行聚类时，主要采用车队消散时间来估计交叉口的周期和绿信比，从而调整交通相位。

当按照与路口不同距离的车辆进行聚类时，主要通过虚拟计算车辆通过路口的时刻从而确定绿灯相位是否结束。

③ 基于优化模型的配时优化方法。基于优化模型的配时优化方法需要给定状态变量（如交叉口排队长度）和环境输入（如到达车辆的初始状态），并设置反映交叉口效率或能耗经济型的目标函数，在状态方程约束、终端约束、控制变量约束、可行状态空间约束等条件下构建最优控制问题，优化得到控制变量（如相序或绿灯时间）的结果，其一般表达形式为

$$\min_{u(k)} J = f[x(K)] + \sum_{k=1}^{K} g[x(k), u(k), d(k)] \tag{6-91}$$

约束条件为

$$\begin{cases} x(1) = x_0 \\ x(k+1) = h[x(k), u(k), d(k)], & k = 0,1,2,\cdots,K \\ u_{\min} \leqslant u(k) \leqslant u_{\max}, & k = 0,1,2,\cdots,K \\ \varphi[x(k), u(k), d(k)] \in \Omega, & k = 1,2,\cdots,K \end{cases} \tag{6-92}$$

式中，J 为交通信号优化的损失函数；$x(k)$ 为第 k 个控制步长的预测状态；$u(k)$ 为第 k 个控制步长的控制变量；$d(k)$ 为第 k 个控制步长的环境输入；K 为总的控制步长；x_0 为初始的交叉口状态；$u_{\min}$ 为控制变量的下界；$u_{\max}$ 为控制变量的上界；Ω 为状态、控制变量和环境输入空间的可行域；$f[x(K)]$ 为终端型损失项的函数；$g[x(k),u(k),d(k)]$ 为积

分型损失项的函数；$h[x(k),u(k),d(k)]$为状态转移函数；$\varphi[x(k),u(k),d(k)]$为状态、控制变量和环境输入的函数。

式(6-91)表示优化模型的初始状态；式(6-92)依次表示描述状态变化的预测方程、控制变量的框式约束、状态、控制变量和环境输入的可行空间约束。

在基于优化模型的配时优化方法中，目标函数可以选取交通延误、排队长度、停车次数和车辆能耗等，状态预测方程可以选取仿真预测和模型预测等。其中仿真预测可以采用VISSIM等交通仿真软件进行预测，模型预测可以采用迭代模型、队列消散模型、车辆运动学模型等进行预测。

④ 基于人工智能的配时优化方法。随着人工智能的发展和多领域应用，增强学习、人工神经网络等方法也开始逐渐应用于交通信号的配时优化，该方法也需要通过V2I技术获取交通数据后进行。

增强学习的方法可以通过构建自适应交通信号控制器实现交通信号的优化配时。将状态变量j定义为所有车辆与交叉路口的距离、速度和等待时间，将决策变量s定义为不同交通相位对应的信号灯是否为绿灯，将采取某种决策后通过时间的降低作为回报函数，并采用无限折扣模型构建价值函数，形成一个有限状态马尔可夫决策过程(Finite Markov Decision Process,FMDP)，最终对所构造的FMDP通过策略迭代实现决策变量的收敛，获得最优的交通配时和相位。

$$\begin{cases} g[s(t),j(t)] = \sum_{n=1}^{N}[x_n(t+1)-x_n(t)] \\ J[j(t)] = g[s(t),j(t)] + \beta J[j(t+1)] \end{cases} \quad (6-93)$$

式中，$s(t)$为第t步采取的决策；$j(t)$为第t步的状态；N为路口车辆总数；$x_n(t)$为第t步第n个车辆的路口通过时间；$g[s(t),j(t)]$为第t步的状态为$j(t)$时采取决策$s(t)$所获得的回报函数；$J[j(t)]$为第t步状态为$j(t)$时的价值函数。

人工神经网络方法可以采用神经网络模型和模糊决策系统构建交叉口交通信号的自适应优化控制。该方法主要将信号控制策略的执行过程分为离线阶段和在线阶段。对于离线阶段，通过采集交叉路口历史数据可以构建交通出行量(Origin Destination,OD)模型，并基于此模型采用自组织映射(Self Organizing Map,SOM)神经网络对交通流进行聚类和训练，将数据模式映射到模糊系统的输入空间，建立交通模式最优信号配时的模糊决策系统；对于在线阶段，则需要实时采集交通信息并估计交通流OD矩阵，通过已构建的模糊决策系统求解最优配时方案。

(2) 车辆分布式协同控制。

车辆分布式协同控制主要通过V2I方式接收交通信号信息和交叉口交通信息，以车辆能耗经济性和通行效率为目标，在交通约束条件下，优化车辆的速度轨迹或动力系统输出。

车辆分布式协同控制按照决策方式的不同可分为基于规则的车辆控制方法和基于优化的车辆控制方法。

① 基于规则的车辆控制方法。基于规则的车辆控制方法是指以交通信号为输入，采用预定规则计算车辆通过一个或多个路口不遇到红灯停车的车速。此方法由于减少了车辆的停车怠速和加减速，在一定程度上可减少行驶能耗，提升车辆行驶的经济性。目前常用的车

辆控制模型有匀速、匀加速-匀速、变加速等。

匀速车辆控制模型首先需要计算车辆从初始点在绿灯开始时刻和绿灯结束时刻到达交叉口停止线的平均车速,然后将这两个车速组成的区间作为通过交叉口速度的可行区间,再将通过多个交叉口的速度可行区间相交,得到连续通过多个交叉口的速度可行区间,最终将此区间的中点速度作为经济车速,如图 6-84 所示。图中,横坐标表示时间,纵坐标表示位置;d_i 为车辆与第 $i(i=1,2)$ 个交通信号灯的距离;g_i 为第 i 个交通信号灯的绿灯开始时刻;r_i 为第 i 个交通信号灯的绿灯结束时刻;$v_{\min_i}$ 和 $v_{\max_i}$ 分别表示通过第 i 个交叉口的最小速度和最大速度,由匀速车辆模型计算得到;v_{target} 为通过连续交叉口的经济车速。

匀加速-匀速车辆控制模型考虑车辆驶向路口时以当前速度行驶无法在绿灯时间内通过而需要减速的场景,设定车辆通过路口的时间为交通信号灯下一个绿灯相位开始时刻,此终端时刻的约束下,比较不同加速度的车辆速度曲线的油耗得到最优的加速度和终速度。图 6-84 为匀加速-匀速车辆控制模型。图 6-84 中 T_i 为第 i 个速度轨迹,其中 T_1 为采用最大减速度的速度轨迹;T_n 为采用最小减速度的速度轨迹;v_i 表示第 i 条轨迹的终速度;a_i 表示第 i 条轨迹的减速度;t_t 表示车辆到达路口的时间。通过比较不同速度轨迹的油耗,可得到经济的车速轨迹。

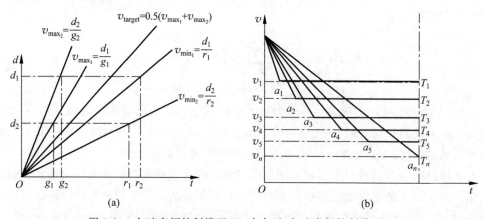

图 6-84 匀速车辆控制模型(a)、匀加速-匀速车辆控制模型(b)

变加速车辆控制模型是在匀速车辆控制模型的基础上发展形成的,其需要根据匀速车辆控制模型确定单个路口车辆行驶的可行速度区间,而后将平均车速设置为可行速度区间的上界,最后在此平均车速的约束下采用三角函数拟合从初速度的加速/减速至目标车速的加速/减速过程,并最终得到目标车速。

此外,还可以采用遗传算法或者动态规划等智能控制方法得到目标车速。

② 基于优化的车辆控制方法。基于优化的车辆控制方法主要考虑车辆动力学模型和若干约束条件,以能耗经济性为目标构造优化模型,运用适当的求解算法得到车辆最优经济车速轨迹。

基于优化的车辆控制方法的一般表达形式为

$$\min J = f[x(x_f), t_f] + \int_{t_0}^{t_f} g[x(t), u(t)] dt \tag{6-94}$$

约束条件为

$$\dot{x} = h[x(t), u(t)] \tag{6-95}$$

$$x(t_0) = x_0 \tag{6-96}$$

$$u_{\min} \leqslant u \leqslant u_{\max} \tag{6-97}$$

$$t \in G_i, \quad x(t) = d_i \tag{6-98}$$

式中,u 为控制变量,可为期望加速度或车辆动力系统输出等;x 为车辆状态,可为车辆位移、速度或加速度;t_0 为初始时刻;t_f 为终端时刻;$f(\cdot)$ 为终端状态的损失函数;$g(\cdot)$ 为积分项损失函数的被积函数,一般为能耗率对车辆状态、控制变量的函数;$h(\cdot)$ 为状态转移函数;x_0 为车辆初始状态;$u_{\min}$ 为约束的下界;$u_{\max}$ 为约束的上界;G_i 为第 i 个交叉口的绿灯相位时间区间;d_i 为第 i 个交叉口的位置。

式(6-94)表示经济车速优化的损失函数,其包含终端状态损失函数和积分项损失函数;式(6-95)表示车辆动力学模型;式(6-96)表示车辆初始状态约束;式(6-97)表示车辆控制变量的框式约束;式(6-98)表示车辆须在绿灯相位时间内通过交叉口。

对于优化控制的目标函数 J,通常需要实现车辆通过交叉口的速度波动最小,从而提高能耗的经济性,因此损失函数通常考虑车辆通过路口的能耗模型。

在燃油汽车中,车辆能耗即为燃油消耗率,通常为车辆速度、加速度组成的多项式,典型的综合油耗模型为

$$R_T = b_1 + b_2 v^2 + ma + a_s mg \tag{6-99}$$

$$F = \begin{cases} \alpha, & a < \dfrac{-b_1 - b_2 v^2 - a_s mg}{m} \\ \alpha + \beta_1 v R_T, & \dfrac{-b_1 - b_2 v^2 - a_s mg}{m} \leqslant a < 0 \\ \alpha + \beta_1 v R_T + \beta_2 ma^2 v, & a > 0 \end{cases} \tag{6-100}$$

式中,R_T 为车辆行驶阻力;b_1 为轮胎滚动阻力系数;b_2 为风阻系数;v 为车辆行驶速度;m 为车辆重量;a 为车辆加速度;a_s 为道路坡度;g 为重力加速度;F 为发动机燃油消耗率;α 为发动机怠速燃油消耗率;β_1、β_2 为油耗模型系数。

油耗模型也可以通过发动机油耗 MAP 图和车辆动力学系统模型进行构造。此方法相较于车辆速度、加速度的多项式油耗模型更加精确,但也增加优化模型的求解计算复杂度。

在纯电动汽车中,需要构建纯电动汽车的电动机功率积分形式的能耗模型。对于混合动力汽车,需要构建反映车辆发动机和电动机能耗的等效油耗模型,典型形式为

$$\dot{m}_{\text{eqv}} = \dot{m}_f + e \dfrac{P_m}{Q_L} \tag{6-101}$$

式中,$\dot{m}_{\text{eqv}}$ 为混合动力汽车等效燃油消耗率;$\dot{m}_f$ 为发动机燃油消耗率;e 为当量因子;P_m 为电动机功率;Q_L 为燃油热值。

此外,还可以采用离散的形式表示目标函数,如在终端状态的损失函数中考虑车辆通过交叉口的总时间,则在积分项的损失函数中考虑车辆的加速度和通过交叉口的概率。

3)无信号灯控制的交叉口通行

车辆在无信号灯控制的交叉口通行不再受信号灯的约束,主要依靠到达顺序和路权的优先级决定通行的先后顺序。这种情况可以较好地利用交叉口的通行时间,避免在有信号

灯控制的情况下发生部分绿灯相位无车通行的现象。但由于不同驾驶员对于交通规则的熟悉程度和理解方式不同,较容易出现交通冲突从而引发交通事故。因此,在无信号灯控制的交叉口应用 V2I 技术,可以较好地分配路权,减少交叉口的交通冲突,使行车过程更加平稳,降低车辆能耗。无信号控制的交叉口通行主要分为交叉口预约式协同控制、交叉口集中式协同控制和车辆分布式协同控制。

(1) 交叉口预约式协同控制。

交叉口预约式协同控制主要通过车辆的路权申请和路侧装置的申请反馈实现。在该方法中,驶向交叉口的车辆智能体(智能网联汽车、无人驾驶汽车)向位于路侧的交通管理智能体申请一定的时间和空间资源通过交叉口,而路侧的交通管理智能体则根据车辆智能体的优先情况和交叉路口车辆轨迹的冲突情况确认或拒绝车辆智能体的申请,若车辆申请被拒绝,则车辆重新规划自身运动轨迹或根据给出的等待时间进行停车等待,如图 6-85 所示。交叉口预约式协同控制方法的核心在于交叉口管理策略以及车辆智能体的轨迹规划方法。

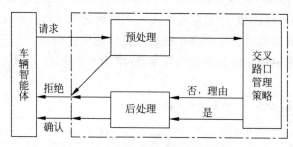

图 6-85 交叉口预约式协同控制流程

① 交叉口管理策略。交叉口管理的基本策略是先到先服务策略。此策略允许先到达交叉口的车辆优先申请其通过路口的时间和空间,而对于后到达交叉口的车辆,交通管理智能体根据交叉口的冲突关系选择拒绝或确认其申请请求。

② 交叉口冲突关系的确定。首先将交叉口划分为网格,交通管理智能体会根据车辆的运动学关系预测未来预测时域内网格的占据情况,若存在网格被多个车辆同时占用,则优先权低的车辆申请失败;若网格均未被多个车辆同时占用,则优先权低的车辆申请成功。

此外,还需要考虑执行紧急任务车辆的通行优先权,以及车速过快而无法刹停的车辆处理方法。

③ 车辆智能轨迹规划。当车辆智能体通行申请被接受时,车辆可以按照当前速度继续行驶或根据智能路侧的要求车速和加速度进行调整;而当车辆申请被拒绝时,需要采取较低的速度匀速行驶、缓慢减速至刹停和再次申请通过。

(2) 交叉口集中式协同控制。

交叉口集中式协同控制主要通过集中获取距离交叉口一定范围内车辆的行驶数据,对车辆的行驶情况进行统筹兼顾,完成信息处理后向每辆车发送行驶信息,减少交叉口的通行冲突,但计算负荷较大,对设备要求较高。该方法通常采用一个统一的优化模型同时优化车辆的通行序列和运动轨迹。

在优化模型中,目标函数通常采用通行效率、速度波动率、燃料消耗量、碰撞风险值等,也有采用最小化冲突车辆通过路口的时间-位移轨迹的重叠区域,如图 6-86 所示。图 6-86 中 $x_i(t)$、$x_j(t)$ 分别为第 i 个和第 j 个车辆的位移时间轨迹;$t_i(d_1)$、$t_i(d_2)$ 分别为两车辆通过交叉口停止线的时间；$t_i(d_2)$、$t_j(d_2)$ 分别为两车辆完全通过交叉口的时间；l_i、l_j 分别为重叠区域的两车轨迹长度；w 为交叉口的宽度；p 为两车轨迹在交叉口重叠区域的起始时间；q 为两车轨迹在交叉口重叠区域的终止时间。

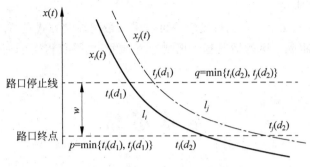

图 6-86　轨迹重叠区域示意图

重叠的轨迹长度为

$$l_i = \int_p^q \sqrt{[1 + x'(t)^2]} \, dt \tag{6-102}$$

式中，l_i 为重叠的轨迹长度；$x'(t)$ 为位移时间曲线对时间的导数。

该方法中，交叉口的碰撞安全性通过最小化目标函数得到保证。而在约束条件中，其考虑加速度约束、速度约束以及跟车车头时距约束，最终构建优化模型对各车加速度轨迹进行优化。

在不同的优化模型中，约束条件还可以采用交叉口的碰撞安全性、冲突车辆之间的距离范围等。

(3) 车辆分布式协同控制。

车辆分布式协同控制方法主要通过两层规划分别优化车辆的通行序列和运动轨迹，在上层考虑车辆的冲突关系优化车辆的通行序列和车辆的通行时间，在下层规划中优化车辆的速度轨迹。

① 车辆通行序列优化。通过构造优化模型优化车辆的通行序列和通行时间，以实现交叉口高效通行的效果。优化模型的一般表达形式为

$$\min_{t_i} J = f(t_i, x_i) \tag{6-103}$$

约束条件为

$$h(x_i, t_i) = 0 \tag{6-104}$$

$$x_i(t_0) = x_{i,0} \tag{6-105}$$

$$g(t_i, t_j) \geqslant 0 \tag{6-106}$$

式中，J 为优化目标；t_i 为第 i 个车辆到达交叉口的行驶时间；x_i 为第 i 个车辆的状态；$x_{i,0}$ 为第 i 个车辆的初始状态；t_0 为初始时刻；$f(\cdot)$ 为优化目标对行驶时间和车辆状态的函数；$h(\cdot)$ 为状态约束的函数；$g(\cdot)$ 为车辆之间避免碰撞的约束函数。

式(6-103)为优化模型损失函数；式(6-104)为优化模型的状态约束；式(6-105)为初始状态约束；式(6-106)为车辆避免碰撞约束，包括同车道车辆追尾避撞和不同行驶方向车辆轨迹交叉避撞两类。

在优化模型中,损失函数常采用所有车辆通过路口的总行驶时间、交叉口服务所有车辆的最大时间、所有车辆停车的等待时间等。碰撞约束常采用不同车辆在交叉口行驶时间段没有交集、到达路口的时间差大于安全车头时距等。在计算过程中,可以采用分支定界算法、蚁群优化算法等求解。

② 车辆行驶轨迹规划。车辆行驶轨迹可以采用最优控制方式进行求解,也可针对通过路口的车队头车和跟驰车辆的情况基于规则进行求解,最终获得车辆通过路口的期望车速轨迹。

本章小结

本章主要介绍了智能网联汽车的关键驾驶技术,将智能网联汽车关键技术分为辅助驾驶以及智能驾驶两个层面并列出了其中重点的技术定义、算法和各种应用。

思 考 题

1. 先进驾驶辅助技术与智能驾驶技术有什么区别和联系?
2. 先进驾驶辅助技术主要有哪几种?分类的定义是什么?
3. 查找课外知识,了解不同的ADAS的算法并和本书的算法相比较。

参 考 文 献

[1] 单晓萌.智能网联汽车群体协同控制策略研究[D].沈阳:沈阳理工大学,2021.
[2] 李云辉.智能网联汽车人机交互研究及多通道交互设计[D].北京:北京理工大学,2016.
[3] 李霖,朱西产,孙东.基于视觉信号提示的碰撞预警系统的人机交互界面[J].汽车安全与节能学报,2015,6(1):37-42.
[4] 李国法,赖伟鉴,廖源,等.邻车切入工况下前撞预警系统的驾驶人依赖特性[J].汽车安全与节能学报,2020,11(1):36-43.
[5] 朱政泽.基于群智能的网联式自主驾驶多车协同控制技术应用研究[D].十堰:湖北汽车工业学院,2018.
[6] 马伯骄.网联汽车中基于边缘计算的智能预警系统设计与实现[D].北京:北京邮电大学,2019.
[7] 黄雷.面向智能网联汽车的混合操作系统设计与实现[D].杭州:浙江大学,2018.
[8] 梁志康.高速公路施工区智能网联车辆控制策略仿真研究[D].长春:吉林大学,2019.
[9] 《中国公路学报》编辑部.中国汽车工程学术研究综述·2017[J].中国公路学报,2017,30(6):1-197.
[10] 智能网联化如何提升汽车驾乘体验[J].汽车观察,2018(11):186-187.

第 7 章

智能网联汽车操作系统与控制平台

【本章教学要点】

知识要点	掌握程度	相关知识
智能网联汽车的操作系统	了解智能网联汽车操作系统的分类及特征	车载实时操作系统、准实时操作系统的定义及特征；Linux 系统的结构
智能网联汽车典型的域控制器	掌握域控制器架构、了解智能网联汽车典型的域控制器	域控制器技术架构，几种典型域控制器：特斯拉 HW3.0 FSD 控制器、NVIDIA、华为 MDC 等域控制器

  汽车操作系统是车载计算机硬件与软件资源的程序系统，同时也是计算机系统的内核与基石。操作系统是一个庞大的管理控制程序，大致包括五方面的管理功能：进程与处理机管理、作业管理、存储管理、设备管理、文件管理。其可以分为车载操作系统和准实时操作系统。

  随着自动驾驶的来临，其所涉及的感知、控制、决策系统复杂性更高，与车身其他系统的信息交互和控制也越来越多，各方面都希望其能变成一个模块化的、可移植性的、便于管理的汽车子系统。

7.1 智能网联汽车典型操作系统

  智能网联汽车操作系统是管理和控制汽车硬件与软件资源的程序系统，其功能是管理系统的硬件、软件和数据资源，控制运行程序、网络通信和安全机制以及为用户提供界面交互等。在软件平台中，操作系统主要管理系统中的各种软硬件资源，控制用户和应用程序的工作流程。操作系统是架构在硬件之上的第一层软件，是系统软件和应用程序运行的基础，软件平台和操作系统的关系如图 7-1 所示。

  智能网联汽车的操作系统负责管理车辆对四周物体的识别、车辆定位及路径规划等功能，它是实现无人驾驶的关键。由于自动驾驶汽车具有强安全关联属性，若操作系统功能欠佳，其代价不仅是工作效率低下，更关乎生命安全，因此自动驾驶汽车的操作系统在监控支配汽车时的反应时间需要精确到微秒级，能够实时感知周围环境并规划出针对性的解决方案。车载操作系统分为实时操作系统和非实时操作系统。

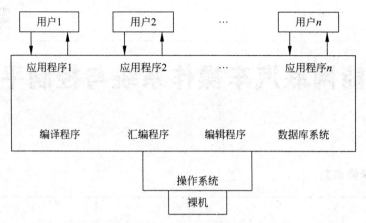

图 7-1 软件平台与操作系统的关系

7.1.1 车载实时操作系统

1. 定义

实时操作系统是确保在规定时间内完成指定功能的操作系统。例如,可以为自动驾驶汽车的路面状况实时判断设计一个操作系统。

实时操作系统最显著的特征是实时性,即当外部数据请求到来之时,在极其短暂(微秒级)的时间内做出中断响应,并且交由 CPU 进行处理。另外,高可靠性也是其特征之一,如果有特殊情况发生,它能在某个时间范围内得到处理。

实时操作系统可以被划分为硬实时(Hard Realtime)和软实时(Soft Realtime)操作系统,划分标准为硬性截止时间的不同。硬实时系统是指要在最坏(负载最重)情况下确保在服务时间内完成响应,即对于事件的截止响应期限必须在规定时间内满足(一次也不能超时)。软实时系统是指在规定时间以内,尽量保证处理完成相关任务和数据,当出现了超时情况,也属于可以接受的范围,并不会造成严重的后果(允许有限次数内超时)。

对于在实际应用过程中所出现的相同情况,硬实时系统和软实时系统会采用完全不同的应对策略。如果因为延期导致错过了任务的执行截止时间,硬实时系统会选择直接结束当前工作,然后关闭系统;而软实时系统仅仅放弃执行当前任务,可能会有短暂的暂停,然后转为执行队列中的下一个就绪任务。现在市场上所存在的系统一部分是为特定的实时应用所设计,另一部分是通用的软实时操作系统,如 Windows NT 或 IBM 的 OS/390。

2. 特征

1) 高精度计时系统

计时精度是影响实时性的一个重要因素。在实时应用系统中,经常需要精确实时地操作某个设备或执行某个任务,或精确地计算一个时间函数。这些不仅依赖一些硬件提供的时钟精度,也依赖实时操作系统实现的高精度计时功能。

2) 多级中断机制

一个实时操作系统通常需要处理多种外部信息或事件,但处理的紧迫程度有轻重缓急之分。有的必须立即做出反应,有的则可以延后处理。因此,需要建立多级中断嵌套处理机制,以确保对紧迫程度较高的实时事件及时进行响应和处理。

3) 实时调度机制

实时操作系统不仅要及时响应事件中断,同时也要及时调度运行实时任务。但是处理机调度并不能随心所欲地进行,因为涉及两个进程之间的切换,只能在确保"安全切换"的时间点上进行。实时调度机制包括两个方面:一是在调度策略和算法上保证优先调度实时任务;二是建立更多"安全切换"时间点,保证及时调度实时任务。

3. 相关概念

1) 基本概念

代码临界段:在一个时间段内,只允许一个线程或进程进行独立式访问的代码段。其他所有试图访问该代码段的进程都必须等待。

资源:进程所占用的任何实体。

共享资源:可以被多个进程共享的一次具体活动,以进程或者线程的方式存在,拥有自己的地址空间(包括文本、数据和堆栈共同使用的实体)。通过一系列操作达到某一目的,例如使用打印机打印出一串字符。拥有四种常见状态:休眠态、就绪态、运行态、挂起态。

任务切换:当系统中存在两个或两个以上的任务时,处于就绪态任务需要抢占运行态任务,或者运行态任务执行完毕,需要让出 CPU 控制权而进行的切换操作;当前占据 CPU 使用权的任务存入栈区,将下一个即将开始的任务装入 CPU 寄存器,开始运行。

内核:操作系统的核心,是硬件层和软件层的交互媒介,提供操作系统的基本功能。负责对任务的管理、CPU 调度、设备驱动、内存管理等,可以分为抢占式和非抢占式。

调度:当多个进程向同一资源发出请求时,由于访问互斥性,必须按照一定优先次序对唯一性资源进行分配。

2) 关于优先级的问题

任务优先级根据运行过程中是否恒定,分为静态优先级和动态优先级。在实际应用过程中,经常会遇到优先级翻转的问题,导致优先级较低的进程长时间占据共享资源,阻塞了高优先级任务的运行。目前,有优先级天花板和优先级继承两种办法可以解决这个问题。第一种方法是将申请某资源的任务的优先级提升到可能访问该资源的所有任务中最高优先级任务的优先级;第二种方法是当出现高优先级任务被低优先级任务占用临界区资源时,在一定时间内将低优先级任务提高到与高优先级任务相同,缺点是每一项新任务到来时,都需要进行判断。

3) 互斥

共享内存的意义在于可以让进程之间的通信变得方便、迅速,但是当一个进程对该区域进行读写时,为了防止脏读脏写,必须保证访问的互斥性,即其余请求访问该内存区域的进程必须等待,直到此内存块被释放。实现互斥访问一般包括软件和硬件两种方法,软件方法比较著名的有 DEKKER 算法和 PETERSON 算法(更好);硬件方法主要是通过特殊指令来达到保护临界区的目的,包括忙等待、自旋锁、开关中断指令、测试并加锁指令、交换指令等。每一种方案都是有利有弊,以开关中断指令举例,主要优点是简单高效,但是代价高,不利于发挥 CPU 的并发能力,并且只适用于单核处理器,仅仅适用于操作系统本身,而无法适用于应用程序。

4) 任务切换时间

任务切换时间是衡量一个实时操作系统实时性能的重要指标之一,其取决于 CPU 需要等待入栈的寄存器个数。CPU 寄存器个数越多,则切换时间越长。任务切换时的状态如图 7-2 所示。

5) 中断响应时间

中断响应时间(可屏蔽中断)是另一个衡量实时操作系统实时性能的重要指标,其主要由关

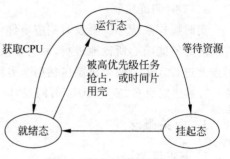

图 7-2 任务切换时的状态

中断的最长时间、保护 CPU 内部寄存器的时间、进入中断服务函数的执行时间、开始执行中断服务程序(ISR)的第一条指令时间构成。

7.1.2 车载准实时操作系统

1. 定义

准实时操作系统是使计算机采用时间片轮转的方式同时为几个、几十个甚至几百个用户服务的一种操作系统。为把计算机与许多终端用户连接起来,准实时操作系统将系统处理机时间与内存空间按一定的时间间隔,轮流地切换给各终端用户的程序使用。由于时间间隔很短,每个用户的感觉就像他在独占计算机一样。准实时操作系统的特点是可有效增加资源的使用率。

准实时操作系统典型的例子就是 UNIX 和 Linux 的操作系统。其可以同时连接多个终端并且每隔一段时间重新扫描进程,重新分配进程的优先级,动态分配系统资源。

2. 特征

准实时操作系统有以下几个特征。

1) 交互性(同时性)

用户与系统进行人机对话。用户在终端上可以直接输入、调试和运行自己的程序,在本机上修改程序中的错误,直接获得结果。

2) 多路性(多用户同时性)

多用户同时在各自终端上使用同一 CPU 和其他资源,充分发挥系统的效率。

3) 独立性

用户可彼此独立操作,互不干扰,互不混淆。

4) 及时性

用户在短时间内可得到系统的及时回答。

影响响应时间的因素：终端数目的多少、时间片的大小、信息交换量、信息交换速度等。

3. Linux 系统结构

在图 7-3 中，可以看出 Linux 系统是一个分层的体系结构，位于硬件层之上的部分由用户空间和内核空间组成，其中高位的物理内存由内核空间占用，这部分内存只限运行在内核态的进程访问，主要划分为 ZONE_DMA、ZONE NORMAL 和 ZONE_HIGHMEM 三部分。低位的物理内存由用户空间使用，进程对用户空间的访问是互相隔离的，某一时刻占据 CPU 的进程，拥有整个虚拟内存空间。

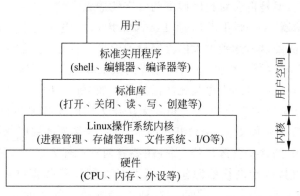

图 7-3　Linux 系统结构

所有实时应用都需要在极短的反应时间内，满足系统的任务处理需求。目前版本的 Linux 系统由于以下几个自带特性，是无法满足硬实时操作系统要求的。

（1）时间粒度太大（毫秒级）。

（2）时间片轮转调度策略。

（3）虚拟内存管理。

（4）非抢占式内核。

（5）临界区中断屏蔽。

Linux 进程的运行状态一般分为阻塞态、就绪态和运行态三种。当一个进程所有资源都具备，只差 CPU 控制权时，会根据优先级插入就绪队列合适位置，进入就绪态。当就绪队列的进程获得 CPU 之后，进入运行态，直至时间片用完，进入新的就绪队列；或者 I/O 设备等硬件资源被剥夺，则进入阻塞态，直到重新获取硬件资源，再由系统移至就绪队列末尾继续等待。在 Linux 系统中，一旦进程进入运行态，即便就绪队列中有更高优先级任务到达，也无法立即对运行中的低优先级进程进行抢占。除非当前运行的低优先级进程自动放弃 CPU，或者等待硬件资源被剥夺而造成阻塞，否则将一直处于运行态。这个时间间隔甚至可能达到毫秒级别，这对于实时性要求很高的系统是完全无法容忍的。此外，当 Linux 系统在对临界区资源进行操作时，中断标志位处于屏蔽状态，即无法通过中断请求，而立刻插入执行高实时性任务。等待的时间长度完全取决于系统调用所耗费的时间，这段时间内系统无法处理外部的中断请求。实时性操作系统要求，对于低优先级的当前运行任务，只要就绪队列中存在优先级比它高的任务，就可以立刻剥夺它的运行权利。

Linux 采用时间片轮转调度策略，每个进程都被分配相同长度的时间片，从获取 CPU

运行权开始计时,当期时间片用完之时,不管进程是否运行完毕,都必须交出 CPU 控制权。此调度策略的优点是每一个等待队列中的进程在一定时间内都有机会获得执行权力,防止出现某进程因等待时间过长而挂死的情况;缺点是对于优先级高的长进程,可能需要多次调度执行,才能完成任务,降低了系统的平均执行效率。Linux 采取将任务集中进行分配处理的方式,这会导致任务超时未被处理的情况出现。在用户态下运行的进程,随着时间片用完或者缺少相关硬件资源造成的等待,会被内核剥夺处理器的运行权;而一旦将运行状态切换到内核态,则可以不受限制地一直运行下去,直到自己主动提出放弃请求,或者切回用户态。当系统出现不可预知情况时,优先级可以通过系统管理者进行修改,这样做有利于增强复杂环境的适应性,但是也会对程序调度的既定性造成影响。

当出现随机存储器(RAM)不够用时,Linux 采用虚拟内存技术,通过将内存映射到扩展的虚拟存储器(外部磁盘),达到加大内存容量的效果。首先,这需要建立一个额外的数据结构来管理这部分虚拟内存;其次,缺页所造成的页面换进换出和磁盘 I/O 操作需要一笔不小的时间开支,并且这段时间支出是无法预知的。如果这段时间里有高优先级任务到来,系统是无法提供及时响应的。这也是 Linux 无法作为实时操作系统的一个重要原因。但是,Linux 提供了丰富的硬件支持、免费开源的工具库,这是其他实时操作系统无法比拟的。因此,为了利用 Linux 的这些资源优势,当前主要有两种处理方案。

第一种方案是直接改动内核的源代码,通过对周期模式数据结构、调度方式、中断屏蔽等进行改动,达到提高实时性的目的。这种方式改动后的实时性很好,原来的内核模块依旧可以使用,在其上编写代码和普通 Linux 基本相同,可以系统调用;缺点是工作量很大,并且后期会存在系统稳定性问题。这种方法是针对 Linux 内核的进程调度算法做部分修改,减少因进程的不可抢占所导致的时间耗费。采用这种方法的目的是降低系统的"中断延迟"和任务的"调度延迟",提升内核的实时处理能力。此法可以保证在一个较短时间内完成对高优先级任务的响应,但是却无法保证具体的响应时间,因此提供的是一个软实时系统。

第二种是采用双内核的方式,在 Linux 内核外部进行扩展。目前,比较常见的做法是将 RTAI 或 Xenomai 实时内核在原有 Linux 内核的基础上打补丁。这两款实时内核是当前比较成熟的硬实时内核,但面临的问题是项目的可维护性和二次开发难度,基本就是重写了一个内核系统,不具备大规模应用开发的基础。采用双内核后,普通进程使用 Linux 内核调度器进行调度,实时任务使用新内核调度器进行调度。这种双内核系统的两个内核互相配合,合理分工,当外部请求到来时,先由系统划分优先级,将优先级高的进程分配给实时内核进行处理,优先级低的进程分配给非实时内核进行处理。因此这种改造方法兼具了系统稳定和工作量小两大优点。

这种方法通过在硬件层和软件层中间直接加入一个硬件请求管理层,专门负责截取和分发底层硬件请求,一般称为硬件资源抽象层(Hardware Abstraction Layer,HAL)。它可以提供一种兼容环境,允许多个操作系统或者一个操作系统中的多个进程共享资源,这些共享资源的系统或者进程被称作"域"。各个域之间彼此可能不知道对方的存在,但是它们可以通过 HAL 提供的中断管道互相通信。当外部中断、系统调用或者由于任务切换、进程创建等引起的系统事件发生时,HAL 负责依次告知各个域。

所有的外部硬件任务到来之时,都会对 HAL 发起中断请求。经过 HAL 的任务分级,每个任务会被分到实时任务序列或者非实时任务序列,根据实时性分别分配给两个内核。

采用独立实时调度管理机制与硬件抽象层的优势是对 Linux 内核部分的改动程少,并且可以兼容大部分的硬件驱动,便于应用程序的开发和移植。

7.2 智能网联汽车典型控制平台

7.2.1 域控制器

1. 产生背景

近年来汽车电子一个显著的发展就是芯片使用量越来越多,从传统的引擎控制系统、安全气囊、防抱死系统、电动助力转向、车身电子稳定系统、车灯控制、空调、水泵油泵、仪表、娱乐影音系统,到现在已经广泛使用的有胎压监测系统、无钥匙进入启动系统、电动座椅加热调节,还有不断成熟、方兴未艾、正在普及推广的辅助驾驶系统、矩阵大灯、氛围灯。

另外,电动汽车上的电驱控制、电池管理系统、车载充电系统,以及蓬勃发展的车载网关、T-BOX 和自动驾驶系统等,这些应用带动了 ECU 数量的大幅增加。

传统的汽车电子电气架构都是分布式的(见图 7-4),汽车里的各个 ECU 都是通过 CAN 和 LIN 总线连接在一起的,现在汽车里的 ECU 迅速增加到了几十个甚至上百个,对分布式架构提出了挑战,越来越向集中式靠拢。

DCU(Domain Control Unit)即汽车域控制器也就应运而生了。

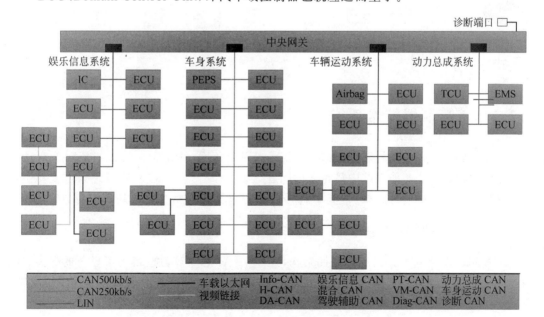

彩图 7-4

图 7-4 分布式电子电气架构

2. 定义

汽车域控制器最早是为了解决信息安全,以及电子控制单元的瓶颈问题。

根据汽车电子部件功能将整车划分为动力总成、智能座舱和自动驾驶等几个域,利用处理能力更强的多核 CPU/GPU 芯片相对集中地控制每个域,以取代目前分布式电子电气架构。

域控制器的核心发展是芯片的计算能力快速提升,公用信息的系统组件能在软件中分配和执行,可实现以足够的资源快速响应完成客户需求,具备平台化、兼容性、集成高、性能好等优势。

博世 DCU 电子架构如图 7-5 所示。

彩图 7-5

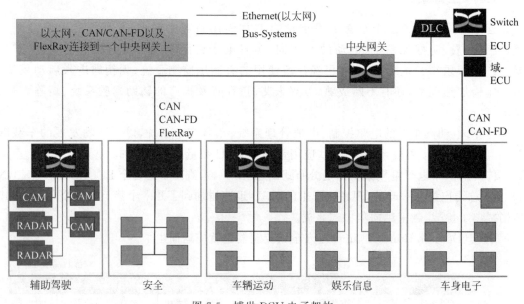

图 7-5 博世 DCU 电子架构

7.2.2 域控制器技术架构

智能车辆是一种自动驾驶汽车,它能够感知周围环境,并在无人干预的情况下自动导航。系统架构设计是智能系统中最重要的问题之一,智能车辆域控制器系统架构主要包含基于异构多核芯片的硬件架构、智能车辆操作系统、基础软件框架和自动驾驶功能软件。

1. 异构芯片硬件架构

域控制器需要基于异构芯片硬件架构,近年来,AI 芯片算力也得到了显著的提高。国内外的公司基于 AI 芯片推出了各自的智能车辆域控制器平台或者概念架构,如图 7-6 所示。

智能车辆域控制器是结合车辆线控平台和大量多类型外围传感器的核心部分,具有多样的接口类型、足够的接口数量和高性能等特点。多传感器数据融合、人工智能算法等技术

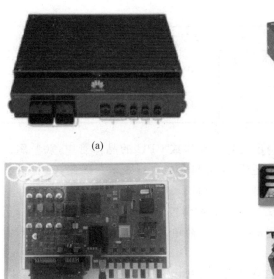

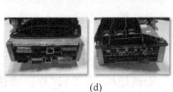

图 7-6 智能车辆域控制器

(a) 华为 MDC 300；(b) NXP BlueBox；(c) 奥迪 zFAS；(d) Tesla Autopilot

对域控制器的接口和算力性能都有着更高要求，因此，域控制器需要采用单卡集成多种架构芯片的异构多核芯片的硬件方案。异构多核芯片硬件架构主要由具有不同功能的控制单元、计算单元和 AI 单元三部分组成，如图 7-7 所示。

控制单元主要基于传统车辆控制器（MCU）完成车辆动力学横纵向控制任务。搭载基础软件平台的控制单元将各个车辆控制的功能软件连接起来实现车辆控制。同时，软件系统需要预留与智能车辆操作系统集成的通信接口。

基于多核 CPU 的计算单元具有主频高、计算能力强等特点，通过系统内核管理软件和硬件资源完成任务调度。计算单元主要用于执行大部分自动驾驶相关的核心算法，整合多传感器融合数据完成路径规划、决策控制等功能。

图 7-7 异构芯片硬件架构

基于并行计算架构的 AI 单元是异构芯片硬件架构中算力最大的一部分，通过系统内核进行加速引擎和软硬件资源的分配、调度。AI 单元主要完成多传感器融合数据的分析和处理，输出用于规划、决策和控制的周围环境信息。目前，主流的 AI 芯片可选架构有 CPU、GPU、FPGA、ASIC 等，其性能对比如表 7-1 所示。

表 7-1 CPU、GPU、FPGA、和 ASIC 性能对比

架构	架构特点	峰值算力	功耗/W	功耗比/(GFLOPS·W^{-1})
CPU	大部分为缓存，控制单元强大，计算单元较少，适用于复杂运算	1	165	6
GPU	大部分为计算单元，逻辑复杂度有限，适用大规模并行运算	15.7	300	52.3

续表

架构	架构特点	峰值算力	功耗/W	功耗比/(GFLOPS·W^{-1})
FPGA	计算效率较高,通过冗余的晶体管和连线可实现用户制动编程	10	125	80
ASIC	算法指定,冗余少,功耗低,计算性能和效率高	45	40	1.1

CPU主要执行逻辑计算和控制两项任务。在构成CPU的晶体管中,70%用于构建缓存,其余部分由控制单元用来处理复杂逻辑、提高指令的执行效率。因此,CPU架构的优点是计算通用性强,可以处理高复杂度的计算,延时低。其缺点是算力不高。

GPU由大面积的ALU构成,省去了烦琐的逻辑控制,专注于单一指令的并行计算,适合大规模并发计算。GPU的优点是逻辑控制单元简单,并行计算能力强。其缺点是缓存较小,读取数据延时较高,功耗较高。

FPGA适用于多条指令并行执行、单数据流,常用于云端的"训练"阶段。由于FPGA没有存取功能的原因,因此,计算速度快、运行功耗低,但整体的运算量不大。客户可根据实际需求,通过编程改变用途,但量产成本较高。

ASIC是制作完成并且只搭载一种算法形成专门用途的芯片架构。首次定制成本高,但量产成本低,适用场景单一。目前自动驾驶算法仍在快速更迭和进化,ASIC不适合算法迭代开发,未来算法稳定后,ASIC具有优势。

对于智能车辆系统来说,单一芯片架构难以满足视频、图片、激光雷达点云等非结构化数据的处理分析和多传感器数据融合。因此,智能车辆系统对车载处理器的并行计算效率提出更高要求。通过上述分析,CPU、GPU、FPGA和ASIC优劣势对比如表7-2所示。

表7-2 CPU、GPU、FPGA和ASIC的优劣势对比

架构	优势	劣势
CPU	管理调度能力强(数据读取、文件管理)	架构弱势、数据处理能力弱
GPU	并行运算执行效率高、数据吞吐量大、线程间控制通信速度快	功耗极大、散热要求高
FPGA	存储器宽带需求低、流水处理响应迅速、设计灵活多变	一次性成本高
ASIC	体积小、功耗低、计算性能高、计算效率高	算法是固定的,若更换算法需要重新设计

综上所述,四种芯片架构的计算能耗比为ASIC>FPGA>GPU>CPU。ASIC和FPGA计算能耗比高于CPU、GPU,但是ASIC和FPGA存在一次性成本较高和算法固定的缺点。相比之下,基于CPU和GPU的两个异构单元依然具有优势。本书中设计的智能车辆域控制器的目的是提供集成化、功能多样化的软硬件接口统一的开发平台,以支持多种算法的快速研究,基于CPU+GPU多芯片架构的更适合现阶段的智能车辆系统开发和算法迭代的设计要求。

2. 操作系统

智能车辆操作系统是智能车辆系统的重要组成部分。现代汽车软件组件通常首先由不

同的供应商开发,然后在有限的资源下由制造商进行集成。智能车辆操作系统需要采用模块化和分层化设计思想来兼容传感器、分布式通信和自动驾驶通用框架等模块,实现环境感知、运动规划、任务决策、车辆控制等自动驾驶功能。智能车辆操作系统主要包含异构分布系统的多内核设计及优化、Hypervisor 虚拟化技术、POSIX/ARA、分布式通信机制、管理平面和数据平面等,如图 7-8 所示。

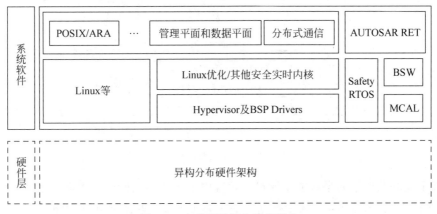

图 7-8 自动驾驶操作系统架构

智能车辆域控制器是基于异构芯片架构的硬件方案。智能车辆操作系统需要采用安全性高、实时性强的多内核设计思想。智能车辆操作系统需要根据异构芯片架构的具体功能单元加载不同安全等级的内核系统,同时满足差异化安全要求和性能要求。目前应用在汽车或嵌入式系统中的 RTOS 内核类型如表 7-3 所示。

表 7-3 常见汽车或嵌入式系统的 RTOS 内核类型

内核类型	特　点
Linux 及其优化版本	实时性高、安全性高、内核紧凑高效、开源灵活
QNX	应用广泛、硬实时、稳定性高、可靠性高、安全性高
OSEK OS、RT-Linux、Vx Works	适用于计算单元

Hypervisor 虚拟化技术基于异构分布硬件平台,可以有效地实现资源整合和隔离,应用程序分别依赖不同的内核环境和驱动,但在物理层面共享 CPU 等。Hypervisor 是实现跨平台应用、提高硬件利用率的重要途径,通过加强时间隔离,使具有不同临界级别的实时系统能够在单一硬件平台上得到整合。

智能车辆操作系统是基于实时嵌入式软件单元架构,在不同内核系统采用 POSIX API 与应用软件、功能软件交互,以适应自动驾驶所需要的高性能计算和高带宽通信等需求。

实时系统数据分发服务(DDS)为开发人员提供了高度可配置的中间件,通过广泛的属性来控制应用程序的端到端服务质量(QoS)。基于异构分布硬件平台的智能车辆操作系统需要建立实时、高效、通用性强的分布式实时通信机制。ROS 是基于 Linux 内核的中间件,用于分布式系统数据分发服务,通过"节点"间数据传递服务,如图 7-9 所示。"节点"间数据的实时性、持续性和可靠性都能满足现阶段的技术研究需求。但是,ROS 依托于 Linux 系统,其效率、安全等方面都存在着缺陷,无法满足车规级和嵌入式系统要求。

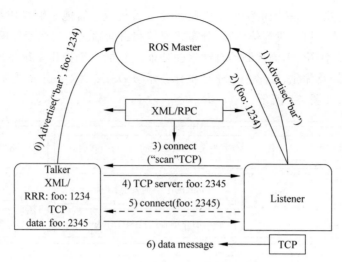

图 7-9　ROS 分布式通信机制示意图

　　管理平面和数据平面是智能车辆操作系统中重要的功能模块。管理平面主要实现日志管理、系统配置、状态监控等功能；数据平面主要实现数据收集和处理功能。

　　Linux 系统具有源代码公开、资源占用率较低、性能稳定等特点，可长时间连续运行。ROS 中间件提供了操作系统应有的服务，包括硬件抽象、底层设备控制、常用函数的实现、进程间消息传递以及包管理，提供用于获取、编译、编写和跨计算机运行代码所需的工具及库函数。本书设计的智能车辆域控制器将以 Linux 系统和 ROS 系统为基础，构建分层化、模块化的智能车辆域控制器软件架构。

3. 系统架构

　　智能车辆系统需要感知行驶的周边环境和车辆状态，通过决策和规划实现对车辆的横纵向控制，因此，智能车辆系统架构设计是至关重要的部分。经过长期的研究和发展，智能车辆架构的设计基本采用多传感器融合的方案，其中 Lidar、Camera 和 Radar 是较为常见的融合架构。接下来将对典型的架构进行分析。

　　百度的智能车 Apollo 的系统架构主要由移动端和云端两部分组成，通过通信模块实现数据交互，如图 7-10 所示。移动端采用了分层化和模块化设计思想，由车辆平台、硬件平台和软件平台三部分组成。

　　硬件平台主要由激光雷达、GPS+IMU、摄像头、毫米波雷达、超声波雷达、人机交互硬件和黑匣子等硬件组件组成，构成了感知子系统、控制子系统、定位子系统、人机交互子系统和底盘控制接口等。软件平台由实时操作系统、运行环境和自动驾驶应用软件组成，分别实现感知模块识别、高精度定位、地图搜索引擎、规划控制和人机交互等功能。云端服务平台通过车联网技术为智能车辆提供高精度地图、数据平台、安全、OTA、DuerOS 等服务。系统中的各个模块基于 CarOS 的 ROS 节点单独运行，模块节点间通过发布和订阅特定主题实现分布式通信，模块间的交互如图 7-11 所示。

　　基于 Autoware 系统架构的智能车辆系统主要包括定位模块、检测模块、预测模块、规划模块和控制模块，如图 7-12 所示。定位模块使用高精度地图和 SLAM 算法来实现，辅助

第 7 章 智能网联汽车操作系统与控制平台

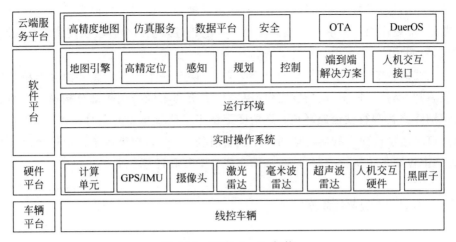

图 7-10 百度 Apollo 架构

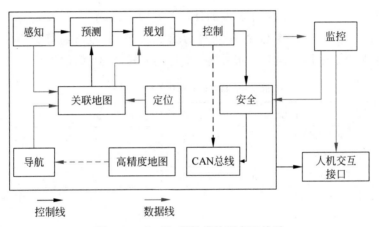

图 7-11 Apollo 架构模块间交互关系

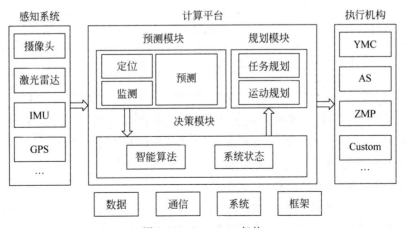

图 7-12 Autoware 架构

以 GPS+IMU 传感器。检测模块使用摄像头和激光雷达,结合传感器融合算法和深度学习网络进行目标检测。预测模块使用定位和检测的结果来预测跟踪目标。规划模块主要是基于感知的输出结果,进行全局路径规划和局部路径规划。控制模块向车辆输出速度和角速度的扭曲量,最终作用于智能车辆线控平台。系统通过以上四个模块实现感知层、预测及规划层、控制层的功能。

综合上述的智能车辆系统架构的分析结果,智能车辆系统架构主要由多传感器数据融合的环境感知、高精度地图、高精度定位、规划与决策和车辆控制等部分构成。环境感知用于检测识别障碍物和行驶道路环境;高精度定位用于获取车辆的实时姿态;根据由障碍物信息以及道路信息构建出的局部地图和车辆实时姿态,规划与决策子系统进行路径规划和决策,最终由控制系统执行控制行为,从而完成自动驾驶任务。

7.2.3 典型的域控制器

1. Tesla HW3.0 FSD 控制器

FSD 的 HW3.0(表 7-4)由两个相同的计算单元构成,每个计算单元上面有 Tesla(特斯拉)自主研发的两块 FSD 计算芯片,每块算力为 36TOPS;设备总算力为 $4 \times 36TOPS = 144TOPS$。但是由于采用的是双机冗余热备的运行方式,实际可用的算力为 72TOPS。

表 7-4 HW3.0 FSD 的硬件组成

芯片类型	芯片型号	品牌	数量	备注
LPDDR4	8BD77D9WCF	Micon	8	Low Power Double Data Rate SDRAM
GPS	NE0-M8L-01A-81	U-BL0X	1	—
UFS	THGAF9G8L2LBAB7	Toshiba	2	车规级标准 UFS
供电	MAX20025S	Maxim	2	开关型 DC 电源,资料较少
解串器	DS90UB960	TI	2	
解串器	DS90UB954	TI	1	
MCU	TC297T	Infineon	1	ASIL-D,3 核
Boot 启动	S512SD8H21	Cypress	1	
以太网交换机	88EA6321	Marvell	1	Marvell 第一代车载以太网交换机
以太网 PHY	88EA1512	Marvell	2	
FSD	UBQ01B0	Tesla	2	—

如图 7-13 所示,Tesla 板子的右侧接口从上到下依次是 FOV 摄像头、环视摄像头、A 柱左右摄像头、B 柱左右摄像头、前视主摄像头、车内 DMS 摄像头、后摄像头、GPS 同轴天线。左侧从上到下依次是第二供电和 I/O 接口(车身 LIN 网络等)、以太网诊断进/出、调试 USB、烧录、主供电和 I/O(底盘 CAN 网络等)。

而通过 Tesla 在售车型的介绍和实际配置来看,主张以摄像头视觉为核心的 Tesla 安装了一个三目摄像头、四个环视、一个后置摄像头、车内 DMS 摄像头、前置毫米波雷达以及 12 颗超声波雷达。

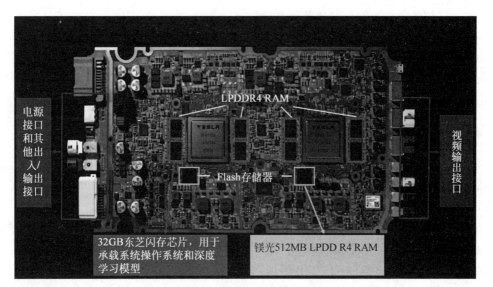

图 7-13 HW3.0 FSD 控制器

2. NVIDIA Driver AGX Xavier

NVIDIA DRIVE AGX Xavier™ 可为 L2+级和 L3 级自动驾驶提供每秒 30 万亿次运算（TOPS）。其核心是 NVIDIA 首次生产的车规级 Xavier 系统级芯片，该芯片采用了六种不同类型的处理器，包括 CPU、GPU、深度学习加速器（DLA）、可编程视觉加速器（PVA）、图像信号处理器（ISP）和立体/光流加速器。NVIDIA DRIVE AGX Pegasus™ 使用两块 Xavier 系统级芯片和两台 NVIDIA Turing™ GPU 的强大功能，实现了比以往更高的 320 TOPS 的超级计算能力。该平台专为 L4 级和 L5 级自主系统（包括机器人出租车）设计和打造。

通过对 NVIDIA DRIVE AGX XAVIER 和 NVIDIA DRIVE AGX PEGASUS 参数表以及实物照片分析得出，NVIDIADRIVE 提供 16 路 GMSL 摄像头输入接口、Ethernet 接口、6 路 CAN 总线接口以及连接车辆 I/O 的接插件。

3. NVIDIA Jetson Xavier

NVIDIA DRIVE 系列平台均使用了算力达到 30TOPS 的 Xavier 芯片。由于车规级 Xavier 模组不太容易获取，因此使用 Jetson Xavier 套件做研究开发。

Xavier 芯片集成了 90 亿颗晶体管，CPU 采用 NVIDIA 自主研发的 8 核 ARM64 架构（代号 Carmel），GPU 采用 512 颗 CUDA 的 Volta，支持 FP32/FP16/INT8，20W 功耗下单精度浮点性能为 1.3TFLOPS，Tensor 核心性能为 20TOPS，解锁到 30W 后可达 30TOPS。Xavier 内有六种不同的处理器：Valta Tensor Core GPU、八核 ARM64 CPU、双 NVDLA 深度学习加速器、图像处理器、视觉处理器和视频处理器。

为了应对不同客户的开发需求，Xavier 推出了 Jetson AGX Xavier 8GB 和 Jetson AGX Xavier 两个版本。Jetson AGX Xavier 是目前自动驾驶领域绝对的领头羊产品，也是为数不多的可量产的域控制器开发平台，其高达 32TOPS 的算力作为 L3 级域控制器的核心，承担环境感知、路径规划和智能控制决策等算法运行。另外，由于 NVIDIA 提供相对完整的 AI 工具和工作流程，其生态丰富性可帮助开发者快速构建 AI 算法和开展相关训练。Jetson AGX Xavier 8GB 是一款价格实惠的低功率 Jetson AGX Xavier，在软硬件上与现有的 Jetson AGX Xavier 完全兼容。其整个模块最高消耗 20W 功率，同时提供高达 20 TOPS 的 AI 算力。

4. 华为 MDC

华为在 2018 年推出 MDC 智能驾驶计算平台以及高阶自动驾驶全栈解决方案，包括 MDC300 和 MDC600 两个平台，分别对应 L3 和 L4 级自动驾驶，推测将搭载鸿蒙内核操作系统，加之智能驾驶 AI 算法，最终形态将是车规级可量产的域控制器。

华为 MDC300 由华为昇腾 310 芯片、华为鲲鹏芯片和 Infineon 的 TC397 三部分构成，算力在 64 TOPS 左右，满足 L3 级自动驾驶算力需求。MDC600 基于 8 颗昇腾 310 AI 芯片，同时还整合了 CPU 和相应的 ISP 模块，算力高达 352TOPS。

华为 MDC 提供 15 路 LVDS 摄像头输入接口、12 路 CANFD 总线、6 个普通 Ethernet、2 个百兆车载 Ethernet 以及多路 GPIO。

华为 MDC 相对于其他平台而言，最大的优势在于其系统架构便于功能扩展和适配多种场景应用。同时，作为一个开放的平台，华为 MDC 具备组件服务化、接口标准化、开发工具化的特性，软件方面除了华为自有的鸿蒙平台之外，还兼容 Adaptive AUTOSAR 和 ROS，并且搭配配套的工具链。基于此平台，用户可快速开发、调试、运行自动驾驶算法与功能，适配不同级别的智能驾驶应用。

7.2.4 基于 NVIDIA Xavier 的域控制器设计

1. 关于 AI 芯片选型

目前市面上可供选择的 AI 芯片并不多，尤其是达到量产状态的，只有 Tesla、NVIDIA、Mobileye 了。除了 Tesla 自研自用不对外，其他品牌目前都可以通过合作开发方式得到测试样件。相对而言，由于 NVIDIA Xavier 推出较早，并且生态布局相对完善，对于开发者来说可以快速构建系统和开发 AI 应用，因此基于 Xavier 模组进行域控制器设计的企业不在少数。Xavier SoC 最高算力可达 30TOPS，内有 Valta Tensor Core GPU、8 核 ARM64 CPU、双 NVDLA 深度学习加速器、图像处理器、视觉处理器和视频处理器六种不同的处理器，使其能够同时且实时地处理数十种算法，用于传感器数据处理、环境感知、定位和绘图以及路径规划。

2. 域控制器架构设计

优控智行的域控制器型号为 EAXVA03，据悉第三代产品已经小批量装车。其内置 NVIDIA Xavier 和 Infineon TC297T。按照设计部署，Xavier 用于环境感知、图像融合、路径规划等，TC297 用于安全监控、冗余控制、网关通信及整车控制。该款控制器尺寸比较庞大，但是其接口十分丰富，对于一个开发平台而言完全够用。EAXVA03 接口如表 7-5 所示。

表 7-5　EAXVA03 接口

接口类型	数量	备注	内部芯片
摄像头输入	8	FPDLink Ⅲ	SoC
视频输出	2	1 路 HDMI,1 路 FPDLink Ⅲ	SoC
USB	4	3 路 USB Host；1 路 USB OTG	SoC
RS232	3	1 路用于 Debug	SoC
车载以太网	10	6 路 1000Base-T1/100Base-T1 自适应,4 路 100Base-T1	交换机
千兆普通以太网	5	符合 IEEE 100Base-TX/IEEE 1000BASE-T 标准	交换机
CAN	8	2 路接到 SoC；6 路接到 MCU,支持 CAN FD	SoC+MCU
LIN	2	—	MCU
Flex Ray	1	—	MCU
DI	26	—	MCU
AI	15	—	MCU
LSD	18	含 4 路 OPWM	MCU
HSD	10	含 2 路 OPWM	MCU
SV Power	5	—	MCU
PPS	1	时间同步信号	SoC+MUC

以上丰富的接口,可以接 8 路摄像头、多路激光雷达、多路毫米波雷达等,并且由于 GPIO 较多,可以兼顾底盘控制,省掉一个底盘控制器绰绰有余。不过其功耗也是比较大,在不使用较多 GPIO 的情况下功率达到 35W,且发热严重,需要两个功能强大的风扇。

3. 软件开发

按照优控智行提供的说明书介绍,该域控制器的 SoC 软件系统也就是 Xavier 部分是为自动驾驶系统应用而定制开发,软件系统包括 RTOS、Runtime Framework 等部分。其中 RTOS 是 Linux 操作系统,Runtime Framework 是 melodic 版本的 ROS(Robot Operating System)。

AI 应用算法开发者可以基于 Linux 系统开发,或者将之前开发的软件做相关移植,这对于熟悉 Linux 系统以及 RTOS 应用的工程师来说非常方便。优控智行域控制器内部的 MCU 也就是 TC297 部分的软件架构参考 AUTOSAR 进行设计的,分为应用软件层和基础软件层。优控智行将基础软件进行了封装,做成快速原型自动代码生成工具 EcoCoder、应用层和基础 Simulink 模块库。开发者可以利用 Simulink 搭建应用层模型,并通过 Simulink 一键生成适配 TC297 的可执行程序文件。

4. 配套开发工具

为了方便开发用户使用,优控智行为域控制器提供了基本的功能软件包,并且提供了自主研发的工具。针对 Xavier,开发工具有 EcoSDK-XV、EcoCoder-AI；针对 TC297,开发工具有 EcoCoder、EcoCAL、EcoFlash,用户可以基于以上工具开发适用于具体场景的应用程序。EcoSDK-XV 作为一个交叉编译工具链,可以为用户提供完整的应用开发环境,其提供的软件包中包含了基于 Linux 操作系统、RTOS 编写应用程序的所有必要工具。

EcoCoder-AI 优控智行针对 SoC 芯片完全自研的一个功能强大的自动代码生成库,基于 MATLAB/Simulink 可以直接链接到目标控制器。EcoCoder-AI 集成了代码生成、编译和一键生成可执行文件功能。能够将基于 Simulink 搭建的控制模型，直接转成适用于目标控制器的基于 Linux 的可执行程序，并下载到目标控制器中。目前这一技术在国内尚属首创，虽然应用做得不是很完善，并且库模块也不是很全，但是基本的功能已经具备，可以做一些简单的 AI 开发。并且优控智行的域控制器可以基于 Simulink 的外部模式实现实时在线标定调试，这个就是传统汽车工程师比较熟悉的套路了，相比于现在边写代码边调试的效率提高不少，但是由于 Simulink 本身支持和普及的原因，这个功能目前尚需完善。EcoCoder 是一个针对 MCU 开发的基于 Simulink 的底层函数封装库，或者称为自动代码生成软件，EcoCAL 是一款专业的标定调试软件，EcoFlash 是专用刷写软件，这是优控为汽车电子控制器开发的快速原型开发工具链三件套。

本 章 小 结

本章对智能网联汽车的车载实时操作系统和准实时操作系统进行了简要论述，分别介绍了各自的特点。随后对智能网联汽车操作控制起到重要作用的域控制器从其定义、技术架构等方面进行介绍，并介绍了目前一些典型的域控制器。

思 考 题

1. 什么是车载实时操作系统，其特征是什么？
2. 什么是车载准实时操作系统，其特征是什么？
3. Linux 系统的结构是什么？
4. 什么是汽车域控制器？
5. 智能网联汽车域控制器的技术架构是什么？
6. 一般的汽车域控制器的设计流程是怎样的？

参 考 文 献

[1] 刘晓莎,王林.基于 5G 的网联车载操作系统研究与设计[J].科技经济导刊,2020,28(2)：19-20.
[2] 杨东.智能车辆自动驾驶域控制器设计与实现[D].重庆：重庆邮电大学,2020.
[3] 王琼,苏丹.智能网联汽车操作系统发展研究[J].信息通信技术与政策,2019(9)：57-60.
[4] 王泉.从车联网到自动驾驶[M].北京：人民邮电出版社,2018.
[5] 杨世春,肖赟,夏黎明,等.自动驾驶汽车平台技术基础[M].北京：清华大学出版社,2019.

第 8 章

智能网联汽车硬件在环仿真测试技术

【本章教学要点】

知识要点	掌握程度	相关知识
硬件在环测试的原理、架构、优点及相关操作	理解硬件在环测试的原理、架构、优点,了解相关操作	半实物仿真、硬件平台、实验管理软件和实时软件模型
ADAS 测试过程	了解 ADAS 测试过程	测试平台软硬件的设计、多软件联合仿真
V2X 车联网系统测试	了解 V2X 车联网系统测试	测试平台软硬件的设计、多软件联合仿真、通信模块的接入

在智能网联汽车领域,硬件在环测试技术具有强大的优越性和便利性,本章介绍了硬件在环测试试验技术的原理、架构、优点及相关操作,并简单介绍了硬件在环测试试验技术在 ADAS 和 V2X 测试中的应用。

【小提示】

> 智能网联汽车硬件在环测试中,场景建模、仿真、测试软件常用 Prescan、CarSim、dSPACE 公司的 ModelDesk、MotionDesk,CAN 通信网络建模、仿真、测试软件常用 CANoe,汽车动力学的建模、仿真、测试常用 CarSim 与 MATLAB/Simulink/dSPACE 公司的 ASM 的联合仿真,人机交互界面的开发常用 dSPACE 公司的 ControlDesk。
>
> 智能网联汽车硬件在环测试中,常用视频暗箱的方法进行仿真,将真实的摄像头置于暗箱中采集显示屏中的虚拟场景,来模拟实车上的摄像头采集真实场景。

8.1 硬件在环测试

1. 硬件在环测试的原理

硬件在环(Hardware-in-the-Loop,HIL)是一种半实物仿真技术,在汽车整车控制检测中通过将汽车的控制系统放入虚拟环境中进行测试,能够有效地得出汽车整车控制器功能的各项参数。所以,硬件在环也被认为是一种可以快速进行系统功能测试的方式。

硬件在环仿真测试系统是用户建立好测试所需仿真的模型,并下载到机柜板卡中,机柜通过 I/O 接口与被测的硬件连接,以实时处理器运行仿真模型来模拟受控对象的运行状态,对被测硬件进行全方位的、系统的测试。

简单通过硬件在环系统,就免去了在实际环境中进行测试的麻烦,同时可设置各种待测状态。从安全性、可行性和合理的成本上考虑,硬件在环测试已经成为 ECU 开发流程中非常重要的一环,减少了实车路试的次数,在缩短开发时间和降低成本的同时提高了 ECU 的软件质量,降低汽车厂的风险。

目前,硬件在环领域比较著名的公司有 dSPACE 公司、NI 公司和 ETAS 公司等,各自对应的实时仿真系统是 dSPACE 系统、PXI 系统和 Lab Car 系统,其中 dSPACE 是该领域最强大、最先进且模型最丰富的公司。

2. 硬件在环测试试验的架构

硬件在环系统主要由三部分组成:硬件平台、实验管理软件和实时软件模型,如图 8-1 所示。

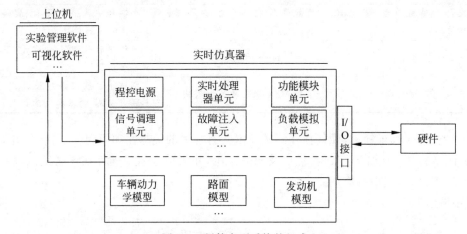

图 8-1 硬件在环系统的组成

硬件平台主要组成部分为上位机和实时仿真器。其中,上位机一般是一台可运行系统的计算机即可,实时仿真器由实时处理器单元、I/O 接口、故障注入单元(FIU),通信接口、FPGA 模块、负载模拟单元、信号调理单元、程控电源、机柜和分线箱等组成,如图 8-2 所示。其中核心是实时处理器单元,它可以运行仿真模型和进行信号处理。

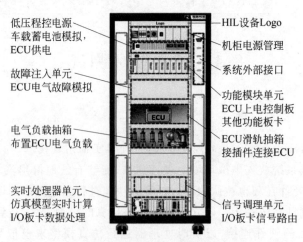

图 8-2 实时仿真器的组成

实验管理软件在上位机中运行,起硬件配置管理、自主更新硬件资源、升级系统功能、从 Simulink 等第三方建模环境中导入控制算法或系统模型、提供测试命令、创建可视化交互界面、灵活修改用户界面、配置激励生成、事件警报、完成测试自动化、记录数据、自动分析数据和生成报告等作用。

实时软件模型主要是通过软件搭建的模拟测试硬件实时运行状态的模型,一般有车辆动力学模型、路面模型、发动机模型、驾驶员模型、电机模型等。

下面以 dSPACE 公司产品为例,介绍该公司相应的软硬件在硬件在环中的作用。

实时仿真器有 SCALEXIO AutoBox(见图 8-3)、Simulator(见图 8-4)等,它为板卡提供了插槽,同时还提供了 I/O、总线和网络接口等。dSPACE 强大的板卡资源在仿真器中起了巨大作用,板卡分为处理器板卡、I/O 仿真板卡和 CAN 仿真板卡等,处理器板卡负责仿真模型的解算以及 I/O 板卡管理,I/O 仿真板卡负责与外接硬件信息的输入与输出,CAN 仿真板卡模拟机柜中虚拟整车模型和所测硬件之间的 CAN 通信。常用的处理器板卡有 DS1006 中央处理板卡,它是硬件在环仿真测试领域里面运算速度最快的板卡之一。该板卡的处理器采为 64 位高性能处理器,完全能够满足仿真模型的实时运行,通过 PHS 总线与其他板卡进行连接,实现各板卡之间的数据交互。DS1006 板卡具备多个处理器协同运行功能,若一块板卡不能满足处理能力要求,可根据不同需要把最多 20 块板卡通过光纤连接进行数据传输。

图 8-3 SCALEXIO AutoBox 实物图

图 8-4 Simulator 实物图

实验管理软件主要有 ControlDesk(见图 8-5),ControlDesk 在 Simulink 模型中编译生成变量描述文件(SDF 文件)与实时模型建立映射关系,从而达到上位机控制仿真器的目的。ControlDesk 提供对实验过程的综合管理。利用 ControlDesk 可以实现实验过程自动化、用户虚拟仪表的建立、变量的可视化管理、参数的可视化管理、实验过程自动化等。ControlDesk 符合布局合理、功能清晰的界面设计需求,同时具有丰富的控件库,是硬件在环测试的理想工具。ControlDesk 建立人机交互界面的步骤如下:

(1) 新建工程项目；
(2) 导入 SDF 文件；
(3) 仿真器硬件注册与连接；
(4) 测试面板布局与属性编辑；
(5) 建立所选控件与相应变量之间的关联；
(6) 功能验证和调试。

彩图 8-5

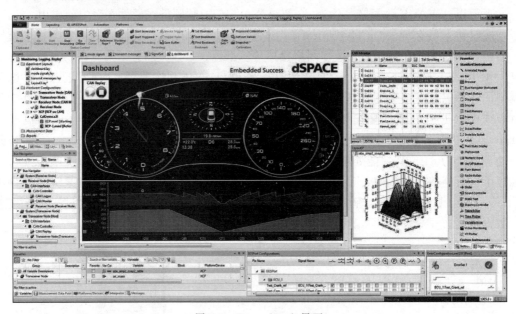

图 8-5　ControlDesk 界面

实时软件模型有 ASM(Automotive Simulation Models)仿真工具套件，它由汽车应用仿真模型组成，这些模型可以根据汽车应用中的具体需要进行组合和调整。这些模型支持各类仿真，包括单个组件仿真(如内燃机或电动机)、车辆动力学系统仿真乃至复杂的虚拟交通场景仿真等。

ASM Electric Components 用于汽车电气系统和电气传动仿真。车辆电气系统、电驱动装置和逆变器以及起动器电池和高压电池都能通过 ASM 电气元件精确地实现虚拟化。ASM 电气组件为车辆电气系统的实时仿真提供了一个模型库。从闭环控制的电驱动装置和逆变器到整个汽车电气系统(包括电池、起动器及交流发电机)，都可以使用 ASM Electric Components。该模型库的典型应用包括对电池在起动器启用期间的真实特性进行仿真，从而进一步对混合动力车(HEV)动力传动系统中集成的电驱动进行仿真。ASM Electric Components 可以与其他 ASM 产品(如发动机模型和车辆动力学模型)组合使用，以仿真整台虚拟车辆。ASM Electric Components 由汽车电气系统仿真组件和闭环仿真组件组成。电气系统仿真组件可直接用于创建汽车系统的电路，因为它们已具有所有必要的汽车功能。对这些模型进行优化，以用于实时的硬件在环仿真中。闭环仿真组件是用于电气设备(如闭合控制回路中的驱动器或逆变器)硬件在环仿真的理想之选。模型为脉冲宽度调制(PWM)同步的模型计算提供可变的采样时间，为实时仿真提供优化的解算机。

ASM Combustion Engines 为发动机模型，常用于开发和测试发动机及尾气后处理

ECU。它们配有适用于不同喷油系统及尾气后处理系统柴油机和汽油机的模型,可以将一个内燃机(包括所有必要的元件)仿真为 ECU 控制系统。实时仿真可以利用平均值模型或物理精度模型来实现。平均值模型将计算整个发动机循环期间各气缸状态变量的平均值,旋转角度相关变量(如扭矩)将通过调制叠加到选定气缸的平均变量上。

ASM Vehicle Dynamics 为车辆动力学实时模型,它提供了一个可以用于开发与测试车辆动力学 ECU(ESP、转向及主动减振 ECU)模型基础,特别适合在早期开发阶段进行车辆动力学研究。用户可以利用用户界面直观地进行车辆配置,并定义驾驶行为和道路。ASM 车辆动力学是一种开放式 Simulink 模型,适用于车辆动力学特性的实时仿真。该模型通常用于在 dSPACE 仿真器/SCALEXIO 上对 ECU 进行硬件在环测试。该模型在基于模型开发过程的所有相关阶段中均可使用。在真实车辆仿真中,车辆模型设计为多体系统。该模型包括一个具有弹性轴系的动力传动系统、一个基于表的发动机、两个半经验轮胎模型、一个具有运动学和弹性运动学特性的非线性基于表的车辆悬架模型、一个转向模型和空气动力学等,其中还包括含有道路、驾驶行为和开闭环驾驶员的环境模型。在运行过程中所有的参数均可改变。在进行制动系统仿真时,可以使用一个双回路液压系统和一个气动系统的模型作为插件。

ASM Traffic(ASM 交通)是用于仿真车辆、交通参与者、交通对象及车辆传感器的模型。使用该模型可以在虚拟环境中高效地开发和验证驾驶辅助系统。ASM Traffic 将交通模型和环境模型添加到 dSPACE 的汽车仿真模型(ASM)中。它支持开发和测试能对其他车辆或对象做出反应的高级驾驶辅助系统。该模型能够仿真道路网络、被测车辆、大量同类车辆及必要的环境。测试车辆可以配备多个传感器以检测和识别目标。ASM Traffic 由一个图形化用户界面(GUI)和一组实时仿真模型组成。GUI 有多个界面可以定义必要的组件,例如道路网络、交通标识、交通车辆及传感器等。所有车辆、对象和行人的轨迹均按照所定义的交通驾驶行为实时计算得出。ASM Traffic 支持特定场景,例如迎面驶来的车辆、停止和前进以及行人等。交通编辑器是一种用户界面,它能十分灵活、轻松地定义交通场景。

3. 硬件在环测试试验相关操作

智能网联汽车硬件在环实验涉及以下操作:硬件连接、整车模型的搭建、测试场景的搭建、总线模型的搭建等。

1) 硬件连接

硬件连接主要是指实时仿真器与上位机的连接、实时仿真器与硬件的连接、实时仿真器中不同模块在对应卡槽中的插入以及实时仿真器中不同模块之间的连接等。具体连接常用 I/O 接口连接,总线类型有 CAN 总线和 LIN 总线等。

2) 整车模型的搭建

目前市场上车辆动力学软件相对较丰富,例如 ASM、CarSim、Simulink 中自带模型库等。

以 CarSim 软件为例,CarSim 相对于其他车辆动力学仿真软件的特点:使用方便、可以报告与演示、运行速度快、精度高、标准化程度高、可扩展性强、有效、稳定、可靠。

主界面分为 Simulated Test Specifications、Run Control:Built-In Solvers、Analyze Results(Post Processing)三大部分,还有 Set Time Step、Miscellaneous Date 及 Set Driver Controls 等一些高级控制选项,如图 8-6 所示。

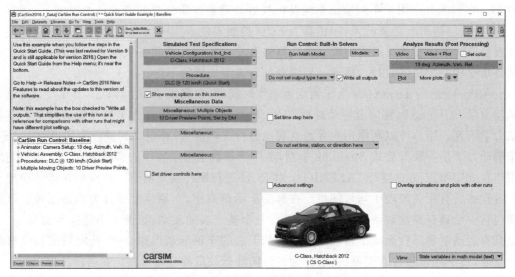

图 8-6　CarSim 主界面

Simulated Test Specifications 用于整车模型参数和道路环境的设置。Run Control：Built-In Solvers 用于设置仿真的参数，以及与控制模型如（Simulink、Labview）的接口，Analyze Results(Post Processing)用于查看运行的结果、动画以及曲线。Set Time Step 用于设置实时步长，Miscellaneous Date 是杂项数据的设置，Set Driver Controls 用于驾驶员控制设置。

打开 Simulated Test Specifications 中的 Vehicle Configuration 可以设置车体参数、传动系统参数、空气动力学参数、制动系统参数、转向系统参数、悬架系统参数及轮胎参数以及可视化仿真车辆形状等参数，如图 8-7 所示。

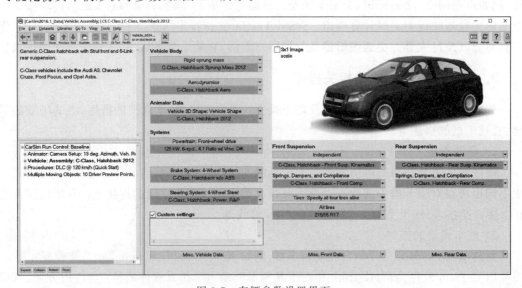

图 8-7　车辆参数设置界面

根据试验中的车辆的情况，可以设置相关参数完成整车模型的搭建。

由于实时仿真平台是嵌入式系统，其中运行的是 C 语言。动力学软件中搭建完动力学模型后，往往会在 Simulink 搭建动力学软件与 Simulink 联合仿真模型，再通过 RTI 模块编译并下载到实时仿真平台中。

【小提示】

实时仿真接口（Real-Time Interface，RTI）专有模块是通过编写控制芯片底层驱动程序、基于模型设计、Simulink 专有模块封装、自动代码生成技术等几项关键技术来实现目标控制器与控制模型算法的链接。RTI 的设计原理为：利用基于模型的设计方法，将控制器的底层驱动的功能模块以 S 函数的形式集成和封装在 Simulink 库中，并通过定制相应的系统目标文件及模块目标文件，利用 Simulink Coder（旧版为实时工作间 RTW（Real-Time Workshop））完成代码的自动生成、编译器的调用等工作。RTI 模块的工作原理为：打开离线模型，去掉被真实硬件代替的部分；打开 Simulink 的 RTI 模块库，拖放适合的功能模块到模型中，与模型相连；利用 Simulink Coder 生成代码，并将代码自动下载到 RTI 的实时硬件中。

3）测试场景的搭建

智能网联汽车的硬件在环测试中，往往需要考虑在某些特定场景内整个测试的运行状况，因此需要完成场景的搭建。场景建模、仿真、测试软件常用 Prescan、CarSim、ModelDesk、MotionDesk 等，这里以 CarSim 为例介绍测试场景的搭建。

如图 8-8 所示，有 Geometry、Friction、Visualization 三大区域。Geometry 区域为道路路径搭建模块，可以设定道路的方向、长度、曲率以及每段路的起始位置及坐标。Friction 区域为道路路面的摩擦力设置，可以设定简单的固定指数，也可以插入复杂路面的一维摩擦曲线及二维摩擦曲面。Visualization 区域中 Update Road Surface 3D Shape Files 为道路的路面的详细参数设置区域，包含了道路的每一段路面的材料、路面的颜色、路面的车道线设置情况、路面的宽度以及路沿的材料、宽度、类型等。Visualization 区域中 Misc. animator shapes associated with this road 为杂项模组区域，该区域可以详细设定道路周边的场景信息，例如，天气的选择、天空的形状颜色、道路中间的障碍物、道路周边的建筑物、花草树木、路灯标志牌等交通设置。CarSim 内置了丰富的上述物体的三维模型，此外也支持上传.obj 格式的三维图像模型。

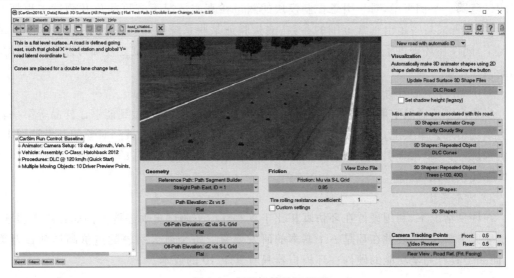

彩图 8-8

图 8-8　交通场景设置界面

4）总线模型的搭建

硬件在环测试中总线模型常用 CANoe 搭建，CANoe 软件是专门用于 CAN、LIN 等总线网络开发的专用软件。该软件主要由面板编辑器、DBC 数据库编辑器、主窗口及 CAPL 程序生成器等部分组成。其中 DBC 编辑器主要用来对报文及信号信息的编辑，编辑完成的 DBC 可以在 CANoe 中直接导入，可以自动地生成网络节点并将所包含的所有信息导入整个测试网络。面板编辑器可以编辑人机交互界面，其所有的控件可以连接所编辑的报文信息，用来显示控制信号及环境变量。而 CAPL 程序可以对信号和环境变量进行处理，实现各个网络节点上报文的发送和接收。

在实际测试中，首先建立 DBC 数据库来描述整个平台 CAN 通信的通用协议，通过 CANdb++ 编辑器，首先新建报文，输入报文的名称、ID、长度、发送节点、发送类型、周期、接收节点等参数，之后需要编辑信号的信息，其中包括信号名称、长度、类型、精度、单位等，之后需要把信号绑定报文，再进行总线架构的搭建，其中有真实 CAN 总线和整车模型收发整车姿态信息及控制命令的虚拟 CAN 总线。最后利用 Panel Designer 工具中按钮、文本框等控件，也可以自己上传图片制作自己想要的控件，绑定不同的报文信号来完成人机交互界面的搭建。

4. 硬件在环测试试验的优点

在多数情况下，研发一个嵌入式系统最直接、有效的方法是将其连接到真实环境中去。除此之外，硬件在环仿真是更有效的。衡量开发与测试效率的标准通常包括下面几个因素：成本、周期、安全性、可行性。

成本需要涵盖所有经济支出及精力支出。开发测试周期影响到产品上市的时间。安全因素也同样与成本挂钩。使用硬件在环测试的优越性在于：

1）提高测试质量

由于硬件在环测试扩大了产品测试的范围，因而提高了测试质量。测试嵌入式系统最理想的状态是将其放置于真正的工作环境中测试。但是在现实中真实环境本身有可能限制了测试范围。举例来说，对于引擎控制模块的测量在真实情况下有可能危及测试工程师的安全，如：测试某些超出正常范围的参数、测量验证某些系统故障处理机制等，在这些测试情况下，硬件在环提供了有效的测试方案和安全的测试环境，使测试工程师可以专注于样品功能。

2）严密的开发周期

多数汽车或者航空航天领域的开发项目在时间规划上都无法做到能够让样品等第一套原型系统出现。事实上，多数开发计划都将硬件在环系统同步放入被测对象的开发计划中。举例来说，当一个汽车引擎原型制作完成可供测试系统测试时，95% 的引擎控制测试已经由硬件在环模拟完成。

3）成本考虑

在许多情况下，利用硬件在环仿真相比于真实环境下测试更加经济。例如在航空领域，对于航天引擎来说，硬件在环是一个基本的研发要素。每个航天引擎的造价高达数百万美元，而一个具有完全功能的硬件在环模拟器只有其 1/10 的成本。

8.2 ADAS 测试

实车测试具备在真实的场景中对 ADAS 进行系统性测试等优点,但实车测试有以下显著缺点:①危险性高,很多 ADAS 功能普及高速域行驶主动安全,特别是 LKA、ACC、AEB,试验的安全性难以得到保障;②测试效率低,天气、光线、车辆、路面、行人等因素组合生成的场景数以万计,实车测试难以完全覆盖;③难以复现,在实车场景测试过程中遇到的问题难以复原场景,无法向设计方反馈现象和原因。针对 ADAS 的硬件在环测试正好避免了上述问题,由于各种 ADAS 技术的硬件在环测试的过程大体相同,本节以 ACC 为例介绍。

与常规的汽车控制器的硬件在环测试相比,ADAS 测试相对要复杂许多。由于 ADAS 往往涉及多个系统的协同工作,因此对 ADAS 进行硬件在环测试,首先需要对 ADAS 的工作情况进行分析。

以 ACC 为例,如图 8-9 所示,传感器搜集车辆周围的交通状况,发送给 ACC 控制单元,ACC 控制单元结合车辆自身的位置、速度、加速度等信息,发送指令给执行器,完成车辆的加速、减速等。

图 8-9 ACC 系统的架构

因此相比于常规的汽车控制器的硬件在环测试,本测试中硬件还有传感器,同时还需要进行交通场景的搭建。

1. 所用硬件

所用硬件有一台上位机、dSPACE 仿真器、驾驶件、ACC 样件、VACTOR 总线接口、五个显示屏、一个控制器摄像头支架、聚焦镜片及一个摄像头黑箱。

上位机用于实验的管理,dSPACE 仿真器用于硬件环境的实时仿真,VACTOR 总线接口用于总线的连接和驾驶件与总线的连接,显示屏中显示搭建的仿真交通场景,控制器摄像头支架、聚焦镜片及一个摄像头黑箱用于仿真摄像头在真实驾驶场景对图像的采集,如图 8-10 所示。驾驶件和 ACC 样件作为真实硬件接入硬件在环系统。驾驶件模拟系统是本节所述的 ACC 硬件在环测试平台驾驶员模型的核心组成部分,驾驶件模拟系统包括了转向系统、油门踏板、制动踏板以及挡位,测试人员可以利用驾驶件模拟系统对仿真车辆模型进行转向、制动、加速、挡位以及转向灯等实时的操控,以此来根据测试要求操控仿真车辆进行相应的仿真测试动作。ACC

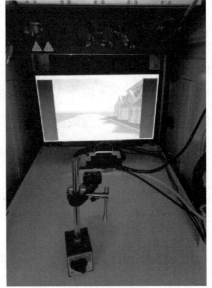

彩图 8-10

图 8-10 视频黑箱的大体结构

样件包含视觉传感器和控制器,视觉传感器采集模拟交通环境中的图像信息,控制器对执行机构下达指令。

2. 所用软件

所用软件有 dSPACE 软件工具、CANoe、CarSim、MATLAB/Simulink。

dSPACE 软件工具中 ControlDesk 用于实验的管理,CANoe 实现硬件与实时仿真平台的通信,CarSim 和 Simulink 联合仿真。具体来说就是 CarSim 建立车辆的动力学模型,之后把该模型嵌入 MATLAB/Simulink 建立的测试环境模型中。同时,CarSim 还需要完成虚拟场景的搭建,Simulink 还需完成系统中替代模型的搭建,替代模型主要包括选择控制模块、制动模块及动力模块三个模块。其中,选择控制模块主要是根据不同的运动状态及减速度(加速度)的大小来选择,车辆实现满足控制器输出减速度所需要的方式,即通过制动系统输出制动压力、通过动力系统控制油门开度或者是二者皆备。最终,把上述 CarSim/Simulink 联合仿真模型编译进 dSPACE 实时仿真系统中运行,形成完整的闭环仿真测试系统。

3. 测试原理

由图 8-11 可知,整个 ACC 硬件在环测试平台包含驾驶员模型、车辆模型、仿真测试场景、摄像头传感器、ACC 控制器及替代模型等部分。整个测试平台除了 ACC 控制器及必要的摄像头传感器之外都由仿真模型组成。其中,驾驶员模型替代驾驶员接收测试场景的场景信息并发出驾驶员对仿真车辆的控制信息;车辆模型为建立的整车模型,是 ACC 控制器的控制对象。车辆模型接收驾驶员模型发出的控制信息及替代模型发出的控制信息,并把自身的整车姿态信息发送到 ACC 控制器;替代模型主要为汽车的动力系统及制动系统的仿真模型,替代模型接收 ACC 控制器发出的控制信号(主要为速度及加速度信息),经过逻辑运算之后发出对车辆的控制信号(主要为制动压力及油门开度信息);真实的控制器接收传感器发出的周围交通流信息(主要为周围车辆的位置、速度及加速度信息)及本车发出的位置、速度及加速度信息,经过 ACC 控制策略计算后向替代模型发出制动减速度信息;传感器模型包含了真实的摄像头传感器及完整的图像处理算法,摄像头捕捉周围的交通流图像,经过图像处理算法计算之后发出周围车辆的位置、速度及加速度信息。以上模型形成了 ACC 系统完整的控制闭环,进而完成整个 ACC 控制系统的硬件在环仿真测试。

4. 模型的具体组成及连接

驾驶员模型由驾驶件硬件及驾驶件模型软件组成,其中驾驶件硬件和上位机由 USB 连接,驾驶件模型由 Simulink 搭建,接收驾驶件发出的油门踏板、刹车踏板、挡位及方向盘转角等信息并把上述信息绑定打包为 CAN 总线报文信息发送到 CAN 总线。其中,驾驶员模型的显示界面接收车辆模型发送到 CAN 总线上的速度、加速度以及驾驶件发送到总线的油门踏板、刹车踏板及挡位等信息,组成仿真车辆的显示面板,方便驾驶员读取。

整车模型、仿真测试场景和仿真测试环境模型在上位机搭建,其中整车模型及仿真测试环境包含了车辆的动力学模型、车辆所处的交通流场景、三维环境建模、必要的传感器仿真以及车辆的动力系统及制动系统建模。搭建好的上述模型下载到实时仿真系统中运行实时仿真。

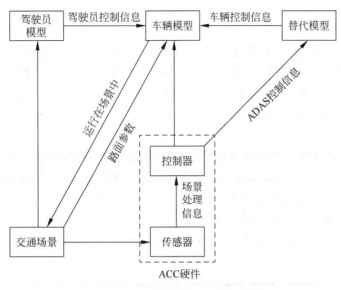

图 8-11　ACC 系统硬件在环测试原理

仿真测试场景模型在实时仿真系统中运行时生成实时的仿真动画，摄像头传感器拍摄生成的动画，经过图像处理模块之后发出实时的交通流场景信号，发送给真实的 ACC 控制器，控制器发出控制信号给实时仿真系统中运行的整车模型，车辆的动力模型及制动模型把控制器发出的控制命令转换为对车辆的控制信号，车辆模型做出姿态改变，完成闭环控制。

整个系统的通信采用总线形式，专业的总线硬件接口匹配搭建的上位机总线仿真工程，完成整个系统的真实 CAN 总线和虚拟 CAN 总线的仿真，实现整个系统的实时通信。

最终搭建完成的效果如图 8-12 所示。

图 8-12　最终搭建完成的效果

彩图 8-12

5．场景的搭建与测试

在完成上面操作后，可以进行最终的测试，以自己需要测试的内容为导向进行场景的搭建。

下面以测试 ACC 目标识别能力为导向进行测试和结果的分析。

在真实的路况当中，汽车的前方可能存在多个可被识别到的目标，ACC 系统对多目标的识别和正确选择非常重要。所以 ACC 系统的目标识别能力是保证车辆交通安全性的重要前提。

ISO 15622—2010 为 ACC 系统的目标识别能力提出了目标识别能力要求，即在直道两车道及更多车道的行驶道路上，本车的前方有两个或多个前进车辆，或弯道两车道上本车的前方有多个配备 ACC 系统且控制状态下的前进车辆。

根据上述国际标准的要求设计测试工况：

1) 初始条件

两车道直道，本车前方有两辆型号相同车辆，以速度 V_1 直线行驶。两车的沿纵轴之间的水平间距为 $3.5\pm0.25m$，两车的宽度为 $1.4\sim2m$。本车在 ACC 系统的控制下稳定跟随其中一辆车行驶，本车跟随的前车为目标车，本车和目标车之间的初始车间时距为 2s。本车的 ACC 巡航速度大于目标车的行驶速度，且本车和目标的纵向轴之间的水平间距不大于 0.5m。其中 V_1 为 80km/h，本车得到巡航速度设定为 100km/h。详细的测试工况如图 8-13 所示，其中 1 号车为本车，2 号车为目标车。

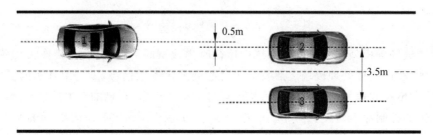

图 8-13　测试工况示意

2) 测试动作

目标车加速到 100km/h。

3) 测试结果

如果本车在 ACC 系统的控制下能够顺利地超越前方相邻车道的前车，则测试完成。

在 CarSim 中搭建符合上述要求的测试场景，搭建的测试场景如图 8-14 所示。

图 8-14　ACC 搭建场景示例

针对上述测试要求及本书所述的 ACC 硬件在环测试平台的实际特点设计相应的测试操作如下：在 CarSim 中设定目标车的交通状况，2 号车和 3 号车分别位于本车的前方和相邻车道的前方,初始位置距离本车距离为 80m。其中 3 号车从仿真开始之后自始至终设定为 80km/h 的速度直线行驶,2 号车初始状态和 3 号车相同,20s 之后开始加速,加速度为 $2m/s^2$,加速到 100km/h 之后开始匀速行驶。本车因为是驾驶件控制,初始车速为 0,ACC 巡航速度设定为 120km/h,设定 2 号车 20s 之后开始加速,是为了在 20s 内通过驾驶件调整本车的速度,并开启 ACC 功能来实现上述测试要求的本车在 ACC 系统的控制下能以 2s 的车间时距跟随 2 号车巡航行驶的测试状态。

根据 ISO 15622—2010 文档对 ACC 系统目标识别能力的要求,在 2 号车开始加速之后,本车开始加速,最终稳定。本车的加速度及速度以及两车的位移没有受到 3 号车的影响,因此 ACC 系统的目标识别能力符合要求。

8.3 V2X 车联网系统测试

1. 通信方式的加入

如图 8-15 所示,在车辆协同跟随控制的模式下,车辆通过无线通信获取周围车信息,能够感知周围的交通环境,提高行车安全性和道路交通通行效率。

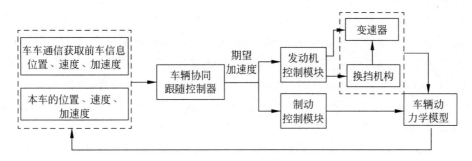

图 8-15 基于车车通信(V2V)的车辆协同跟随控制系统结构图

车辆通过 V2X 通信模块获取相关车辆的位置、速度、加速度等信息,由自带传感器获取本车信息,将本车信息和前车的相关信息作为车辆协同跟随控制器的输入,控制器的输出值为决策的理想加速度。理想加速度再传输给执行机构,通过控制油门、制动执行机构使车辆的实际加速度跟随理想加速度值变化,实现车辆之间理想车间距的保持。

协同通信无线方案对比如表 8-1 所示。可以看出,LTE-V 和 ZigBee 更适合 V2X 的应用,虽然 LTE-V 更稳定,但目前仍存在造价、开发难度高等难以越过的障碍。本节介绍的测试以 ZigBee 方式进行通信。

表 8-1 协同通信无线方案对比

通 信 方 式	LTE-V	大功率 ZigBee	大功率蓝牙
设备成本	高	低	低
通信延迟	低	较低	较高
通信距离	中等	较远	较近

续表

通信方式	LTE-V	大功率 ZigBee	大功率蓝牙
通信带宽	高	较高	低
通信稳定性	稳定	较稳定	较不稳定
支持节点数	较多	多	少
数据安全	安全	较安全	较不安全
使用限制	较多	较少	较少
开发难度	高	较低	较低

2. 所用硬件

所用硬件有上位机、工作站和 ZigBee 通信模块。

上位机用于软件平台的搭建及导入到工作站中,同时用于显示仿真的影像。工作站用于运行实时仿真模型,同时通过串口与 ZigBee 通信模块相连接。ZigBee 通信模块作为真实硬件,实现模型中车辆之间的通信。

3. 所用软件

所用软件有 Prescan、MATLAB/Simulink。

Prescan 用于搭建交通场景和进行车辆及传感器的建模。Prescan 中有丰富的道路模型(交叉口、弯道、匝道等)、交通参与者模型(轿车、卡车、自行车和行人等)、交通环境模型(树木、建筑和交通标志等)、传感器模型(GPS、雷达、摄像头等)、用于 V2X 通信的 DSRC 和天线、天气状况(雨、雪、雾等)及光线(太阳光、车头灯和路灯)等数据库,并且可方便地创建和修改交通场景。通过读取来自 OpenStreetMap、Google Earth、Google 3D Warehouse 和 GPS 导航设备的相关信息,即可模拟出真实道路场景。同时,Prescan 中可以构建车辆、编辑其中的动力学参数。MATLAB/Simulink 用于车辆控制器模型的搭建,从而验证用于数据处理、传感器融合、决策和控制的算法。

4. 测试原理

实验平台启用 ZigBee 模块通信时,已配置好相关参数的两个 ZigBee 模块会自行完成组网,Prescan 中的车辆将自身数据打包通过串口送至 ZigBee 模块,随即通过网络将该 ZigBee 模块接收到的数据发送出去,另外一个 ZigBee 模块接收数据后通过串口送回至 Prescan 中的其他车辆,此时 Prescan 中的车与车之间通过实际通信模块的双向连接就此建立。如图 8-16 所示为 ZigBee 实物图。

5. 通信时延对车辆协同跟随效果的测试

前车在动力学模型和控制模型搭建完成后,通过两种方式将自身坐标、速度、加速度等信息发送给后车。

如图 8-17 所示,一种是在 Prescan 中通过 Antenna_Tx_1 模块发送,另一种是将处理过的数据通过 SerialSend 传送给

图 8-16 ZigBee 实物图

ZigBee 通信模块并进行向外发送。

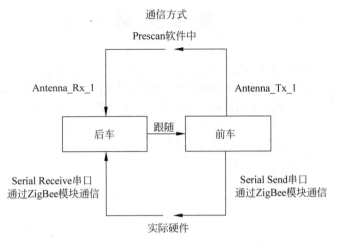

图 8-17 车车通信（V2V）的车辆协同跟随控制系统的测试原理

后车的情况，一种是在 Prescan 中通过 Antenna_Rx_1 模块接收，另一种是用 ZigBee 通信模块通过 Serial Receive 串口接收。车辆协同跟随控制模型决策出控制器所需的加速度，并将相关的数据一起输入到通过车辆动力学模型得到本车当前合适的控制量。

根据对实验结果的分析可知，Prescan 中无线通信模块进行的 V2V 通信，基本不存在时延。实际环境中，使用硬件通信时，即通信时延存在的情况下，随着通信时延从 0.1s 逐渐增加到 0.4s，本车的跟随效果滞后更加明显。当前车以较大的减速度停车制动时，本车由于获取信息时 0.4s 的延迟未能及时减速，造成追尾事故。可以看出车车协同场景对于无线通信的实时性要求较高，当通信时延达到 0.4s 时已经难以实现行车安全，容易造成交通事故。

本 章 小 结

本章主要介绍了智能网联汽车测试中常见的硬件在环仿真测试技术的原理、架构、优点和实验的操作，并举了 ADAS 和 V2X 实际运用硬件在环仿真测试的实例。

思 考 题

1. 简述硬件在环测试的原理及组成。
2. ADAS 测试中场景的作用是什么？
3. ADAS 测试中硬件在环的优势在哪里？
4. ZigBee 通信协议相对 LTE-V 和蓝牙的优缺点是什么？
5. 简述车车通信（V2V）实现的过程。

参 考 文 献

[1] 李克强. 电动汽车工程手册第六卷：智能网联[M]. 北京：机械工业出版社，2018.
[2] 俎兆飞. 汽车自适应巡航系统硬件在环测试平台设计与开发[D]. 上海：上海应用技术大学，2020.
[3] 王静. 硬件在环的V2X通信对车路协同的影响研究[D]. 重庆：重庆大学，2018.